U0608686

书文化丛

中国古代兵器史话

HISTORY OF WEAPON IN ANCIENT CHINA

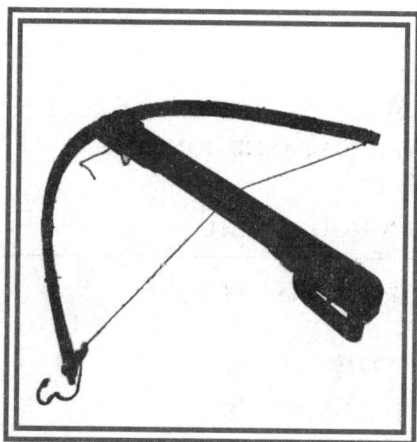

雷晓青　薛龙　赵煜　编著

西　安　出　版　社

西安曲江出版传媒股份有限公司

图书在版编目（CIP）数据

中国古代兵器史话 / 雷晓青, 薛龙, 赵煜编著. --
西安: 西安出版社, 2020.1 （2022.6重印）
（中国兵器文化研究丛书）
ISBN 978-7-5541-4390-2

Ⅰ.①中… Ⅱ.①雷…②薛…③赵… Ⅲ.①兵器
(考古) －历史－研究－中国 Ⅳ.①K875.84

中国版本图书馆CIP数据核字(2020)第040060号

中国兵器文化研究丛书
ZHONGGUO BINGQI WENHUA YANJIU CONGSHU
中国古代兵器史话
ZHONGGUO GUDAI BINGQI SHIHUA

编　　著：雷晓青　薛　龙　赵　煜
策划统筹：史鹏钊
责任编辑：张增兰　范婷婷　崔　楠
责任校对：张爱林　陈　辉　陈　俊
装帧设计：纸尚图文设计
发行出版：西安出版社
　　　　　（西安市曲江新区雁南五路1868号影视演艺大厦11层）
电　　话：(029)85253740
印　　刷：三河市嵩川印刷有限公司
开　　本：787mm×1092mm　1/16
印　　张：17.75
字　　数：262千
版　　次：2020 年1月第1版
　　　　　2022 年6月第2次印刷
书　　号：ISBN 978-7-5541-4390-2
定　　价：56.00元

△ 读者购书、书店添货或发现印装质量问题，请与本公司营销部联系、调换。
　 电话：(029) 85264440

《中国兵器文化研究丛书》编委会

主　任：于孟晨

委　员：冯希哲　刘　卜　刘　磊　李红岩　孙雅芬

　　　　张　群　程建虎　彭渝丽　雷晓青　敬晓庆

主　编：于孟晨

执行主编：冯希哲　李红岩

20世纪六七十年代，我时常骑着自行车从灞桥到城里听课或者办事，要路过现在的金花北路，至今清楚地记得那里有个大学，门口挂着的木牌子上写的是西安工业学院。

我没有上过大学，所以一直对这所大学心有神往，心里头默默地想，要是自己哪一天能进到这个大学该是多好的事情。大概是九十年代，西安工业学院办了个作家培训班，请我做过报告，有幸第一次进到了这个学校，但是一直与之无有深入的交集，也就常为无缘成为其中一员而深感遗憾。直到2005年，西安工业学院有意成立以我的名字命名的当代文学研究中心，聘请我做客座教授，才圆了我的一个梦，我终于成为其中的一员。

现在西安工业大学的前身就是西安工业学院，虽然是一所以研究兵器为主的工科学校，却有着近六十年的人文积淀，享誉书坛的"关中四老"中的刘自椟和陈泽秦两位老先生就曾任教于这里一直到终老。陈忠实当代文学研究中心成立以后，在校方的大力支持下，尤其是国平和希哲的具体组织努力下，学校的文学研究方面取得了不少成果，给这个学校带来了新的品质和内涵，实在是可喜的事情。我虽然挂着中心主任的头衔，但是实在没有多少精力顾得上过问，只是遇到大的文学研讨活动、校庆等事情的时候露个面，说说文学方面的感受，或者以尽作为西安工业大学一员应尽的责任和义务。倘若时间和精力允许的话，我时或会给爱好文学的学生讲讲课，也因此常常深受感动，竟然有那么多的工科学生喜欢着文学。最让我记忆深刻的是学生曾专门办过我的作品研讨会，一个个稚嫩的面孔，一个个新颖的见解，吸引我从头听到尾。我当时很是吃惊，《白鹿原》的故事和历史场景已经距离他们很远了，或者说几乎是隔陌的，但他们认真地读作品，又发表着不同的见解，的确让我感慨万千，真正体悟到"文学依然神圣"的内在必然性，也着实为文学事业的未来希望而高兴！

前些日子，研究中心的负责人给我说，学校新成立的中国兵器文化研究中心组织青年学者和博士们编撰了一套《中国兵器文化研究丛书》，包括《中国古代兵器图鉴》《中国兵器文化概要》《〈武经总要〉注》等，作为第一辑的成果集体推出，要我写个序。近些年，精气神大不如前，眼力也不好使，我已不应允作序一类的事，为表达歉意，常用题写书名代替。但是这次我得写点话，终究我是西安工业大学的一员，我深为这些年轻人非凡的才华和渊博的学识而敬佩，也为学校能从文化层面来总结我们历史的传统而欢舞，能把器转化为道，又从道中传承民族精粹是多么富有意义的事情，无论放置在急功近利普泛的当下，还是展眼中国历史脉源的承继，或者对学生的浸染，都是功德无量的大事一桩！可惜的是，我涉猎有限，知之寥寥，加之身体欠佳，读书稿无有精力支撑，实在不敢为序，只能借助文字鼓励他们，也向读者朋友推介他们的大作，因为他们值得信任，他们是我的同事。

说起兵器，实际上自人类产生以来，为了生存需要就已经产生，那个时候估计多是用木头改造或者用石头打磨出来的。后来随着社会发展和科技进步，慢慢先有青铜的，后有钢铁的，到后来还有了火药，一步一步走过来。距离我家不远的秦始皇兵马俑就展列着不少的出土兵器。在参观一些出土遗物时，总会多多少少有一些兵器。令人惊奇的是，一些古时候的兵器至今还在劳动生产中应用，比如《白鹿原》里，杀死田小娥的鹿三用的梭镖，实际上是过去农村人常用来抵御野兽侵袭的，现在野兽少了，用这些家什的也就稀罕了。《白鹿原》里头写冷先生进城给亲戚看了病去三意社看戏，看的是宋得民的《滚钉板》，那个滚钉板想来在古代也是在战场上使用的，如今却出现在舞台上。

总之，如同茶米油盐，兵器的存在与制造也是人类必不可少的，只不过一个为了生活，一个为了安全，性质不同，目标应该是确切的一致——为了安全地生存。因之兵器里渗透了太多人的大聪明大智慧。在我看来，研究兵器文化与研制兵器一样重要。没有文化的民族是可怕的，缺少文化的民族也是不经折腾的。但愿这些年轻人的学术理想能为中华民族文化的复壮贡献自己的绵薄之力，我愿为他们的事业鼓与呼！

陈忠实

2015年5月27日

目 录

兵器缘说

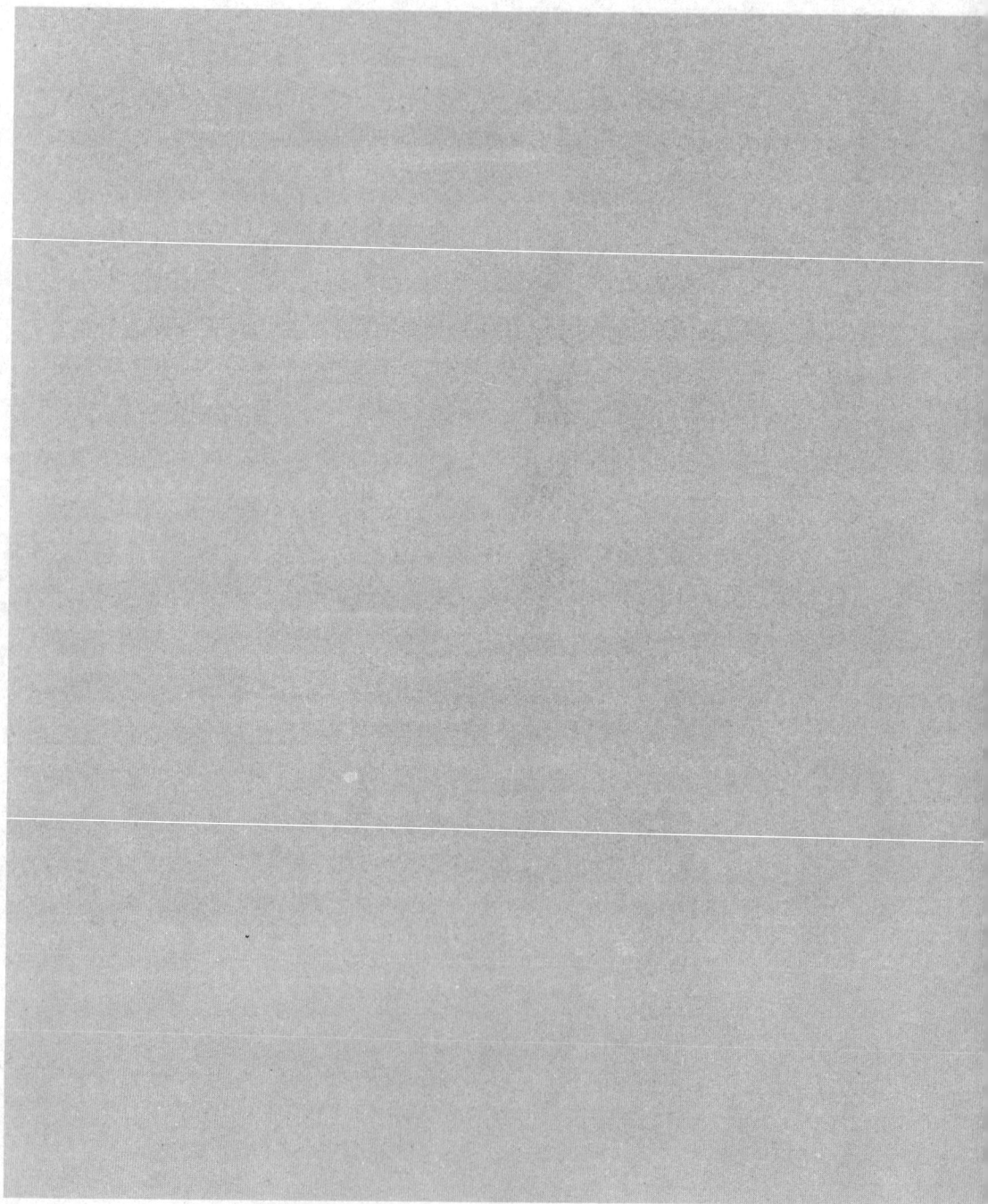

一、兵者何意

古代的"兵"，原本指的就是"兵器"。甲骨文和金文中的"兵"均为象形，都是双手执短斧（斤）的样子。东汉《说文解字》对兵的解释是："兵，械也。从廾持斤，并力之皃。"《墨子·节用中》也说："古者圣人为猛禽狡兽暴人害民，于是教民以兵行，曰带剑。"这正是狭义上的兵器含义，指直接供战斗使用的器材。后来，兵的含义引申为包括兵器、使用兵器的人或与军事战争有关事物的统称，可见兵器在整个军事战争中最基础的地位。古代对兵器的通称主要有五兵、戈兵、戎兵。如《周礼·夏官·司兵》提到"掌五兵"，司农注为"戈、殳、戟、酋矛、夷矛也"，《易·说卦》中提到"离为戈兵"，《诗·大雅·抑》中提到"修尔车马，弓矢戎兵"等。

本书所言中国古代兵器，指的是从史前兵器出现到清末鸦片战争结束，其间被用于古代军队进行实战的各类军事装备。从使用和研究的角度，中国古代兵器有不同的分类方法。一种是按照材质的不同，分为冷兵器和热兵器两大类。冷兵器是指用人力或者机械力量操控，直接用于对抗的武器。热兵器又名火器，是指以火药燃烧为动力的爆炸或者射击武器。中国古代兵器以冷兵器为主，按照时间顺序依次出现的是木石兵器、青铜兵器、钢铁兵器等，而以火器为代表的热兵器发展比较滞后。另一种是根据用途的不同，分为长兵、短兵、抛射兵器、防卫兵器以及礼仪兵器等。第三种是根据兵制和战法不同，分为步兵、车兵、骑兵、水兵兵器以及城防兵器。还有根据民族地域不同而划分出各民族兵器类别的，北方骑射民族比较有代表性的有蒙古、满、羌、回等族的兵器，南方边疆民族比较有代表性的有苗、瑶、彝等族的兵器。

二、兵器起源

从物竞天择的角度来看，人类自身的体格在自然界中着实算不上突出，可是这种劣势在人类使用工具以后便产生了根本性的变化。坚硬有力的自然物变成人为打磨的带锋尖利器，使得人瞬间强大起来，可以战胜比自己强大数倍的对手，使生存必需的狩猎变得更加容易。最初武器的特点一是制造方法简单且所需材料十分普遍；二是唾手可得，在近战中能发挥最大威力。比如简单打磨的石斧、石锤可用于砍砸，又如狩猎工具转化而来的投石器就颇为游牧民族青睐。

随着物资及财富的逐渐积累，人类社会产生了拥有固定地域和资产的原始部落，而原始部落的争斗正是工具转化为兵器的关键。中国上古流传下来的战争传说中最著名的就是涿鹿之战，以黄帝为首的北方氏族联盟经过残酷的斗争战胜了以蚩尤为首的南方部落联盟，成为华夏民族产生发展的根基。古史中把大量武器的发明都安置在了黄帝或者蚩尤的名下，《世本·作篇》说蚩尤"以金作兵器"，还说蚩尤作五兵；《考工记》说黄帝的臣子挥发明了弓、夷牟发明了箭，而传说中黄帝的那把轩辕剑至今仍为许多人津津乐道。尽管这些多为托古，但足可见当时正是原始武器产生并应用的发端。

兵器的产生伴随着人类最复杂、最暴烈的欲求，人运用兵器所争夺的东西从有实际效用的领地、财产、劳动力等到复仇、征服、宗教、占有等抽象的理念、情感层面需求，这个过程中兵器飞速的进化历史的确是令人惊异的，兵器以及由兵器参与的战争对人类历史所造成的改变也是独一无二的。从某种层面上说，兵器的演变进化推动甚至造就了我们历史的面貌。

三、国之大事

《孙子兵法》开篇便说"兵者，国之大事也。死生之地，存亡之道"，《管子·参患》又说"凡兵有大论，必先论其器"。古代所有的君王诸侯都把军队以及武装军队的兵器看作是确保国家政权的头等大事。

　　这从"我"字的本义便可以看出来。"我"从手，从戈，甲骨文原形是指一种有刃有柄的兵器，意为手持战戈的人。古代王室一年到头只做两件事——祭祀与戎战，所谓"国之大事，在祀与戎"，所以他们把自己这个统治天下的部族命名为"手持战戈的人"，即"我"。甲骨文资料中的"我"全部用为集体名词，指王室、贵族这些掌握天下命运的人。兵器的确天生嗜血，纵观人类历史，往往是由兵器支撑的战争缔造或者彻底破坏着若干个文明结构，既成为生命群体以及文明史的断送者，也成为新的族群和文明的塑造者。

甲骨文中的"我"

　　国家重视兵器发展，中国古代兵器的发展也始终有赖于国家力量的作用。由于中央集权帝国的长期推动，一系列规模宏大的兵器生产和应用推陈出新。《司马法》把武器装备列为用兵必须关注的五大要素之一，《管子·参患》说"故凡兵有大论，必先论其器，论其士，论其将，论其主"，只有做到"工无敌"，才能做到"器无敌"。《六韬·必出》说："器械为宝，勇斗为首。"这都是强调兵器的极端重要性。

　　同时，中国古代的军事思想也非常重视政治和道义因素。中国的原生文明中一早就有"敬天悯人"的意识。基于"顺天而动"和"礼义天下"的胚芽，孙子认为决定战争胜负最重要的几个方面分别是道、天、地、将、法等五事，孟子则说"仁者无敌"。

　　"武"是和兵器紧密相关的另一个字，在甲骨文中表示止、戈并立，意思是持戈站立的人，后来演变为扛着戈行走，表示使用武器。但有意

甲骨文中的"武"

思的是，《左氏春秋·宣公十二年》中记载，身为春秋五霸的楚庄王第一次提出了"止戈为武"的思想。和这一进步思想遥相呼应的还有不少，荀子极力主张强国强兵的根本是君贤和隆礼贵义，《荀子·议兵》中提出"以礼治兵"，还提出"故近者亲其善，远者慕其德，兵不血刃，远迩来服"。《孙子·谋攻》说"故上兵伐谋，其次伐交，其次伐兵"。墨子不仅主张非攻，更是制造出大量机巧兵器，和公输盘反复推演均能获胜，充分展示出以兵器的强大捍卫人不可剥夺的基本权利。在影响中国古代社会的重要因素之中，礼仪、仁义、智谋往往会被放置在兵器和暴力之上，当兵器用来以战止战时，它便能发挥出其他因素所不能达到的实力。

第一章

兵器综述

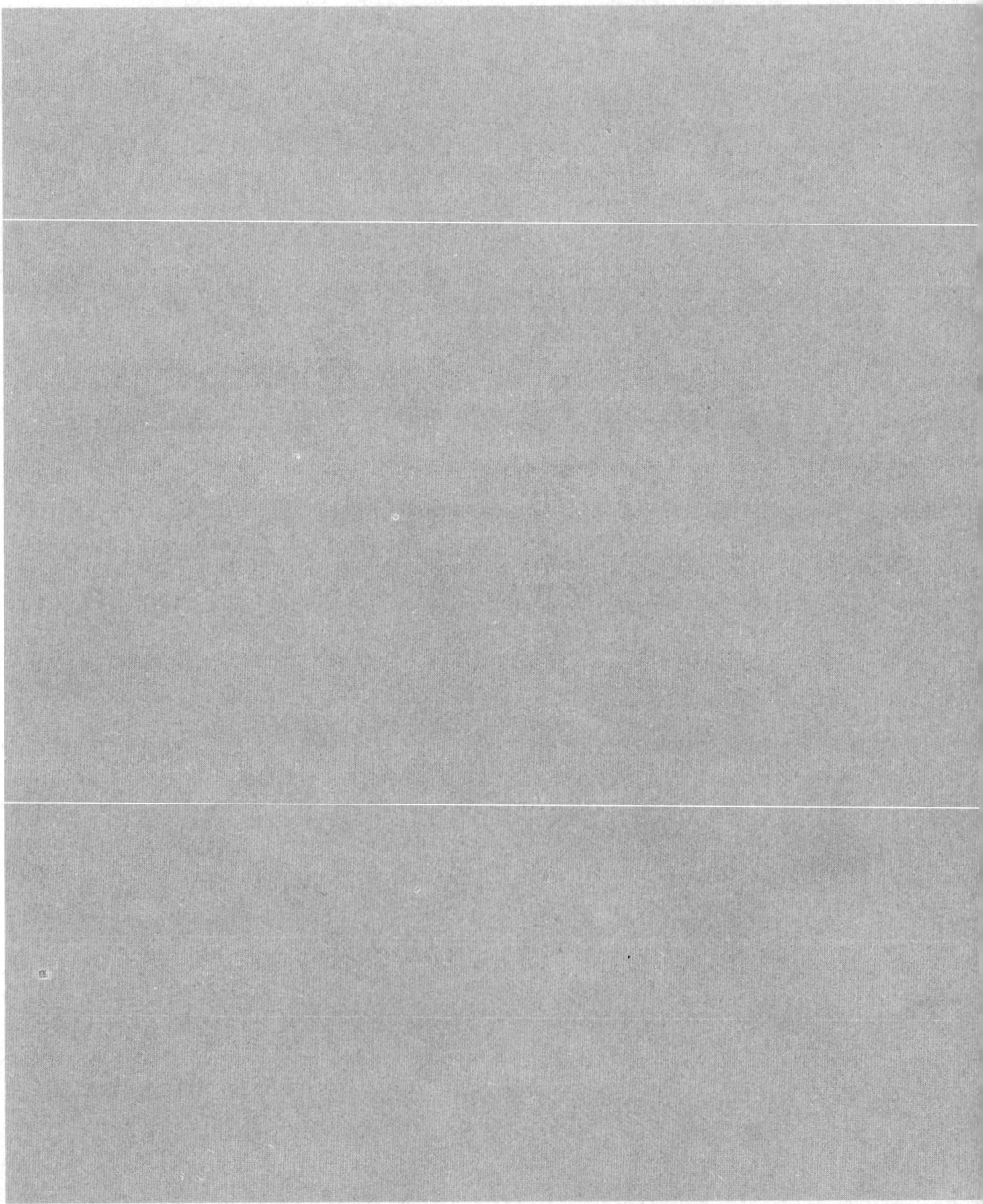

第一节 技术流变

由于兵器制造是影响国家安危的大事，每个时代最先进的材料工艺总是首先被用于兵器制造，兵器最能突出反映当时的科技水平。我们不妨结合兵器制造技术史和战略应用发展状况，追溯一下兵器的发展。

一、石木为兵

公元前 21 世纪以前是我国的石器时代，也是战争萌芽和武器起源的时代，兵器和生产工具基本混同，多为粗略锤打制成，考古发现主要表现为箭镞、石锤、石锥、石斧等。在距今约 7000 年到 5000 年的仰韶文化时期遗址中，出土了迄今为止发现最早的石质兵器，此时属新石器时代，专门的兵器已经成型，使用的是细致磨打的加工技术。

箭镞和石斧是最早出现的一批武器。此时的箭镞是骨制；斧有一个特别的名称叫"钺"，不同于一般生产用的石斧，它是穿孔的，比一般的斧薄得多，刃是半圆形，弧度较大，根本不适合砍伐或者耕种，显然是专门用于砍杀敌人的。在宝鸡北首岭遗址的一座墓葬中，埋葬着一个缺失头颅的成年男子，随葬的有成束的骨镞。江苏邳州的大墩子遗址中，也有一座墓葬中发现了一名中年男子的随葬物是兵器，他左手握骨匕，左肱骨下放着一把石斧，一枚三角形骨镞嵌入左侧股骨，应该是死前被射入。在山西和云南等地也出土了不少箭镞射入尸骨的遗骸。大约同时期的墓葬中还可见到大量的骨制或石制矛头、石匕首、石锤、石戈以及投掷的"飞石索"等，它们都经过了精良的人工磨制，锐利无

新石器时代·石斧

新石器时代·石矛头

比。此时的石矛头已经和后来的铜矛头样子差别不大了。

若以用途区分兵器大类，则此时各类都已初现端倪，包括远射类的弓箭，投掷的石球、陶球，格斗类的石斧、钺，以及扎刺对方的矛，砸击对方的石锤，卫体类的匕首和短矛，等等。

东汉人写的《越绝书》借用传说中的春秋晚期人物胡子之口，提出"轩辕、神农、赫胥之时，以石为兵""黄帝之时，以玉为兵"。玉制兵器的出现是非常有意思的现象，估计在步兵军队中将领的地位颇高，他们的兵器往往特殊一些。黄帝拿着并没有实战价值的玉钺，更多是王权的象征，而不是实战武器。在黄河下游的龙山文化、辽西红山文化以及江浙良渚文化中都发现了精美的玉兵器，上面往往还有图腾的纹路，这种传统从石器时代一直遗留下来，直至商周还有将精美的玉兵器用作祭祀礼器的。

和石制兵器同时出现的还有其他一些非金属材质兵器，主要使用木、竹、革、角、筋、胶等材料，最特别的应用是制弓，其次是制甲，还有就是制造兵器柄。虽然在石器时代还只是些简单的雏形，由于材质的原因现在不可能见到实物，但学者根据现存的史料及一些少数民族留存习俗还是可以了解其大致的模样。中国古代兵器对于这些非金属天然材料的利用是世界上表现最突出的，通过对不同性能的材料进行组合运用以获取最佳综合性能的这种思路，为以后的复合弓、漆皮甲以及庐器（也称积竹柲）的制作发展打下了良好的基础。

二里头文化时期·玉钺

二、青铜熠熠

从夏代到秦代，也就是公元前 21 世纪到公元前 207 年，是学界定义的中国青铜时代。青铜在一般意义上指铜和锡的合金，先是用于制造礼器，很快便用于制造兵器。中国的青铜时代起始时间比较世界其他地区并不算太早，西亚和欧洲爱琴海南部沿海都开始于公元前 3500 年以前，但中国的青铜冶造技术富有鲜明特色，在泥范铸造、合金加工和表面镀膜等方面取得了杰出成就。

冶铜是在制陶的基础上开发出来的，原始社会后期的烧陶温度已达950℃以上，而铜矿石加工到 1000℃稍高一点就能炼出铜来。根据现有的实物推测，最早的铜器大约出现在夏代之前，夏商周三代青铜冶炼技术发展迅速，已达到"炉火纯青"的地步。所谓炉火纯青反映了从冶炼红铜到青铜的提升转化，由于青铜是铜与锡的合金，也含有锌、砷、铅等杂质，随着炉温的升高，其他杂质逐渐挥发，铜的青焰逐渐占据绝对优势，这时便是精炼成功，可以浇铸青铜器了。含锡量的大小决定铜器的软硬程度，根据对历年出土青铜器的检测，不同兵器的铜锡比例并不相同，从商代到春秋，总的趋势是含锡量不断提高，从 10% 左右提高到了接近 20%，形成一套标准的体系。

除过冶炼，青铜的铸造方法也很成熟，有块范法和失蜡法两种基本方法。商周时代广泛采用块范法，它分三个步骤：首先用陶土制成准备铸造的物件模型，再将泥料覆盖在模型上，泥料固化后被分割成数块从模型上脱落下来，继续用泥料造一个和所铸物件内腔相同的范，内外范相结合，最后将熔化的铜液灌入间隙，冷却后打破泥范即可。失蜡法是用蜂蜡雕刻成所需形状的蜡模，在蜡模外包裹泥料并留一个小洞，通过焙烧使得泥料中的蜂蜡气化挥发，将熔化的铜液通过小孔灌入模型，打破泥料获得铜器。也有分铸法和焊接法、表面铬化处理等比较复杂的方法。最为精致的是春秋时期的铸剑工艺，甚至在一把剑的不同部位采用不同的配方材质：剑脊含锡量低或者加铅，使得剑身坚韧不易折；剑刃含锡量高，硬度加强便于砍刺。

我国的青铜冶造技术经过发展，商代和西周鼎盛时期的青铜器已经代表了当时世界最高制造水平。成书于战国时的《考工记》对各种手工艺技术有全面的总结，涉及兵器制造的有"冶氏为杀矢""桃氏为剑""函人为甲""庐人为庐器"以及"弓人为弓""矢人为矢"等。关于青铜冶炼，书中记载"金有六齐"，这里的"金"是指铜，"齐"同"剂"，就是剂量的意思。"六分其金而锡居其一，谓之钟鼎之齐；五分其金而锡居其一，谓之斧斤之齐；四分其舍而锡居其一，谓之戈戟之齐；三分其金而锡居其一，谓之大刃之齐；五分其金而锡居二，谓之削杀矢之齐；金锡半，谓之鉴燧之齐。"按照这一配比，锡的含量可以从大约16%到50%，其中，斧、戈、戟之类含锡量低，武器韧性较高，刀、剑、矢含锡量高，武器硬度大，这是非常科学的配比。《考工记》能够反映出当时各国对于兵器制造都有统一的官定标准，对合金冶造以及兵器类别和性能都有了较为深刻的认识。

夏代青铜兵器较少，《世本·作篇》说夏杼作甲、作矛，从实战应用的情况看主要有戈、矛、箭等少数几类，并没有特别成体系。

商代青铜制的兵器发展为戈、矛、钺、斧、刀、殳、盾、甲、矢等多种，其中青铜戈、矛是最为突出的代表。随着实战应用的增多，武器越来越向专用化改进，配合着人员密集的方阵进攻，其中戈和矛装备最多，变化也最突出。周武王伐纣时在牧野誓师，《尚书》中记载的誓词就是"称尔戈，比尔干，立尔矛"。这场战争最终以商代军队"前徒倒戈"作结。

中国人的智慧最善于做实用性改变，戈和矛的组装还产生了一种新的复合兵器，就是戟。戟的作战特点集合了戈和矛的双重作用，可以劈砍、钩拖和刺杀。虽然戟在古代战场昙花一现，可它的衍生品钩镰枪在古代战史上有传奇地位，被视

战国·铜戟

作能破重甲骑兵的一种特殊武器。戈、戟是先秦战争中最为主流的兵器之一，也是传统勾兵类武库中最为典型的代表。在一段时间内，戈、戟成为兵器的统称，泛指任何兵器，这就是成语持戟百万、金戈铁马、折戟沉沙等的来由。

青铜兵器的使用跨越了整个春秋战国时期，青铜匠人正是通过巧妙控制剑体不同部位的含锡量，制造出了刚柔相济的青铜剑，春秋时越王勾践剑即为杰出代表。战国后期又出现了两次铸造法，即先将含锡量较低的铜铸成剑脊，再将含锡量较高的铜铸成剑刃，随后通过复合工艺将两者融合，由于两者含锡量悬殊，剑刃更刚硬，剑脊更有韧性，一时为人称道。按《吕氏春秋》所记载相剑人的说法就是："白所以为坚也，黄所以为韧也，黄白杂则坚且韧，良剑也。"

到了秦代，尽管冶铁技术已经发展，但武器依然主要使用青铜铸造，因为青铜铸造容易成型且不会生锈变形，更重要的是，这种青铜冶炼工艺在秦朝14年间达到了极高的水平，很大程度上克服了青铜虽硬却易断的缺点，武器性能更能满足实战需求。以秦代最突出的青铜长剑为例，在兵马俑中出土的秦剑，硬度达到近300HV，接近硬度较低的现代钢材，它们的长度达到了罕见的80~90厘米。这些剑是铜锡合金，具有外硬内软的特点。剑体内部的锡含量仅为8%左右，提高了剑身的强度，而剑体外部的锡含量较高，达到33%左右，坚硬且具有更好的韧性，性能可靠不易折断。此时青铜剑的表面处理技术颇为先进，出土的剑历经2000年依然黑亮无锈，而它所采用的制造技术今人仍无法掌握。

秦代·铜剑

由于方阵作战主要靠近身搏斗，人员伤亡较大，很快以投掷射远为特点的机动装备受到重视。商代晚期戈、戟、矛的配备使用逐渐减少，铜钺、铜刀应用广泛，尤其以弓箭的改进最为明显。弓完全脱离了原始阶段，成为复合弓，张力大射程远。箭镞则多为铜制，通过增大镞的后翼，并使翼的尾刺变得尖锐，增大它的杀伤创面，导致敌人创面受细菌感染而亡。

除了弓，此时已经广泛使用了弩。春秋晚期弩最先应用在南方的几个诸侯国中，战国中期中原地区的诸侯国才开始应用。在中国历史上始终弓弩并称，但在其他国家和地区都没有这种现象，弩甚至名不见经传。实际上弩这种兵器在我国古代占据着特殊地位，它得到重视最大的动因是汉民族和北方游牧民族的对抗。因为游牧民族天生具有骑射优势，农耕民族必须使用比弓更适宜的兵器才能制胜，弩比弓的威力更大，射程更远，精准度更高，且适合步兵，是可以"一人当百"的（《战国策·韩策》）。此时的弩加上了木质弩臂，借助机械的力量和弩机的瞄准进行发射，青铜弩机已经有了用于扳发箭镞的悬刀、牛等基本构造，作为固定这些装置的外框——郭此时还不成熟。

随着武器杀伤力的提升，防护器具也得到发展，商代有甲、胄、盾。甲一般是皮制的，用于护体；胄为铜制，用于护头，额前装饰有兽纹，头顶装饰有高高的羽缨，将领佩戴很是威风；这时的盾则多为木制。

在铜兵器时代，毫无疑问，装备着铜武器的军队面对大量装备着非金属武器的军队，往往只要较少的精英就能决定战斗的结果。

三、钢铁千年

从公元前 206 年汉朝建立，一直到公元 960 年五代时期结束，这段时期是中国历史上铁兵器盛行的时代。最早关于铁制兵器的记录出现在商代，那是上天罕见的馈赠，人们将陨石坠落带来的陨铁制成了铁刃，安插在原先的铜钺上。真正的冶铁始于战国时期，但当时冶炼水平并不稳定而且产量极少，再加上青铜兵器统一浇铸成型比较便捷，而铁制兵器全靠手工锻打，因而铁制兵器在很长一段时间内没能取代青铜兵器，仅用于制作贵族佩带的短剑、匕首等。西汉时冶炼技术提升，铁制兵器开始普遍使用，直到东汉铁制兵器才完全替代了青铜兵器。我国制铁技术在西汉就已经处于成熟的阶段，以炒钢为代表的生铁炼钢技术取得突破，解决了优质钢铁批量生产的难题，西汉之后只是在此基础上逐步完善和提高，在唐宋达到一定高峰。

铁分为熟铁和生铁两种，现在也叫锻铁和铸铁。熟铁含碳量低，韧度较好；生铁含碳量高，硬度较大。春秋时期我国已会铸生铁，比欧洲各国早大约 1600 年。汉代出现了炼制生铁的坩埚炼铁法，高温冶炼铁矿石至液态，经还原可以得到生铁。汉武帝时将民间经营的盐、铁行业收归国有，确立了盐铁官营的制度，官府在各地设置铁官以打制铁兵。炼铁的竖炉有的高达几米，利用畜力推动鼓风提高炉温，由此获得白口、麻口、灰口生铁。人们很快又掌握了生铁热处理的技术，对白口生铁进行退火柔化，制造了具有韧性的生铁。生铁不易打造成型，但生硬有力，当时大多用于制造农具。

春秋以来另一种主要的炼铁方法是块炼铁，这是冶炼熟铁的基础。在较低的冶炼温度下，先将铁矿石固态烧制变为海绵体，再将其锻打成型。有韧性的锻铁便于加工，但硬度欠缺。古人很早就发现了铁中含碳的分量对其硬度的影响，所以一直努力用渗碳技术提高块炼铁的质量，战国晚期

炒钢法示意图（选自《天工开物》）

已经比较好地掌握了固态渗碳炼钢技术。《吴越春秋》中记载干将、莫邪剪爪发投入铁炉制剑，虽为传说，但也反映了古人对渗碳炼钢的一种探索。块炼铁也是世界上大多数国家普遍采用的炼钢方法。

西汉最重大的发明之一是炒钢技术，在炒钢炉中将块炼生铁炒到半液体半固体状态并进行搅拌，利用铁碳粉或者空气中的氧进行脱碳，反复锻打获得炒钢和熟铁。如果还想得到性能更佳的钢，就要对炒钢再施加百炼钢技术，用数十次甚至上百次的加热锻打，使钢中碳的均匀程度不断改善，杂质含量减少，从而得到高质量的钢。20世纪70年代，在我国的山东和江苏等地先后出土了东汉铁刀和铁剑，上面刻有隶书铭文，除显示制造时间和制造人以外，还分别刻有"三十湅"和"五十湅"字样，古代的"湅"也称为"辟"，意思是"取精铁折叠锻之"，东汉晚期常被写作"铼"或者"煉"，后来都简化为"炼"。技术检测结果显示，这些出土的铁兵器断面硅酸盐夹杂物的层数达到30~60层，恰好印证了所谓百炼成钢的工艺。

到了南北朝，綦毋怀文又发明了灌钢法，具体方法是"烧生铁精，以重柔铤，数宿则成钢"，意思是选用品位比较高的铁矿石，冶炼出优质生铁，然后把液态生铁浇注在熟铁上，经过几度熔炼，使熟铁经过渗碳成为含碳量高的优质钢。由于是让生铁和熟铁"宿"在一起，所以炼出的钢被称为"宿铁"。

由唐宋到明代末年，炒钢、百炼钢乃至灌钢等技术逐渐成熟，也得益于风箱技术的改进，以及用煤做燃料的广泛运用，能够制造1200℃以上的熔炉对钢铁进行高温精炼，使中国的钢铁冶炼技术在当时保持世界领先水平。宋代已经能将高碳钢和低碳钢合制，造出的钢剑富有韧性和弹性，接近现代的弹簧。明代又生产了称为"苏钢"的优质钢材。尤其是灌钢技术的成熟，不仅使冶炼方法易于掌握，而且大大提高了钢铁产量，17世纪以前，中国一直是世界上钢铁生产和消费量最大的国家。据有关史料记载，唐代钢铁的年产量已经达到1200吨，宋代为4700吨，而明代初期为11000吨，最多时年产量达到40000吨。

随着钢铁冶炼技术的发展，淬火处理工艺也日臻成熟。中国的淬火技术确实晚于西亚和欧洲，但在选择淬火剂和控制火候方面技艺高超。不同的水具有不同性能，淬出的刀刃软硬不同。传说诸葛亮让蒲元造刀取蜀江水淬火，蜀水因其特有的阴寒沉稳的水性而成为淬火的良品，使蜀刀的硬度着实增强。中国古代还一度流行用各种不同比例的动物油脂、尿液、硝盐等等进行淬火。动物的尿液中含有盐分，淬火时比水冷却快，淬火后的钢质坚硬；而动物脂肪淬火时冷却慢，造成钢质柔韧。最早的记载依然和那个发明灌钢法的綦毋怀文有关，《北史·艺术列传》记载綦毋怀文在造成宿铁以后，"以柔铁为刀脊，浴以五牲之溺，淬以五牲之脂，斩甲过三十札"，就是在前面灌钢冶铁的基础上，再经过牲畜尿液和脂肪的双重淬火从而打造铁器成型，这在当时算是比较先进了。明代还有用原油（石油）淬火的，一样是为了增强刀刃的锋利程度和韧度。

用钢铁制造兵器以来，冷兵器进入成熟阶段，并迅速发展。春秋战国时期的铁制兵器包括少量的戟、戈、剑、刀、矛、斧、弓弩等，步兵装备最主要的是戟（或者矛、戈）和剑，骑兵的主要武器是弓弩和剑（或者矛、戈）。剑的制造代表了当时钢铁铸造技术的巅峰，虽然它在战场上的应用并不突出，但地位显得很特别。几乎所有军士、官吏、贵族都佩剑，武士敬畏于它的威力，争相追逐天下宝剑，宴饮时舞剑也成为一时的雅事。楚国、赵国、魏国、韩国、燕国等地盛产铁剑甚至钢剑，连秦昭王都叹息"吾闻楚之铁剑利而倡优拙，夫铁剑利则士勇"，并对此十分忧虑。当时剑客盛行，《史记》中《刺客列传》记载了"荆轲尝游于榆次，与盖聂论剑"，《日者列传》还记载了"齐张仲、曲成侯以善击刺学用剑，立名天下"。

西汉铜铁兵器并行于世，随着冶铁技术突飞猛进，铁制兵器的制造技术有了新的突破，并逐渐彰显其优势。从汉都城长安武库以及居延甲渠候官等边关遗迹兵器出土的情形看来，汉代兵器大多由铁质打造，且分类已经非常清楚，长兵、短兵、射远弓弩以及铠甲、兜鍪分类放置。

西汉时期，戟、矛依然是最重要的格斗兵器，同时常用的还有铍，

东汉画像中持环首铁刀的兵士

虽改为铁制，但大体还是沿袭了战国时的形状，在实战中为增强刺杀能力有局部改动。步兵军队中，刀以及剑的应用更加普及。鸿门宴上"项庄舞剑，意在沛公"的故事就向我们展示了项庄、项伯对面舞剑，樊哙持剑怒闯，以及范增挥剑破玉的情景。当时上层将士的常规配备就是一手持剑，一手持盾。刀一开始是显示将校们身份等级的饰物，《汉书·苏建传附子武传》中就记载过苏武被逼降时"引佩刀自刺"。因为制铁技术的成熟，铁刀后来在兵士武器配置中逐渐普及，使用率超过了剑。汉刀是后代刀的鼻祖，形式为直脊背刀，柄端有一环，通常称为"环首刀"或者"环柄刀"。汉代也使用一些没有锋刃而用于砸击的特制兵器，如挝、杖、桡等，这是对战匈奴骑兵的有效武器。

得益于钢铁制造技术的发展，汉代的护体兵器增加了铁盾和铁甲。汉铁甲也称玄甲，《史记·卫将军骠骑列传》中注明"玄甲，铁甲也"。汉武帝曾经用玄甲军阵为霍去病、卫青等名将送葬，大概正是因为他们生前曾带着这样的队伍冲锋陷阵，缔造过辉煌。

弩由铜制变铁制的时间比其他武器稍微滞后，一直到汉朝还是以青铜制为主，主要是由于消耗太大，青铜更易于铸造且不易生锈。自战国开始，随着金属弩机以及箭镞制造技术的成熟，弓弩在实战应用中代表了最先进的武器类型，备受重视，虽然不少的箭镞仍是青铜制成，但锋锐程度日增。

自汉代起弩有了质的飞跃，其应用非常突出。作为对抗匈奴的制胜兵器，它的制作工艺十分精细，郭工制郭，臂师做臂，牙师做牙，各有铜范，混杂在各种铁制兵器中毫不逊色。这时的弩机结构完全成熟，加装了铜郭，用于瞄准的望山上增加了刻度，同时在原先臂张弩、脚张弩的基础上又出现了更加强劲的腰张弩，最常用的六石弩射程可达 260 米。单兵强弩在汉朝和匈奴的几百年对抗中发挥了不可替代的作用，其制造技术当时达到巅峰，此后一直停滞乃至退化，到了唐宋，这种先进的机巧装置甚至一度失传。

大型重弩的发展紧跟其他钢铁兵器的步伐，两晋以后表现出逐渐巨大化的趋势，极度追求射程远、强度大，甚至发明了无坚不摧的专门用于攻城拔垒的车弩。诸葛连弩流传于世是由于它能同时发射多枚箭镞，克服了弩发射间隔过长的弊端，其机巧设计令后人赞叹不已。

从三国到南北朝，钢铁兵器进入全面发展期，各种坚韧锋利的新型兵器层出不穷。三国以后，刀和枪成为战场上的主要进攻兵器。刀的形制增多，有的刀还安装了长柄，变为长兵器，《三国志》中典韦持的就是长刀，关羽持的那把著名的青龙偃月刀也属长刀。刀由于实用性更强，完全代替了剑，精致的剑逐渐成为礼仪、武艺、道术所用的专门器械。

南北朝开始盛行的重装骑兵进一步使得戟和剑全部退出实战。戟历经 800 年实战，原本一直是军队主要的格斗武器，曾被西晋名将周处称为"五兵之雄"，但当时的戟穿刺能力明显不足，戟的威武于是只能展示于仪仗，取而代之的是枪和马槊（矟）。枪和矛差不多是一回事，并称为枪矛。一般称为枪的主要指步兵使用的较短的矛，晋代把枪头改为短尖式，更加轻便锋利。而骑兵用的矛有一个专用的名称——马槊，实际上早在东汉，马槊就成为骑兵最重要的兵器之一，它是一杆 4 米长的双刃长矛，骑手对阵时往往在几米开外就可用其刺杀对方，威力惊人。

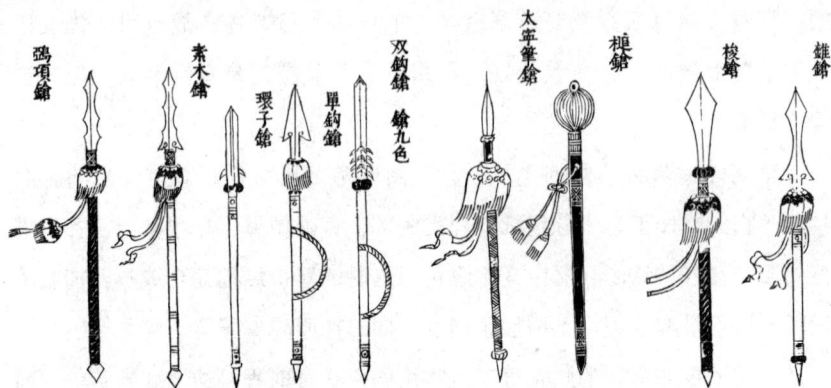

鸦项枪　素木枪　猿子枪　单钩枪　双钩枪　枪九色　太宁笔枪　槌枪　拨枪　锥枪

枪九色（选自《武经总要》）

　　唐宋两朝是冷兵器最辉煌的时代，冶锻技术的提升使得冶造各种形制的兵器成为可能，充分实现了兵器的多样化发展。在唐代，后世所谓的十八般兵器已悉数出现，各领风骚。刀成为真正的兵中之帅，由汉代的直脊改为曲脊，更便于砍杀，包括仪刀、郭刀、横刀等。还有一种双面刃的唐陌刀，一丈多长，"步兵所持，盖古之斩马剑"，上步挥刀砍下，能令人马俱为碎片。枪也成为真正的兵中之王，细分有漆枪、木枪、白干枪和朴枪等。马槊从唐代开始成为骑兵主要配置，几乎人手一杆，唐代不少名将如尉迟敬德、程咬金都曾因用马槊出神入化而称雄沙场。斧此时也较流行，有长柯斧和凤头斧。西晋以后出现的鞭、锏、锤等兵器在此时都有比较广泛的应用。

　　宋代更是古代冷兵器的集大成者。经济和科技的发展为武器改良提供了充足的条件，而内忧外患的国家局势又增加了武器研发和应用的紧迫性，国家专设的军器作坊规模宏大。宋仁宗庆历四年（公元 1044 年）刊印的《武经总要》是涵盖古代至当时各类军事知识的百科全书，也是第一部官修兵书。前集 20 卷反映宋朝军队制度，配合着行军宿营、古代阵法、城池攻防、水攻火攻等，详细记载了北宋初年制造和使用的兵器，并配实物图 300 余幅，包括刀、枪、斧、叉、鞭、锏等各类步兵、骑兵手持兵器，弓、箭、弩等射远兵器，还包括木质、皮质和铁质各类防护装具，从翔实的记录可以看出各类兵器自汉唐以来形制不断演进，使用方法形成体系，性能也得到不断改善。可惜，重文轻武的传统抑制了宋朝军事力量的发展，导致军队冗重无能，战斗力低下，加之没有强大的骑兵，国家颓败的大势不可避免。

宋代强弩的地位非常突出，神宗时研制出精良的单兵强弩——神臂弓，据相关记录射程在 370 米以上，轻便而易于推广。实战使用的床子弩是在唐代绞车弩的基础上发展而来的重型弩，在和金国对抗的过程中几乎到了无弩不战、无弩不胜的地步。最有代表性的床子弩射程已达 1500 米。各种弩发射的箭镞花样翻新，比如有带铁羽小枪的凿头箭，有能成排钉在城墙上的踏蹶箭，还有数十支密集发射的寒鸦箭，它们在战场上的杀伤力和破坏力非常强大，当时的记载对其巨大威力极尽夸赞。也有一种说法认为，由于秦汉强弩一度失传，从现存的资料和实物对比来看，宋代强弩在射远性能上的进步没有那么大。

由于唐的开放，兵器发展出现了大量中外交融现象。从原料来源看，由丝绸之路传入了大马士革钢，被称为镔铁，其细碎的花纹非常独特，由它制造的宝刀锋利和坚韧程度至今都是传奇。唐代的枪借鉴了突厥人长枪棱上加窄翼的形式，专门用以刺穿铠甲。唐代的仪刀东传，影响了日本武士刀和朝鲜刀的发展；横刀则传入青藏高原，成为藏刀的祖先。

这种交融宋代也有，有一类很值得重视的兵器，反映出经历上千年民族战争后各少数民族兵器与中原兵器的融合，比如狼牙棒和铁链夹棒，还有一种铁梭枪也明显源自少数民族兵器，是可以投掷的标枪。有一种叫作骨朵的兵器是这个时候出现的，在棒的顶部装一个圆球形的铁质锤头，岳飞父子抗击金兵时曾屡屡使用，是以步兵为主的宋兵痛击以骑兵为主的金兵的利器。

元朝时蒙古骑兵纵横欧亚，弓矢是他们必备的兵器，其他各类冷兵器的发展放缓了步伐，使用的无非是刀剑、枪矛、盾牌、斧头、骨朵等。元兵所用强弩等都是由南宋降兵工匠制成。特别的有两样：一是弯月大刀，其中用镔铁制成的大马士革刀来自世界上最善铸刀的阿拉伯地区，锋利异

辽代·铁蒺藜骨朵

常；二是石炮，为攻打南宋的襄阳，元军专门征调中东的藩属国伊利汗国的兵匠制作巨型抛石机，一次可射出上百公斤重的巨石，《元史》记载它发射时"声震天地，所击之处无不摧陷，入地七尺"，可见威力了得。

明清时期，钢铁冶炼技术及工程技术更加发达，然而钢铁兵器的发展却日渐消退，主要原因是火器的发明和应用，刀剑等兵器都转变成为战场上的辅助性兵器，而且功能固定单一，各类兵器都是各司其职。当然在兵器品种的增加和质量提高方面依然有进展，比如戚家军为了防倭创制的狼筅和夹刀棍棒，特别是采用从日本引进的制刀技术打造的戚家刀，还有锐钯、飞钩、飞锤等。盾牌的性能提升显而易见，明后期出现了与火器配用的新式盾牌。洪武年间冷兵器在军队装备中占到九成，嘉靖以后，火器便上升到军队武器装备的一半，一部分冷兵器逐渐被淘汰。只有清朝以弓马得天下，特别强调骑射，弓箭的制造和使用一枝独秀，相应地，虽然甲胄的防护作用已经微乎其微，清廷依然固执地予以重视。其他冷兵器只有刀的发展较完善，顺刀、窝刀常配备军队，朴刀和斩马刀多见于民间；枪、斧、镰、鞭、铜、椎、棒等都逐渐退出了实战应用。

四、火器轰隆

公元 10 世纪以后，古代兵器进入冷热兵器交替发展阶段，可以说，火药在军事领域的应用以及火器技术的发展导致了人类历史上迄今为止最深刻的一次军事变革。具体到宋元明清四个朝代，火器的发展又分为两个具体阶段：以公元 15 世纪初为分界线，前期从宋到明初，中国是火器最早的创制者和发展者；从明中期开始到晚清，中国却成为火器革命的落伍者和受害者。

公元 8 世纪，中国道士在炼丹炉中发现了火药，它的主要成分是硝石、硫磺和木炭，最早见于文字记载的火药配方就出自唐宪宗元和八年（公元 813 年）的《太上圣祖金丹秘诀》。"火"和"药"，本是不相干的两个字，二者的结合纯属意外。火药的主要成分较早时已见于医书，汉代的《淮南子》中就有硫磺的记载，西汉末年编成的医学圣典《神农本草经》将硫磺列为 120 位"中等药"的第二种。而硝石更跻身 120 位"上等药"的前八强，位列第六。

炼丹家本意是将这一阴一阳的两种物质混合炼制成长生丹药，因为不能驯服合炼时的燃爆性，意外发明了这一极具威力的物质。与其他依靠空气中的氧气才能进行燃烧的物质不同，

火药的记载（选自《真元妙道要略》）

火药是由硝石释放氧气完成燃烧过程的。炼丹道士长期致力于控制两者的反应以避免其燃爆。中国作为火药的发源地很长一段时间并没有特别着力于对其进行威力开发。也正是因为这一原因，唐代出现的火药配方一直不完善，硫磺和硝石含量对半。

北宋初年，初级火器产生，这是世界上首次将火器用于战争。初级火器作为火攻兵器的改良品，首先是改良配方，硝石的比重是硫磺的三倍，又加入其他易燃易爆和有毒原料用以增大威力。火器种类包括火球、烟球、火药箭、火蒺藜等，其作用主要是纵火、障碍、致毒等。由于硝石的配比还不够高以及燃烧不充分等原因，威力提升有限。除过用人力投掷以外，

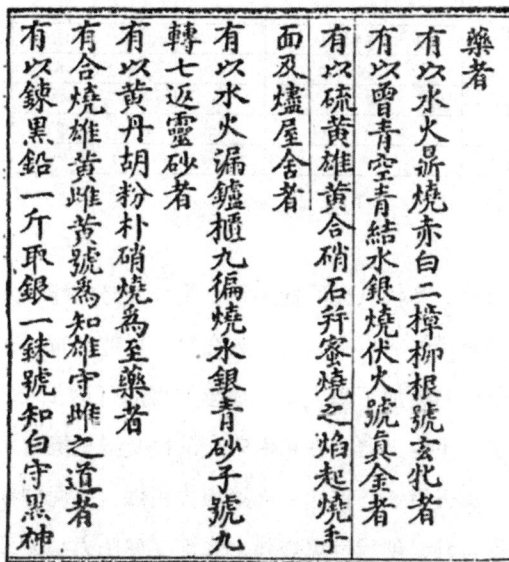

朝代	兵书	硝石	硫磺	木炭
明	《纪效新书》	75.75%	10.6%	13.65%
	《武备志》大型火炮用火药	71.4%	14.3%	14.3%
	《武备志》火绳枪用火药	75.75%	10.6%	13.6%
	《武备志》火门用火药	63.5%	14.3%	22.2%
	《西法神机》大型火炮用火药	70%	12.6%	17.4%
	《西法神机》火绳枪用火药	81.1%	7.1%	11.8%
	《西法神机》火门用火药	79.2%	9.4%	11.4%
清	《武备志略》	71.4%	14.28%	14.28%
	《大清会典事例》	80%	10%	10%
	《钦定工部军需则例》	73.8%	13.1%	13.1%
	《大清会典》	80%	10%	10%
	《筹海初集》	80%	10%	10%
	《皇朝兵制考略》	76.2%	10.7%	13.1%
现代	现代黑火药	（75%±1）%	（10±1）%	（15±1）%

历代火药配比表

火器常被放置在投石车上进行远射，产生了各类炮车。

宋、金、蒙古、西夏多国之间战争漫长而惨烈，很快催生了管形火器和爆炸类火器在实战中的广泛应用。南宋时期，最重要的发明是竹火枪和铁火炮。竹火枪的出现基础是竹管火药箭。管状纵火器发展到一定程度必然能够发射弹丸，南宋改良的火药已经有足够的燃爆力推出装在竹管里的子窠，宋金都使用的"飞火枪"是在长枪前端加了喷火筒，喷出的火焰可达3米多远。与此同时，金人发明改进了不少火器，在和南宋交战以及抵抗蒙古军队时，金军都使用了铁火炮"震天雷"，首次用火捻点火引爆，外面的铁壳四散飞击，声如雷震，人畜皆碎，创后世爆炸弹之先河。襄阳之战宋军使用的霹雳炮也属此类。之后铁火炮继续发展成为重型火器的主力，野战用的叫火炮，专供水军用的舰炮叫大碗口筒。

元代最大的成就是将宋代的竹制管形射击器"火枪"发展为金属管形射击器"火铳"。元代火铳被认为是现代火器的发端，因为它基本具备了现代枪械的构成要素：金属枪筒、火药和弹丸，这时的管壁采用铜铸，明显能承受更大的膛压。蒙古军东征时经常使用火油筒，攻打金国和南宋时大规模使用火炮。蒙古军将

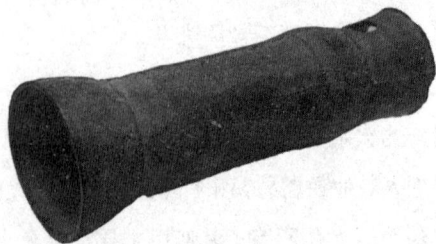

元代·青铜火铳

俘获的工匠专门编制用于制造各类先进火器。

明代火器实战优势明显，本土制造的火器起初发展比较迅速。明初火铳形制规范，制造和装备数量较大，能成批生产，可配备各地驻军的十分之一，堪称当时世界上最领先的武器。火铳可以连续释放，但存在装填费时、射击不准等缺陷，射程也不过几十步到二百步，所以在军队中很大程度上还是和冷兵器配合使用。重型爆炸类火器技术与威力进一步提升，铁壳地雷中填充了颗粒状火药，便于装填和内部引燃，杀伤力已经接近现在的反步兵地雷了。明军中大量装备本土火炮，如洪武十年（公元1377年）铸成当时世界上最大的铁炮——大神炮，长近1000毫米，口径210毫米，炮身由精钢锻打而成，重140公斤，最重可投射12.5公斤重的一组炮弹。

在这一阶段，中国人研制出了一系列火药箭、燃烧性球弹、铁壳爆炸弹、管型喷焰火器、管型射击火器、反推型火箭等，揭开了冷兵器时代向火器时代过渡的序幕。特别是元代发明的铜火铳，被后世公认为金属枪炮的鼻祖，中国成为当时世界上先进军事力量的输出地。

由于明代经济和社会发展以及治国观念方面的迟缓性，火器在明中期一度被抑制了发展势头。火药带来的火焰和浓烟在中国的战场上翻滚了近400年，这个时候欧洲还根本不知道火药，一直到14世纪元明之交阿拉伯人才将其传入欧洲，欧洲人开始制造早期的火门枪和射石炮，此后欧洲火器技术加速发展。欧洲人首先制造出火绳枪并不断改进，其次用铜铁整体铸造炮管，并逐渐大型化，同时发明了粒状火药，解决了早期粉末状火药的沉淀问题，这几项技术的发展使得欧洲火器制造水平在15世纪后半叶超越了中国。

到了明代中叶即16世纪末至17世纪初，中国已沦落到要从欧洲输入先进火器的地步。葡萄牙人把用火绳点火发射弹丸的舰炮带到了东方，以其轰击广东，因为当时中国称葡萄牙人和西班牙人为佛郎机，于是把这种舰炮也叫佛郎机。同样的，中国人在抗击日本人和葡萄牙人的战事中第一次接

明代·鸟枪

触到火绳枪，因其弯形枪托形似鸟嘴就称之为鸟嘴铳或鸟枪。明代以仿制佛郎机和鸟嘴铳为始，走上了仿制和改制火器之路，之后创制了多管铳、快枪、佛郎机等单兵武器，也创制了虎蹲炮等各种爆炸弹，以及各式地雷、水雷等。随后欧洲发明了燧发枪，19 世纪初又发明了击发枪，明清两朝对此并不敏感，因而没有加以发展和推广。

清代·神威无敌大将军炮

　　16 世纪欧洲制造加农炮，出现了高质量的铁制爆炸弹。17 世纪研制出榴弹炮，很快成为各国标准的炮兵武器。最早传到中国的长管加农炮叫"红夷炮"，后来也叫"红衣炮"，是明代购买的荷兰早期加农炮，因明朝人称荷兰人为"红毛夷"而得名。随后引进了用泥制炮的技术，并能设计把控火炮口径尺寸。红夷炮口径大，炮身长，壁厚坚实，远程准确射击的性能非常突出，且在填弹火药中添加了碎铁碎铅，威力巨大。明代加紧自主制造红夷炮，崇祯时期产量最大，每年产 400~500 门。明后期装备有火铳、火炮的霹雳战车很受重视，具有现代坦克的雏形。至此，近代火器的门类已基本齐全。

　　清代火器主要是火炮和鸟枪。清代初期迅速接收了明代的发展成果，也积极利用西方传教士铸炮，火器装备完善，在康熙前期平定三藩、统一台湾和抗击沙俄、收复雅克萨等诸多战争中，对西洋大炮的仿制一度达到顶峰。由于清军对火器的天然抵触和对汉族人的防范，明代广泛配备的各类火器反倒见得不多了，中后期甚至重启弓弩，完全忽略了对火器的改造和应用，因而康熙年造的"神威大将军炮"竟然成了这个有 270 余年历史的朝代在武器方面唯一的骄傲。

第二节 战略变迁

除过军事工程和技术变化带来的影响，战争方式的演变是影响兵器演变的另一个重要因素。中国古代王朝始终以黄河流域和长江流域为中心，周围或高山峻岭，或大漠荒原，或浩瀚海洋，所处的地理环境较为独立，特别是从北方的长城一线到南方的长江—淮河一线的中原腹地，是战争发生最集中的地区，也是兵器演变最频繁的地区。

一、步兵为本

和世界上所有国家的战争发源一样，中国古代最早出现的也是以徒步作战为主的战争形式。商周之前，步战仍是主导，不过由最初直接正面厮杀衍生出了方阵作战，兵器也从最初的随意凌乱演进到了成体系配置，因而才有了"五兵"之说，此时格斗武器、防护武器和远射武器都主要围绕着步兵需求逐渐发展。周初鲁侯伯禽讨伐淮夷徐戎时发表了出兵誓词："备乃弓矢，锻乃戈矛，砺乃锋刃，无敢不善"，涉及的主要都是步兵兵器。

战国时期车战鼎盛，许多国家展开兼并战争，以步战为主的作战方式很快回归，这时征召庞大的步兵，在辽阔地域进行征战，或者戍守城邑和边防，都是最常规的战事形态。步兵的兵器配备既要考虑野外征战的需要，也要考虑戍城攻城的需要，常用单兵武器弓弩和刀剑不断改进，重型组合武器同时得到发展。此时对武器的重视更加全面科学，《考工记》记载各类手工业发展状况，其中关于制弓和制造青铜兵器的文字占了大量篇幅，可见对兵器的关注。

汉朝在边塞屯戍和内地驻防时依然以步兵为主，同时为抗击匈奴，首次组建了大规模骑兵兵团。步兵和骑兵形成战争最主要的两种力量，武器装备彻底步骑兵化。此后延续数千年，步兵武器、骑兵武器、城防攻守武器各自成类。对于步兵来说，戈戟、枪矛依次成为实战之王，刀剑始终备受重视。

二、车战盛行

春秋战国时期，北方诸国逐鹿中原，开阔的野地战场为车战提供了地形条件，战车无疑是当时军事斗争中最重要的发明。整齐的战车队列不仅具备较高的速度，还具有压倒性的冲击力。由于有了青铜的斧、锛、凿、削等工具，战车的制作可以更加完善，对木工要求极高的轮毂和轮辐等越发精细。自春秋始，战车一般是双轮、单辕、方形车舆（车厢）。具体将马和车匹配的时间已经不可考了，但至少安阳殷墟已出土比较完整的商代车马。春秋时还是两匹马拉车，到战国时全部升为高等级的驷马战车，驷马战车的多少也作为衡量一个国家国力强弱的标准。西周灭商时全军有战车 300 乘，春秋时楚晋之间爆发城濮之战，晋军的战车已达 700 乘。据《孙子兵法·作战篇》记载，每十万军队应该配 1000 辆战车，战国时一个国家往往可以达到 3000~4000 辆战车的总体兵力。

战国时用于进攻的驷马战车，车上一般配乘 3 人，以张弓射箭作为最主要的作战方式，同时配有包括弓弩、戟、盾、刀剑、甲铠等五种兵器在内的成套兵器，此后"五兵"即作为古代兵器的泛称。关于五兵，不同的史书上记载不尽相同，另一种说法是指弓矢、殳、矛、戈、戟，大约是在不同时期随兵种不同略有变化。每辆车后一般跟随由步兵组成的方阵，72人为一组。步兵也配备五兵，但与车兵所用的尺寸不同。拉车的马匹都配有马甲，大多由动物皮毛制成，有时为了保护辕马，还会使用青铜制作的铜甲。

由于受到地形限制，加之战国后期边关要隘的建设加速，城市中心快速形成，车战这种盛极一时的作战方式迅速衰落，驷马战车在战国后期完全退出了历史舞台。

不同于能轻便驰骋的进攻型战车，另有一类非常沉重的防守型战车，常常还增加了皮革或者铜甲片的防护，在战场上横堆竖放，俨然成为难以跨越的防护堤坝；还有一类用于运输的载重型车辆，数百年来一直默默承载着运送辎重、伤员的任务。这两类战车一开始并不起眼，后来逐渐演变，在战场上发挥了至关重要的作用。有的演变为抛射石弹、火弹的抛石机，后来发展为炮车；有的演变为发射强弩的床子弩；还有的演变为用于攻城守城的车械，比如用于瞭望的巢车、望楼车，用于掩饰掘城的轒辒车，用于撞击摧毁的钩撞车，等等。

三、城池攻守

夏商特别是西周以来，随着社会的发展以及对军事防御的重视，人们逐渐放弃开放式村庄，将人口集中到构筑了防御工事的城镇中，边关也建立了诸多要隘。中国很早就将粮食、军队和城防作为国防的三要素看待。这样一来，中原重镇、江南繁华之乡、边城要隘就成为战争中攻防的重点，城墙本身成为最大的防御武器。

新石器时代用堆筑的方式建筑的简易防御工事，还称不上城池。商周时期，基于平原地区便利的土壤资源，最初的城墙用夯土或者压制泥土技术在城镇周围修筑而成，此法称为版筑法，奠定了中国夯土筑城的基础。中国人的观念认为天圆地方，坚持择中而处，因而城墙大体都是规则的方形，政府首脑、要害部门居于城中。完整概念上的城，比如西周的丰镐、东周的洛邑（史称王城）、春秋战国时鲁国的曲阜、齐国的临淄、吴国的姑胥等，大都采用了这种筑城技术和城市格局。

战国时，列国兼并，攻城守城达到了高潮，不仅战争频次达到历史最多，而且攻守场面规模宏大，往往一场战争动用多达数十万人，弓弩、抛石机等射远兵器备受重视，各类城池攻防的器械得到快速发展，比如云梯、轒辒、楼橹等，其中据说为公输班发明的云梯和钩拒，作为攻城的首要器械被后代一直沿用。攻城的战略中最常用的是强弩趋发和兵士强攻，此外以古代发达的农业水利技术为基础，引水攻城、筑坝淹城、决堤冲敌等战例时有发生，具有显著的特色，秦国白起水淹楚国鄢城就是典型的战例。

三国两晋南北朝时期，战事频仍，修筑坚固的城池更加凸显其重要性。东晋十六国时期开始将夯土城墙包砌砖壁，城池攻防体系趋于完善，马面、瓮城、角台等设施逐步推广，攻城难度明显增大，攻守器械和战术都有不同程度的提升。

唐代社会城市发展水平极高，具有重要的地位和战略争夺意义，筑城以及攻防规制已经非常完备。唐代李筌所著《太白阴经》，本是道家著作，讲的是神机制敌的各种谋算和机制，因太白星主杀伐而得名，书中有大量军事内容，其中城堡的尺寸比例，弩台、烽火台的标准以及陷马坑、木栅等设置都有比较统一的规定。城墙以及外围的护池规格基本固定，并形成互相依托的综合体系。城门是重点，外有增建的方形或半圆形瓮城用于屏障，再配有深挖的护城河作为防护，城墙高通常在 10 米以上，底宽超过 6 米，顶部是有垛口的女墙。《太白阴经》中对城池攻打与防御有详尽的论述，记载了各类攻城术和攻守城的器械，除了弩，还有各种烛炬、行炉、游火铁筐、连梃、叉杆、水囊、地听等，攻城的器械形成组合，有飞云梯、轒辒车、尖头驴，还有车弩和炮车，此前兵书有关攻守城池的记载在此得到高度集中和完善。

宋代城防工事和攻防装备在唐代的基础上进一步完善和提升，在河与墙之间增加了一道羊马墙，进一步增强防范，瓮城和女墙、敌楼成为标准配置，同时还建有和城墙相连接的弩台，便于安置重弩。《武经总要》中记载的攻城器械有 10 余种，其中北宋对攻城云梯做了重大改进，"以大木为床，下施大轮，上立二梯，各长二丈余，中施转轴。车四面以生牛皮为屏蔽，内以人推进及城，则起飞梯于云梯之上"，无论是灵活进攻还是防护性能都提高了不少。在历史上，唐长安城、宋汴梁城作为国都，都是城防完备的代表，除此以外，南北朝时匈奴建的统万城、南宋抵抗蒙古 6 年的襄阳城也是彪炳史册的著名城防。

将守城的方法推广到对广大国土的防御上，就形成了规模庞大的长城。战国时，北方的燕、楚、赵、秦等国常受到来自游牧民族暴力袭击的威胁，于是产生了针对骑兵的带有象征意味的防御措施——长城。这不仅是抵御入侵马蹄的有效措施，也是立志将农耕民族和游牧民族划清界限的明证，这种决心在秦始皇统一六国以后显得格外坚决，在中原农耕民族和北方游牧民族的长期对抗中，上万里长城连绵不绝，加上烽火传信等整套战备方式，其有效性一直延续了上千年，直到明代还重修长城以抵御关外女真等族。

四、骑兵突起

自春秋伊始的 2000 多年间，骑兵始终是战场的灵魂角色。骑兵的兴起源于北方少数民族和中原农耕民族的持续对抗。中国北方的少数民族大体可以分为三个大的系统——匈奴、东胡和肃慎。匈奴活跃漠北 500 余年，让秦汉两朝头疼不已，其继承者突厥也与唐朝对抗数百年；东胡系统内先后崛起契丹大辽和蒙古元朝；肃慎的后代女真建立了金，女真的后代满族建立了清。他们"善骑射""娴弓马"，在和中原农耕国度的对抗中不时占了上风。

战国前后，骑兵除射箭，一般担当极速冲锋的任务，装甲厚实的骑兵队列甚至可以冲破敌方战车阵，为全歼步兵奠定胜利基础。战国晚期，

汉代骑兵推测图

以秦、赵、燕三国对抗匈奴、楼烦和东胡等游牧民族为标志，骑兵战术兴起，但受到地域条件和农耕文化的制约，骑兵数量有限，作为军队中的快速机动力量，在战争中起到的作用大多是侧翼掩护和奔袭追击，因而形成了步兵为主、车骑为辅、步兵车骑协同配合的作战方式，适合骑兵使用的长兵器获得更多的改良。

西汉初年，战争形式发生了重大变化，车战退出历史舞台，能抗衡匈奴的骑兵战术开始得到重视。汉武帝大力推行马政，训练出一批优秀的轻骑作为独立的作战部队，在深入大漠作战时，完全依靠骑兵集团独立作战。此时骑兵作战一般先是远处搭弓放箭，然后是直线式挥刀冲锋。因为马镫还没有发明，骑兵只能一手拉紧缰绳，一手握刀砍杀，一冲出去就没了队形，常成为散兵游勇。汉初国力虚弱，骑兵难以获得充分发展，即便如此，汉朝还是依靠骑兵部队逐鹿大漠，实现了对匈奴的主动出击和控制。

继东汉发明了高桥马鞍以后，晋代有一个了不起的发明——马镫。马镫虽小但作用巨大，使骑兵在马背上的控制能力剧增，不仅能腾出双手握持更有攻击性的武器，而且可以游刃有余地冲击回旋，作战方式由原先以弓马远射为主转化为以冲锋陷阵、短兵相接为主，作战能力极大提升。

北燕·马镫

南北朝时民族混战，骑兵战术成为最主要的作战方式，骑兵的装备有了本质性改变。南北朝时盛行重装骑兵——甲骑具装，人马皆披铠，甲骑是人铠，具装是马铠，以钢铁类为主，皮革类为辅。兵士所使用的钢铁制防护盔甲曾一度流行"两当铠"，后逐渐流行一种新的铠甲——"明光铠"，军队中能着此铠者都有一定职级，其胸前两片明晃晃的铁板煞是引人注目。马使用的铁铠几乎从头到尾全部覆盖，只露出眼、口、耳、鼻和四肢。对这种重装骑兵的应用，北方的鲜卑族达到了极致，人披玄甲、马披铁铠的骑兵部队规模空前，完善的人马装备成为作战胜利的重要保障，一度成为难以攻破的神话。

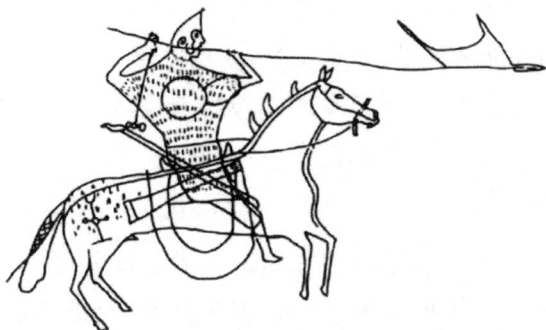

南北朝岩画中突厥轻骑兵

唐代创立者一半血统源自北方民族，马上征战为其所重视。唐朝骑兵在甲骑具装的基础上大大减负，多为轻骑，人着甲而马不披铠，所用的马多为性能卓越的突厥马，马鞍也是突厥式的"后桥倾斜鞍"。骑兵作战能力有了质的提升，首先是讲究一个"快"字，快速进攻，快速追击；其次是实现远处射击、正面冲击、多面合围等多种战术方式，轻重骑兵和步兵互相配合，作用发挥贯穿整个战争过程。唐朝骑兵部队庞大而精锐，为唐王朝征战突厥、回纥、吐蕃、高句丽等民族，实现周边关系的和谐立下大功。

五代十国继承了骑兵发展的两种趋势，既有重型化的重装骑兵，又有轻便化的高速度轻骑。特别是北方民族往往轻重骑兵混编，有时重骑兵更能起到制胜的作用。

宋朝因为完全丧失了西北产马地区的国土，不得已只能采取以步兵为主的战术，骑兵不仅数量少，而且常有近一半兵士无马可骑。初时与北方游牧民族的骁勇骑兵对抗，宋朝军队几乎逢战必输，无形中发展了对抗骑兵的专门战术——大力使用强弩，远距离杀伤，到近处时无论用铁盾、钩镰枪还是藤牌，都先将对方骑兵攻下马来，使其变为步兵后再开始真正的对决。同时宋军善于利用沟壑地形和防御工事，大大抑制了北方骑兵集团的冲击能力，在后来南宋对金的若干战役中取得一定胜绩。

元代骑兵席卷整个欧亚大陆。不同于以往任何一个游牧民族，蒙古骑兵以快速灵活机动而著称，是当时世界上战斗能力最强的军队。他们以挂甲轻骑为主，携带轻便的圆月弯刀和长矛，每个士兵都配有可换乘的备用马匹和不同用途的箭。军队编制灵活，可零可整，最善于在逃跑时转身射箭。他们擅长大规模迂回作战，快速转变攻防，从不因循守旧，往往采用急箭密攻，短暂对敌，迅速撤离，而后再次轮番攻击的方式，不给对手留下丝毫反应时间。同时，蒙古骑兵也是最残酷的军队之一。"乘其骏马，掠其妻子，占其土地"是他们征战的目的，所过之处正如《建炎以来朝野杂记》记载的那样："人民杀戮几尽，金用子女牛羊马百皆席卷而去，屋庐焚毁，城郭丘墟矣。"当然，换个角度看，蒙古大军促进了跨大陆的民族交融，战后还沿丝绸之路建立了驿站，打通了中国和欧洲的陆路交通和文化交流。但令人痛惜的是，根据不完全统计，蒙古骑兵三次西征胜利是以几千万人的牺牲为代价的。

明代自朱元璋起重视骑兵建设，大约是受到元代军队的影响，骑兵除了弓箭，还大量配备马刀。明代统领用战车对付北方游牧民族的骑兵突袭，战车被认为是"不秣之马，有足之城"，实施"以车制骑"的战略，车上设有厢棚，用牛马皮革蒙盖，车内载人和兵器，广泛用于指挥、瞭望、纵火、载重和发射武器。崇祯年间，徐光启甚至提出用强大的车营收复辽东失地的设想。清朝入关以后，狭隘的民族观念让他们依然以骑射为本，中央及地方军队中配置最多的仍是手持弓箭的骑兵。

五、船舶水战

原始社会，人们并木以渡或者刳木为舟，发明了木筏和独木舟。同时刳木为楫，发明了桨。夏商时代，青铜工具的发展解决了木头的榫卯连接问题，用桐油麻丝混合物解决了捻缝问题，体型较大的木板船出现了，船舶的航海能力明显提升，甲骨文中的"舟"就是组合型木板船的象形。这时的舟船主要是装载运渡的工具，《太平御览》记载武王伐纣时"以四十七艘船济于河"，成批的木板船都是用来运送军队和粮草的，不作为直接的战斗工具。

战船与民船的主要区别一是在于作战功能，二是在于灵活机动。比起西方的埃及、波斯、希腊等国，我国的战船出现大约晚了几个世纪，在吨位和航海性能上明显落后。大约在春秋晚期，铁器的出现大大促进了大型战船的建造，军队建制中也有了相当规模的舟师（水军），南方的一些主要国家，如楚、吴、越三国都组建了水军，水战成为他们之间抗衡的重要方式。《庄子·逍遥游》说到"越有难，吴王使之将，冬与越人水战"。最早记载的水战发生于吴楚两国。公元前584年—前504年，吴楚两国为了争夺长江中下游的控制权，共进行了14次大规模的水战，最后以吴军攻下楚国都城郢而告终。文献记载的第一场海战发生在公元前485年，吴国"自海入齐"，在黄海海域和齐国进行过一场大规模的海战，以吴国败退告终。当时使用的战船以吴国的最为出名，有君王乘坐的旗舰船艎，有规格不同的大、中、小三翼，有用于撞击的突冒和艨艟，还有攻防能力皆佳的主力楼船，已经形成作战能力较强的混合舰队。越国引以为傲的是戈船，船上多载执戈兵士，水战中以戈相击。楚国使用了公输班发明的水战

汉代楼船图（选自《武经总要》）

专用兵器钩拒，敌方战船"退则钩之，进则拒之"，兼有钩拉推挡双重作用，很是实用。

秦汉两朝都大规模操练水军，以便统一长江以南地区，《汉书·贾山传》说秦朝"东穷燕齐，南极吴楚，江湖之上，滨海之观毕至"。汉代，海上丝绸之路的开辟更加促进了造船业的发展，使我国古代的船舶制造步入世界先进行列。橹和桅帆的问世增强了船的动力以及操控性能，战船得到长足进步，形成多种内河战船，楼船成为代表，楼船军成为水军的代称。楼船因船上建有楼而得名，是攻守兼备的指挥战船，大的可以乘载千人，从汉代盛行以后一直沿用到明代。其他还有斗舰、艨艟、先登、走舸等，确立了此后战船的基本类型。

东汉以后，历史上出现了几次大的分裂时期，长江和淮河天险成为南北对峙的天然界限，不断上演着统一与裂变的激越交响，水军作为新的军种迅速崛起，成为与步兵、骑兵相提并论的主力兵种。三国一直到南北朝时期，长江水战达到高潮，此时水军战船得到显著发展。祖冲之发明的车船也叫千里船，在船的两侧各装车轮（轮形桨）数对，用人力或者畜力使其转动，动力比以前的单桨大为增强，船速提升数倍。这时出现了装备拍竿的巨型楼船。拍竿出现于东晋初年，利用杠杆原理将巨石拉升至敌船上方，松下巨石以之砸击迫沉对方战船。杨素曾指挥舰船用拍竿砸沉陈朝战船 10 余艘，足见其威力。同时还出现了阻断水道的大型工程——铁索拦江。

10 世纪以前，中国的水战一直以长江中下游水域为主战场，内河战船发展自成体系，适于长江中下游宽阔水域的大型战船受到重视。水战所使用的武器在海上军事行动中不多见，仅限于近海沿岸活动。到了唐朝，海上征战变得必要，除增加适于内河作战的游艇、车船外，还制造出耐波性良好、适宜于海上破浪的海鹘、多桨船等。公元 663 年，唐代在讨伐百济以后，联合新罗反击日本，进行过一次白村江海战（亦称白江口战役），在今天韩国锦江入海口处，采取"左右夹船绕战"的方式包抄合击，以少胜多，大败日本水军，奠定了当时东南亚的国际格局。

宋以后，水战船舶更加多样，出现了以铁板防护船舷的装甲舰"铁壁铧觜船"，还出现了平时用作渡船运送马匹的马船，战时装上女墙轮桨就可以用来作战，这是世界上首例运用"平战结合"的思维建造的战船，另有中间无底两舷设站板的无底船。因为处于冷兵器时代，尽管战船林林总总，水战的方式却是基本一致的，舰船横行排列，以船头对准敌方，大多先以弓弩远射开始，加上拍竿的砸击和铁觜在水下的冲击，在消灭对方部分有生力量以后双方船舰对接，继而展开近身肉搏。

元明两朝是我国古代造船的鼎盛时期，只元代在 13 世纪后 20 年就造了大海船近万艘，另造内河战船 8000 余艘。元末朱元璋和陈友谅的鄱阳湖之战堪称中国古代历史上规模最大的水战，双方参战的兵士号称 80 万，动用战船 1000 余艘。明代造船业更为发达，15 世纪郑和率领当时世界上最先进、最庞大的船队横跨几大洋到达非洲东海岸。郑和船队本身就是一个严格的军事组织，其主体的宝船拥有九桅十二帆，长度超过 120 米，排水量超过 5000 吨，"体势巍然，巨无与敌"；其余马船、粮船、座船、战船皆动力强劲，配备火器、冷兵器和防护设施，载着训练有素的士卒。明代抗倭形势严峻，专供海战的有福船、广船、海沧船、网梭船等几十种，适用于各种海域地形和战争态势，戚继光所著《纪效新书》和茅元仪所著《武备志》对此有详尽记录。中国拥有很长的海岸线，但无论是郑和率船队七下西洋，还是戚继光出海抗倭，从来都是以远航和保家卫国为目的，并没有借助先进的船舶进行过侵略和掠夺。

火器出现以后，水战战术也发生根本改变，战船以高大如城的福船为主，武器装备以火器为主，金属管型火器有佛郎机、碗口铳、鸟嘴铳、红夷炮等，燃烧性火器有各种火球、火箭等，还有爆炸性的水雷、水底龙王炮等，至于砍刀、标枪、藤牌甚至石头这些冷兵器，也配有少量以备不时之需。这时的船舰，作战时以船舷面向敌舰，先发火器，次发弓弩，继而利用尖利的船身进行冲击，最后才进行近距离肉搏。

明代后期实行海禁，水军逐渐被忽略，造船业也逐渐萧条。清代经过近百年的恢复，在生产技术方面才勉强达到明中叶的水平，康熙朝任用福建施琅与姚启圣以海战再次收复台湾。但管理水平低下导致战船的修造质量不断劣化，故步自封的观念导致注重海禁，同时加强陆地海防炮台的建设，从而限制了海上战斗力量的提升。

与此同时，西方国家海军的发展已日新月异。19 世纪时，英国的海军战舰普遍以蒸汽机作为动力，装甲防护，每艘战舰都装配各种口径的火炮 100 门左右。清军依然使用着笨重的大型战船，每艘战舰上装配着落后的佛郎机和红衣炮不超过 8 门，枪矛刀剑甚至石头依然在武器之列。这样悬殊的差距，一旦交战其结果自然不言而喻。清廷意识到了这种差距，开始重视海军建设，《清史稿·海军篇》第一句便说："中国初无海军，自道光年筹海防，始有购舰外洋以辅水军之议。"同治初年开始，曾国藩、左宗棠商议建船厂，沈葆桢在闽南兴起船政，随后李鸿章在旅顺建立北洋水师，在模仿借鉴西方的基础上，现代意义上的海军开始出现了，但落后的战船装备和作战思路还是让清朝一步步丧失了制海权。

帝国更迭

第一节 裂变时期

一、铁骑重甲

1. 鱼丽之阵

各诸侯国离心趋势在周室东迁洛邑后逐渐增强，东周王室虽然有心振作，但颓势已经难以扭转。在周桓王夺取郑庄公卿士之位和郑庄公负气抢收成周之禾后，周郑矛盾急剧激化。公元前707年，郑庄公拒绝觐见周天子，周桓王遂亲率周联军进攻郑国，郑庄公则率军在繻葛（今河南省长葛市北）迎战周联军。此次战役周联军出动兵车约400乘，郑军出动兵车约300乘。

作战前，周联军依旧沿用以前惯用的三军方阵部署，阵形老套呆板，机动性、灵活性也不强。具体部署是，周桓王指挥周联军中军，其由周军主力组成，作战实力较强；虢公林父指挥周联军右军，其主要由蔡、卫、虢等诸侯国军队组成，实力偏弱；周公黑肩指挥周联军左军，其主要是配属的陈

繻葛之战中的战车兵（选自《中国古代车与马具》）

国军队，战斗力也不强。

因为周联军所使用的阵形是百年来的惯用阵形，其优缺点早已被世人熟知，所以郑军根据周联军的布阵以及三军的实力分配情况，大胆采用新的阵形应对，在实战中取得积极战果。郑大夫子元主张先攻周联军薄弱的两翼，剪除周联军两翼后，集中兵力侧击环攻周中军，造成周中军顾此失彼，处处被动；高渠弥建议采用攻防自如、车步协作的"鱼丽之阵"作战。这些建议都为郑庄公所采纳。

开战后，郑军先攻打周联军左翼薄弱的陈军，陈军被击溃，周左翼解体。而蔡卫两军所在的周右翼部队与郑军刚交锋便被击退，周中军因此乱了阵脚，郑军则趁此机会猛烈攻打周中军，周桓王中箭受伤下令脱离战斗。周中军最终没能抵挡住郑三军的合击而大败。郑庄公在郑军胜利之时用"君子不欲多上人，况敢凌天子乎？"之言撤军，当晚便派祭仲前往周营慰问示好，以期缓和双方的尖锐矛盾。周桓王兵败归朝，郑庄公担心被诸侯国扣上弑君之罪便也没有追赶周桓王。

繻葛之战后，周天子权威扫地，齐、晋、楚、秦等大国先后兴起。繻葛之战在政治和军事上产生了重大的影响。政治上，周王室衰微，诸侯争霸兴起；军事上，鱼丽阵在此次实战检验中的胜利有力地推动了以往僵硬呆板的作战方式以及战术的改进。

2. 重甲武卒

魏文侯在执政时期整修内政，任用吴起为将领进行军事改革，训练了一支在战国初期名噪一时的重装步兵——"魏武卒"。在以战车为主的时代，魏国大胆组建了全部由步兵组成的可远程攻击也可近身肉搏的兵团，独树一帜，首开其盛。

武卒以重装步兵为主，对士兵负重耐力要求较高，选用士兵极为严格。《荀子·议兵篇》云："魏之武卒以度取之，衣三属之甲，操十二石之弩，负矢五十，置戈其上，冠胄带剑，赢三日之粮，日中而趋百里。中试则复其户，利其田宅。"挑选组建之后，聘请专职教头进行单兵技艺、阵法变换、联络记号等严格的军事技能训练。编制方法能充分体现魏武卒的指挥系统在作战中的灵活性：武卒编制以五为基数，五人为伍，二伍为什，五什为屯，二屯为百，以一千人为基本作战单位。这种编制方法，能达到如脑使臂、如臂使手、如手使指一般。作战时采用魏舒方阵（前拒方阵诱敌深入，前后左右四阵四面交锋）。魏武卒纪律严明，指挥有方，奖罚分明，战斗力极高。

吴起率领魏武卒南征北战，创下了奇功伟绩，夺取了秦国黄河西岸的500多里土地，将秦国攻至华山以西的狭长地带。

但魏武卒高昂的训练装备成本和漫长的培养周期加重了国家负担，募兵制的武卒制度也带来弊端，战斗力随着士兵年龄增加逐年下降。军官们中饱私囊，克扣军饷，加之魏国后期政治黑暗，体制落后，国力日衰，魏武卒失去了优势，逐渐退出历史舞台。

3. 胡服骑射

战国时期，各诸侯国纷纷变法图强，陆续有魏国李悝、楚国吴起、秦国商鞅变法，此后各诸侯国逐渐走上富国强兵的道路。赵国武灵王在内部积贫积弱、外有"三胡"进犯的情况下下决心进行军事改革。

赵国地处北方，常与游牧民族接触，赵武灵王发现本国战车比胡人骑兵沉重笨拙，而胡人的窄袖短袄在行军打仗时更为方便，于是决定向胡人学习，改良服饰和骑术，推行胡服骑射。赵国军事实力在推行胡服骑射后迅速增强。

胡服骑射开创了我国古代骑兵史上的新纪元，自此各国陆续建立或者扩充强大的骑兵队伍，骑兵开始作为一种独立的兵种出现，秦、赵等国由步骑为主渐渐转变为车骑并重。从胡服骑射开始，中原各国骑兵地位逐步提

胡服骑射（选自《中国传统兵器图鉴》）

高，成为军队中一支主要力量。在战国七雄中，秦、楚、赵三国各拥有骑兵上万；其次是燕、魏两国，他们分别有骑兵 3000 名和 5000 名。此时中原各国骑兵的总数达五六万之多。

燕国将领秦开熟知东胡民风，按照胡人军队训练方式训练燕军，整顿军队，并率军大胜东胡，为燕国在辽东开辟了大片领土，建立襄平等边郡。燕昭王时，乐毅率领五国联军进攻齐国，一连攻破齐国 70 余城。燕国在军事上取得的一系列战果与其效仿赵国进行军事改革是紧密相关的。

在此时，已经出现了很多成功的战例，体现出了骑兵步兵协同作战和骑兵车兵协同作战的优势。例如在秦赵长平之战中，秦国骑兵配合主力歼灭赵军 40 万人，对战局胜负起了关键性的作用，为秦完成统一创造了有利的条件。

4. 匈奴勒马

春秋战国时期，诸侯国与北方游牧民族之间的战争也一直在进行，其中匈奴（这里的匈奴是总称，包括北方其他游牧民族，在部分文献中也称之为"胡"）是燕、赵、秦三国北方最强大的外敌。到了战国末期，匈奴东界已经发展到燕长城以北的内蒙古锡林郭勒草原东部一带。面对外敌，燕、赵、秦三国分别有着自己的防御措施，这其中首要的防备堡垒便是长城。

秦始皇嬴政在完成华夏大一统之后，为了抵御匈奴骑兵南下，采取了"以墙防骑"的防御措施，即连接和整修原有的秦、燕、赵三国长城，形成了东起辽东、西至临洮的防御工事。

公元前 220 年，秦始皇北巡陇西和北地等重镇，在由上郡返回咸阳的途中，设立黄、陲、琅琊三大粮草重地作为后援。公元前 215 年，秦始皇令蒙恬率领 30 万秦军攻打匈奴。公元前 214 年，蒙恬率秦军主力攻打匈奴以东，杨翁子率偏师攻打匈奴以西。匈奴战败后，秦将黄河以南的土地尽取并设置 44 县，后又将河套万户迁入，实行屯田制。待扫清河套地区匈奴之后，蒙恬再次分兵两支，一支夺取高阙，另一支攻占贺兰山脉高地，以策应主力军。匈奴忌惮秦军，向北逃了 700 余里，这才有了后来的"胡人不敢南下而牧马"之说。

二、骑兵扬威

1. 骑兵兵种

白登之围以后，汉朝开始调整军队的兵种结构，大力建设骑兵部队。

汉武帝即位后，随着与匈奴之间冲突的加剧，战争频发，汉军车兵在与匈奴骑兵实战中显得笨拙、迟缓，对复杂地形适应力差，于是汉军骑兵迅速发展，作为独立兵种可以单独完成战时任务。汉军在与匈奴进行的三次大规模战役期间，每次都会出动数以万计的骑兵，尤其是在汉武帝元狩四年（公元前 119 年），汉军为了打击匈奴的有生力量，果断派出重兵深入匈奴腹地，史称漠北战役，这次远征汉军出动了 10 万人以上的骑兵。漠北战役是汉军离本土最远的一次骑兵会战，这次出乎匈奴意料的远距离奔袭打击不但击溃了匈奴，迫使其继续北退，而且基本上解除了长期以来其对汉王朝的军事威胁。这次战役中，传统的车兵和步兵已经不是战争的主力，而是退居其后，主要承担后勤保障运输工作。

两汉时期，中原汉王朝的骑兵是存在轻骑兵和重骑兵的区分的。

轻骑兵骑士身上基本不披甲，所骑乘的战马体形较小，马上所配备的武器也很简单，基本上是弓弩等轻便远程攻击武器，所以轻骑兵不仅机动灵活，而且奔驰速度快，便于进行长途奔袭。

与轻骑兵相比，重骑兵骑士则普遍身披铠甲，所骑乘的战马体形比较高大，配备的武器多为长矛类近战武器，武器配备相对齐全，作战冲击力较强，适宜冲锋陷阵攻坚作战。

2. 武器制造

西汉时期，政府规定武器装备在地方上由当地官府负责打造、储存和保管；在中央由少府主管，下设考工室令、左弋令和若卢令等具体职官分工负责。汉武帝时期，将考工室令改名为考工令，专门负责管理官营武器作坊，制造弓弩、刀、剑、甲胄等兵器和器械；左弋令更名为佽飞令，兼管监造部分弓弩，比如在边境地区所使用的弓弩就是由佽飞令监制的；若卢令专门负责保管储备武器装备。

西汉时期，执金吾的属官武库令是专门负责军队武器的贮藏与保管的职官，朝廷制成的兵器基本上都是由他所管辖的中央武库统一进行储藏和保管。另外，设在关东的洛阳武库也是西汉时期重要的兵器库之一，它的主管官吏武库令是皇帝亲自挑选的值得信赖的人。

西汉时期，政府明确规定中央武库储存和保管的武器装备主要供中央政府的直辖部队、中央派出的戍守边境部队以及政府征发并派遣出战的远征部队使用；各地方所生产的武器装备除了装备各地的地方部队以外，其余的全部收入本地武器仓库并听从中央的调用。西汉政府对于军队武器装备的贮藏与保管制定有严格的管理制度，任何人无权擅自领取，除非有皇帝的诏令。同时，在武器装备上为了保证汉军对周边游牧民族部落集团的绝对优势，西汉朝廷还规定严禁携带兵器或铁器出境。

3. 军马牧养

由于长期战争，秦末社会经济遭到严重破坏，刘邦在逐步剪灭各支分裂势力后建立汉王朝，但在建国初期，整个王朝所面临的是社会经济萧条，人口锐减，连畜力马匹都很稀少的惨淡局面。"自天子不能具醇驷，而将相或乘牛车"，因此西汉政府"创加厩律"，鼓励民间大规模养马。西汉政府根据晁错的建议，颁行"马复令"，用"养军马1匹，则免除3人服徭役"的方法大力发动老百姓积极扩大养马规模。这项政策持续了几十年，到汉武帝初年，马匹稀少的情况已大为改观，民间养马数量剧增，马匹在城乡随处可见，极大地缓解了西汉初的困顿局面。

西汉景帝中元四年（公元前146年），面对北方匈奴的威胁，为了加快汉军骑兵的建设速度，朝廷开始大规模地进行官马牧养。汉景帝下令在秦代边郡牧马苑的基础上建造苑囿养马来扩大备用，还严禁高5尺9寸以上齿未平的马出关，以防好马外流，从而保证官马的数量和质量。经过长期的准备，到了汉武帝时期，汉政府军马不仅数量有了极大增加，质量也有了很大的改善，同时相关的制度也进一步完善，这些举措为强大的骑兵部队的建立奠定了基础。

由于西汉初期实际上是郡国并行制，所以郡县的马政由郡县马丞负责，而在各个诸侯王的封国则由仆及其属吏厩长、厩丞负责，他们的主要任务是饲养和训练军马，平时为驿传事务提供快马，遇有战事则必须按照中央政府的征调命令提供战马，否则将受到处罚。另外，边防军队也设有专门的马苑，牧养着大批军马。

西汉王朝重视军马，不断完善马政建设，汉武帝时期，汉政府官方登记在册的养马数量已经在 40 万匹以上。汉武帝元狩三年（公元前 120 年），汉廷派霍去病率军远征漠北时动用战骑达 24 万匹，可见西汉王朝军马牧养业得到很大发展，养马规模令人惊叹。

第二节 走向盛世

一、府兵建构

1. 十二卫与十二军

唐王朝建立之初，恢复了前朝十二卫的组织体系，但是有所变革，好些军将只有官名，具体的组织系统并没有完全恢复或者照搬。十二卫的骠骑、车骑将军所统领的武装力量在很大程度上其实属于李世民、李建成、李元吉的三王府。所谓十二卫大将军，这时期在很大程度上退化成了被尊崇的名号，有名无实。

李渊建立唐王朝后，将当时驻扎在陕西中部的部队设置十二军，统领关内诸府，即把关中地区分作 12 道，每道都有骠骑、车骑府。武德三年（公元 620 年），十二军各自立军号，设有督耕战的将、副各 1 人，下又设坊，置坊主 1 人，坊主负责检查户口，劝课农耕，由五品勋官担任。这种分道分军、以督耕战、劝课农桑的军队组织体系不仅包括军人，而且包括民户，是一种战时的居民军事化的组织系统。

2. 骠骑、车骑的分与合

唐王朝建立之初，用提升武人职位和提高军将官号的方法笼络武人。初期把原先隋代所设的鹰扬郎将改称为军头，将鹰击郎将改称为府副，后来分别改称骠骑将军、车骑将军，试图用这种激赏的方式刺激武人，从而让他们在平定各地割据势力的过程中发挥最大效力。当各地的割据势力次第被消灭，全国局面逐渐稳定后，唐王朝为了约束武人的权力，防止其拥兵自重尾大不掉，又开始降低军将名号，骠骑将军的名号仅仅在使用六七年后便改称为统军，后降为尉，并且最终固定下来。

唐王朝建立初期的军府，骠骑将军有骠骑将军府，车骑将军有车骑将军府，他们虽然名位不同，但是在具体的军事组织系统中却成了平行机构。武德七年（公元624年），唐政府对此加以重新梳理，骠骑将军和车骑将军不再分别设立军府，统一三卫中骠骑、车骑的名号为中郎将，而车骑将军则直接改为骠骑将军的副职。

二、折冲府制

1. 府兵之制

李世民登基后，对于军事组织系统又有新的改变。贞观十年（公元636年），唐政府将各军府的长官名称统一改为折冲都尉，把军府的名称改为折冲都尉府，简称折冲府，实际上进一步降低武人的名号加以约束。比起隋朝时期的鹰扬郎将，唐代的折冲都尉名号要略低一些，实际职权也有所降低，虽然在行政的统属上折冲府不受州郡官员的管辖，但是刺史或太守都要参与点兵、发兵、练兵等事务，左右果毅都尉担任军府的副职，这也使得折冲都尉实际上受到地方官员的极大限制。

唐代设立的折冲府分布在全国各地，名字根据所在地而定，各个折冲府所属的士兵及其家室居住的地方叫地团。地团在一定地域内设立，地团内的士兵及其家室的户籍属于地方州县，而士兵的军籍则分属于当地设立的折冲府。折冲府地团的大小范围在当时并没有具体的要求和规定，只是根据朝廷的要求来决定折冲府分布的疏密程度以及承担的兵役轻重程度。

地团的设立和折冲府的设立是相辅相成的，只有该州县设立了折冲府才会同时在该州县设立地团，折冲府大多都设置在兵役相对繁重或者兵源较多的地区。

在折冲府中，军人与民户杂居，平时会和当地居民一起进行田间劳作，并无太大区别；只有在上番、教阅时，他们才会像军人一样进行调配和集中。当府兵被调集上番、教阅或者出征时才集中在军营之内，其家属不再随营。

2. 府兵训练

唐代挑选府兵有三项标准，分别是资财、能力、丁口，其中尤其注重资财。关于折冲府的府兵，也有相关法令规定选拔政策，一般要从低品级官员的子孙和未承担劳役的老百姓中进行遴选，应该是为了防止荫护和劳役太重。

在具体考校选拔府兵时，要先录取有财富者；资财相同时选能力体格情况较好者；若财力与个人体格情况相同时，再进一步比较其家庭中男性人数的多少，录取时优先考虑男丁多的。府兵每隔三年拣点一次，一有"军名"即为终身制，一般入伍为 21 岁，退伍为 60 岁。

府兵平时在家会有相应的武事练习任务，其中最基本的两项分别为习射和唱"大角歌"。每年在上番时都会对平时练习的成绩进行集中教阅和考查，除此之外，每年冬季还有一次试阅。阵法也是平时训练的一个主要项目，因为唐代两军作战时要列阵，通过最简易的阵法变换组合更多更复杂的阵势。兵士们平时练习唱"大角歌"来熟悉旗鼓，因为吹大角有增强士兵演习阵法辨别军令的作用。

在唐王朝的前期，宿卫京师的府兵平时要教射，冬春要讲武或狩猎。讲武有直、方、锐、曲、圆五阵，五挑而五变；狩猎较为灵活。

折冲府会常备必需的出征行军战马，府兵在调拨出征之际，士兵仍需自备甲、弓、刀等装备器具，备好后，折冲府统一收取，统一储存管理，到行军打仗时再发放。在士兵的征防路上则由官府供应粮食，一般的士兵在出征和行军时还需要随身携带一些物什，如零钱等。

第三节　仓皇北顾

一、以步制骑

1. 经略幽燕

趁着黄巢之乱，辽国吸收了大量劳动力并扩充版图，在壮大力量的过程中，中原燕云之地成为后来引发辽宋冲突的历史遗留问题。根据现有史料，宋太祖早有收复燕云十六州之心。宋太祖之后，宋太宗采取强硬的军事攻击战略，欲收复幽燕之地。宋太宗成功收复北汉之后，紧接着攻下幽燕之地，同年六月又御驾亲征，从镇州北上攻入辽境。长达数月的战争使得宋军人乏马困，人心涣散，同时战线过长消耗了很大兵力。相反，辽军则兵强马壮，士气高涨。面对宋军的进攻，留守南京的指挥官韩德命令辽

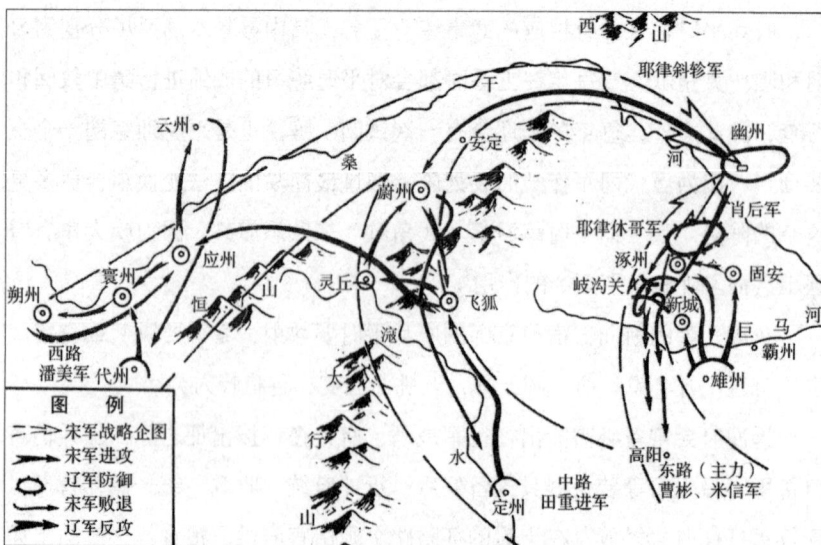

雍熙北伐示意图（选自《中国古代经典战争战例》）

军固守南京城，辽景宗派南府宰相耶律沙和北院大王耶律休哥前去支援。宋辽两军在南京郊外高梁河发生激战，宋军被三面夹击，宋太宗乘驴车向南逃跑，第一次北伐以失败告终。

雍熙三年（公元986年），北宋兵分三路进行北伐，东路的将领为曹彬、米信，从雄州挺进；中路由田重进统领，以飞狐口为出口；西路以潘美为主将，杨业为副将，带领宋军出雁门关，攻打云州、朔州。宋太宗命宋军沿海道北上趋平州、营州，截断辽军水路，最后三路大军在南京城会合。萧太后亲临战场，举起反攻的大旗，在燕京城下集结了大批的辽兵。五月，辽兵将宋军追击至岐沟关，宋军伤亡惨重，军资殆尽，东路主将曹彬连夜渡拒马河而逃。东路的另一支宋军与辽军在孤山相遇，宋军战败。由于宋军内部不和，西路副将杨业在朔州狼牙村遭遇埋伏，被耶律斜轸的军队生擒，绝食而亡。宋军西路的其他将领怯于辽军的战斗力，选择不战而逃，西路大军战败。至此，北伐的两路主力溃不成军，士气低落，标志着这次北伐宋军全面失败。

过了幽云十六州便是百里平川，而北宋定都汴梁（今开封），幽云十六州的失去致使北宋在北方的防务出现了大缺口，北方的骑兵可从容地威胁中原腹地的安全，万里长城名存实亡。可以说，幽云之地实际上就等于汴京的咽喉，战略价值毋庸置疑。

第二次经略幽燕之地失败，宋军开始转战略攻势为战略防御。宋太宗听取何承矩提出的利用和改造河北沿边河塘以防御辽军的构想，从顺安砦以西引易水，挖渠导流向东注入大海，形成东西长300余里、南北宽数十里的河塘地带，既可利用其开展屯田、种植稻谷，也能形成水网地带阻挡辽骑兵的冲击。此外，北宋还在河北地区设两层御辽防线：第一层重点在霸州、雄州、遂城、保州等地布防守军；第二层以沧州、莫州、高阳关、定州为重镇，构成支撑防线。

2. 绝境寻生

宋朝从建立之初就先受契丹人威胁，接着被女真人洗劫，最后被蒙古人横扫，即使是小小的西夏，也在军事上对宋朝构成威胁。宋军事力量薄弱，究其原因主要是严重缺乏战马。在战车退出战场之后，骑兵是决定战争胜负的关键性所在。宋因兵马缺乏陷入被各方欺压的局面，主要原因有二。其一，宋代无养马之地。要培育出好的战马必须有水土肥沃的高寒之地，且马必须成群散养，比如秦之天水一带。北宋王朝仅据中原地区，而牧监之地多被皇族豪右侵占为庄田，农民也对牧监之地侵占田地之举有很深的怨愤。其二，马政的弊端。宋代统治者为了能够一统中原，在战马的培育和养殖上也是大费周章。熙宁六年（公元 1073 年）八月，北宋政府颁布了完整的"养马法"，但因朝政腐败，党争频繁，保守势力打着"守祖宗之大法"的旗号反对体制改革，颁布实施的保马法屡屡遭受多方掣肘，发展不畅，举步维艰。哲宗继位后，"言新法之不便，以保马为急"，罢保马，复牧监。然而只有 13000 匹马，不能用的就有一半之多。哲宗时期，又因前法执行之弊而恢复了熙宁年间的旧办法，从而在马政一项中，北宋王朝几经反复导致马政破败，成效不佳。如此一来，北宋政府考虑在战争中放弃以骑兵为主要军事力量的作战方式，以步代骑。相对于作战灵活可迅速攻击撤退的骑兵，步兵几乎不存在优势，无论采取怎样的阵法，千军万马疾驰而来时产生的威慑力都非人力所能抗衡。然而，岳飞郾城大捷使人们对骑兵在战场上不可动摇的地位有所怀疑。骑兵作战时，在奔驰中很难迅速停止，且人居于马上，若马匹被绊倒则人与马均会被拿下。岳飞正是知悉这一点，让步兵拿大刀上阵专砍马腿，与敌人近身肉搏，从而取得这次战役的胜利。

　　宋朝以步制骑的成功战例并非只此一例。骑兵不兴只能依靠步兵，宋朝将领能够"置之死地而后生"，寻找新的解决之道，可以说是绝境寻生。

二、砥柱中流

1. 南侵烽火

　　在女真族建立的金国连年南侵的烽火中，赵构在南京应天府受众将拥立即位，世称宋高宗。在一片风雨飘摇的形势下，依靠各地百姓自发组织的抗金力量和一些将领的努力撑持，南宋的整体国防有了一定程度的加强并逐渐趋于稳固，抗金斗争也有了一个较好的发展局面。但以宋高宗为首的统治集团既怕百姓拥有武装后造反，又怕手握重兵的将领从此拥兵自重飞扬跋扈，而最让宋高宗担心的是如果抗金成功，徽宗、钦宗回归，自身将陷入尴尬的境地，因此，他不愿全心全意依靠军民的力量来抗金。宋高宗对金仍采取以黄河为界，维持残局议和的态度。

在多次全面进攻均以失败告终后，金朝统治者意识到南宋的抗金力量依然十分强劲，要在短期内彻底灭掉南宋是有一定难度的，便采取"以和议佐攻战，以僭逆诱叛党"的策略。采取这一政治策略的目的有二：其一是想拥立一些臣服于金并为其效命的傀儡政权，将傀儡政权作为宋金交战的缓冲地带；其二是想借对傀儡政权的管理来巩固其对北方的统治。金军想要改变方略，缩减东中西三线的漫长战线，从东部战场腾出手来，抽调兵力，集中全力来进攻四川，从而在长江上游打开缺口，继而顺江东下扫灭东南。按照这个战略指导，金军重新进行了兵力集结和部署，针对陕西地区进行重点打击，先后在宋金相持的西线川陕战场发动了多次大规模的攻击。

宋廷方面，早有有识之士指出陕西的重要战略位置，从李纲到张浚皆主张将陕西作为恢复中原的战略要地。张浚曾劝谏高宗早做西行陕西驻跸的打算，要求朝廷据汉中"前控六路之师，后据西川之粟，左通荆、襄之财，右出秦、陇之马"，守御汉中便可屏障四川，据此进攻可取河东、河南。川陕防御逐渐趋于稳定后，高宗命令张浚出师关中，以牵制金军的有生力量，目的是缓解江淮地区的防守压力，削弱金军对江淮的进攻力量。张浚亦急于转守为攻。建炎四年（公元 1130 年）九月，张浚调集陕西五路重兵，主动出击金军，从而拉开了宋金富平之战的大幕。在富平会战中，南宋方面号称拥有 40 万大军，实际上参战骑兵至少六七万，步兵则达到十二三万，在兵力上占据一定的优势。但是张浚拘泥形式，和金军公开约定会战，拒绝了众将提出的在金军还没有集结完毕的时候出击的请求。结果由于各部步调不一，协同不畅，在会战中宋军先胜后败，金军趁机席卷

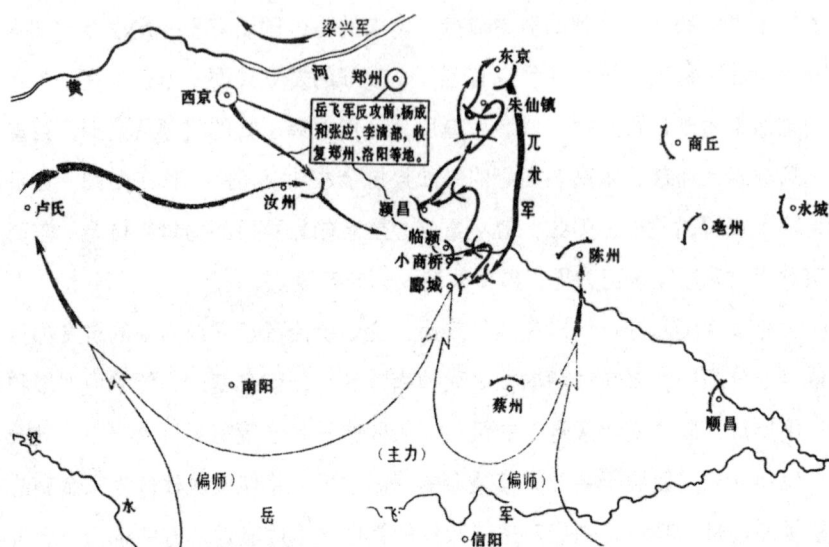

岳飞反攻中原示意图（选自《中国古代经典战争战例》）

陕西，陕西五路全境沦陷，川陕战场形势骤然恶化。张浚在兵败富平后退守兴州（今陕西略阳），命令吴玠收拢溃散军队坚守和尚原，让关师古在岷州集结熙河路军，孙渥集结泾原路军等，重新在陇南和陕西西部的阶州、成州、凤州设置防线，阻挡金军的进攻。

　　而在中部的襄汉战场，为了巩固并连接东西两条战线，南宋政府酝酿局部反击，收复河南中南部，以达到稳固长江中游国防的目的。最终岳飞受命，提兵北上，经略襄汉。经过一系列激战，南宋成功收复了襄阳六郡，奠定了中部防线的攻守局面，这一战略要地一直坚持经营到南宋末年。元朝建立后，元军集结重兵想重点突破南宋中部防线，从而爆发了襄阳攻防战。南宋依靠长期的经营，在襄樊孤城顽强固守近6年，由此可以看出襄汉地区对于南宋国防的重要意义。

　　2. 连樯车船

　　在国防安全方面，北宋与南宋主要作战谋略方向不同。北宋的主要防御方向在北面的契丹，南宋防线则大大南收至沿江、沿淮一带，女真和以后的蒙古成为南宋防御的重点，对江防和海防的重视促使南宋在国防方面发生重大变化。防御地域的不同催生了军种结构的巨大变化，两宋兵种结构最大的不同就是南宋时期水军的突起。

（1）南宋前期的水军

南宋建立不久，临危救火的宰相李纲就建议在沿江各重要地带建立水军，训练水战，提高作战水平。但是，投降派黄潜善、汪伯亭等人极力阻止，此计划因而被搁置。3 年后金兀术轻松攻破长江防线，南宋朝廷在金军南侵的连天烽火中仓皇南逃，甚至一度流亡海上。几乎与此同时，南宋爆发了钟相、杨幺起义。起义军水军以洞庭湖为根据地，凭借险要地形与南宋朝廷派来的镇压军队对峙。宋廷为镇压起义，迫不得已整训水军，打造战船。岳飞在领军镇压了起义之后，将作战中缴获的起义军战船和义军水兵编入自己的军队，大大提高了岳家军水战的能力，"鄂渚水军之盛，遂为沿江之冠"。

在南宋初期沿边的驻屯大军中，刘光世所部军队拥有李进彦所统辖的水军 5000 余人；张俊所部军队虽然没有独立分设水军，但全军竟然也拥有各类作战船只 400 余艘；长期驻屯淮东地区的韩世忠所部军队也设有水军，著名的黄天荡之战便是韩世忠部水军取得的辉煌战果。

除此之外，绍兴四年（公元 1134 年），南宋王朝明确提出要在"临安、平江、镇江府、秀、常州、江阴军、太平、池、江、洪州、兴国军、鄂、岳、潭州各置水军，以五百人为额，并以横江为名"。但是这项指令却只停留在纸面上，并没有认真落实。一直到了绍兴五年（公元 1135 年），张俊所部军队才以湖南水军及原属杨幺起义军的两支军队为基础，创设出了大约 5000 人的横江水军。

南宋朝廷还专门设置了管理海防的沿海制置使司。制置使所统辖的军队主力是水军，因为其地位独特，所以对于水军的创制尤为重视，经过长期经营，所部仅水军便已达到"士卒逾万，舟船数百"的庞大规模。该制置使司士卒整训由以前曾在北方庆源府五马山寨领导抗金斗争的马扩负责。

（2）南宋中后期的水军

在宋孝宗之后，宋在沿淮、沿江和沿海陆续设立了 20 余支水军防御金军从南入侵，其中主要是在原岳飞部水军的基础上设立的鄂州都统司水军，有数千人，是一支规模非常大的水上作战部队。

宋孝宗时期的江州有水军 1000 余人，到宋理宗时江州水军和防江军增加到数千人。宋宁宗嘉定末期，宋廷创立兴国军御前防江水步军，编额3000 人。

宋孝宗时池州都统司编有水军部队 1000 人，十几年后便将其扩充至3000 人，宋理宗时期，水军及防江军已扩充到 8000 余人。

宋孝宗时设置在长江沿岸采石的御前水军有 2500 余人，后来因为部署调整，将其改调驻守在建康府靖安镇，到了宋宁宗时，这支水军编额扩充为 5000 人。宋孝宗时创设都统司靖安水军，宋宁宗嘉定八年（公元1215 年）又创置唐湾水军 2500 人，嘉定十四年（公元 1221 年）将两支军队合并，统一改编为御前水军，总兵力扩充到 5700 多人。

宋孝宗时，镇江都统司设有御前水军，兵力编额为 5000 人。另外还设有江阴军水军，兵力编额为 4000 人。

宋理宗时，宋廷在江防重镇建康府添设龙湾游击水军，编额 2000 多人。将原驻扎在定海的许浦水军几经调整后改为朝廷的御前水军，它是南宋政府当时治下兵员最多、规模最大的一支水上作战部队，兵力最多时超过了 14000 人。

在淮阴，南宋政府部署驻防水军兵力 5000 余人，两淮水军拥有兵力2000 余人。宋宁宗时又添设嘉兴府金山水军，兵力编额为 1000 人。另外又新建嘉兴府澉浦水军，拥有兵力 1500 人。

设置于定海县的沿海制置使司水军在南宋初期统辖的士兵就已经超过1 万人，宋孝宗时定编兵员为 2000 人，后来又逐渐扩充至 4000 人，在宋理宗时又将其额定编额增加到 6500 人。

宋孝宗时开始设立沿海水军，兵力为 1000 人。泉州水军兵力为 2000人；广南东路经略安抚使司水军兵力编额为 2000 人。

宋理宗时添设殿前司浙江水军，驻于临安，拥有兵力 2800 人，其在宋度宗时扩充至 1 万人。

通过上述统计可知，南宋王朝统治的中后期，为了应对北方严峻的国防形势，在淮河沿岸、长江沿岸和沿海地区大都设有规模不等的水军。水军力量在南宋时期大幅度增强，形成了在数量上可以与步兵相媲美、在战绩上比步兵更加出色的军种，对南宋维持半壁河山的统治局面起到了举足轻重的作用。

如果没有水军的胜利，南宋在江南立足是很困难的。南宋朝廷借助江南水网密布、河湖纵横的特殊地理环境，长期保持着对北方政权的水上作战优势；同时凭借水军的优势，多次化解来自北方的女真和蒙古骑兵的强大攻势。在当时的亚欧大陆所向披靡的蒙古骑兵，虽然横扫了几乎整个亚欧大陆的北部和中部，但进攻江南看似柔弱的宋人却多次无功而返，主要原因就在于"惟水战不如宋耳"。南宋政权在蒙古军队的长期猛攻下，依靠江南水网地形和水军的出色表现，居然能够苟延残喘 45 年，充分体现了水上力量强弱在江南地区作战的重要性。忽必烈即汗位后，吸取了托雷、蒙哥时期数次举重兵攻宋但难有成效的经验教训，开始分析攻略江南的各种因素和条件，特别是采纳一些在南宋朝廷内部纷争后因政治失意而投效蒙古的南宋降将的建议，改变攻宋战略方针。其明确指出无水军则无水战，无水战则江南难以攻克。蒙古统治者开始转变战略，将水军建设提上了日程并且重点发展，通过编练水军，填补了自身水战能力欠缺的短板，缩小了与南宋水上作战力量的差距，甚至后来居上，在灭宋过程中的多次重要战役中发挥关键性作用，如阳逻堡水战、丁家洲水战、焦山水战和崖山海战。而随着水军优势的丧失，南宋在河网密布的江南地区屏障尽失，最终走向灭亡。

第四节 走向内敛

一、设置卫所

1. 都司卫所

明朝建立后，最初的最高军事机构是大都督府，由大都督府统领全国军队，朱元璋的侄子朱文正任大都督。后来为了防止军权高度集中，尾大不掉，明朝政府对全国军事力量的统辖与管理进行了重新调整，将大都督府一分为五，设立五军都督府并分别领导全国卫所。

除了在京亲军指挥使司外的卫所，五军都督府分别领导各卫所及在外各都司下辖的卫所，但五军都督府所辖各都司卫所情况各不相同。五军都督府分别分区分片统辖全国各地区的镇守卫所，从而将原先军权集中为一变成一分为五，相互平行，地域分割，有效地降低了军权事权过于统一的弊端和风险，对加强明政府的中央集权，防止武人干政，化解军事政变风险都起到了一定的积极作用。

五军都督府中定额官员的职权范围包括武职世官、流官、土官之袭替、优养、优给等项，这些情况都由地方逐级上报于府，府再转呈中央政府，最后由兵部择优选任。兵部讨论协商确定人选名单后，由府下达给都司卫所。而有关首领官的选任、给由则由中央政府的吏部负责。所以在具体的职权事权方面，形成了地方各府负责统兵、兵部负责调兵、皇帝遣将的局面。战时皇帝派遣将领调五府所辖卫所兵出戍或者远征，一旦战争结束，负责统兵的将领回朝后必须向皇帝呈还所佩之印，并解职归还兵权，而他战时所率领的军队之士兵也同时各还卫所。五军都督府下辖都司，也就是所称的都指挥使司，这是明政府的地方一级军事机构。明代在全国设立 16 个都司，其中有 13 个都设在行中书省行政中心，成为当时行省级单位中所设置的三司的一部分，它们三位一体协同办理一个行省的军政事务。另外还有 3 个都司专门设置于边境的军事要地，借此加强所在地区的国防安全，这 3 个都司分别为辽东（治所在今沈阳）、大宁（治所在今保定）、万全（治所在今宣化）。这些专门设于军事要区的都司一方面屯军驻守加强国防，另一方面兼理当地的一部分行政事务。

明政府重新调整后的五军都督府，从表面上看来似乎是当时全国最高的军事机构，但实际上却没有多少实权，在靖难之役迁都北京以后，其更是形同虚设。五军都督府的职权最终逐渐被收归兵部，其部门设置的官员也形同虚设，但从长远来看，这是明朝中央集权不断加强过程中不可避免的一种结果。

2. 京营与兵马司

靖难之役后，明王朝基于加强北方边防等因素考虑，毅然将都城从南京迁到北京。定都北京后，为了加强京师守备力量，明王朝专门设立了守备部队，并沿用南京时期的称谓"京营"。明成祖在位期间，京营军队增加为 72 卫，分属五军营、三千营和神机营三大营。三大营制度从明朝初年沿用到土木之变前，没有发生太大的变化。明仁宗在位时，为了改变京军三大营中出现的分头管理、各自为政、互不牵涉、协同不畅、步调不一的情况，便由一人掌管营政，加强三大营之间的联系，加强统一管理。明英宗在位时开始出现宦官监军的情况。后来由于瓦剌犯边导致了土木之变，明军仓皇出征的 50 万京军在一战中土崩瓦解全军覆灭。为了应对当时危急的京师城防形势，于谦临危受命，对京师防务进行了大力革新，京营制度从此有巨大调整。

明代宗朱祁钰在位期间，任命于谦为兵部尚书，大力整顿京营。于谦一改原先京军三大营的部署，设置团营，并加强管理，裁汰老弱，使京营军队的战斗力有所提升。然而好景不长，景泰八年（公元 1457 年）明代宗病重，将军石亨和太监曹吉祥为了政治投机，串通一气发动夺门之变，从京师南宫迎接明英宗复辟，之后于谦被杀，于谦所力行的团营制被废除，京军系统又恢复了三大营的旧制。团营制度虽然在以后也曾几度恢复，然旋起旋废，再加上明王朝后期政治腐败，京军营务颓败。

到了明世宗嘉靖年间，北部边境频频发出战事示警，而明王朝由于京军营务废弛，军队战斗力锐减，面对危局朝廷仅能挑选出3万骑兵，临危撑持加以训练，可见当时明王朝京师守备力量的虚弱。而在其后不久的庚戌之变中，鞑靼军悍然出兵打到了北京城下，负责守备京师城防的京营仅剩五六万疲弱军兵，明世宗下令京军出城迎战，众人皆变了脸色，无人敢上前应声领命。到了崇祯年间，京营更趋败坏，虽朝廷为了激奖军士借以增强战力，所发俸粮尚算丰厚，然而京军的腐败并非些许激励就能够涤除的，再加上当时负责具体管理的营将基本上都是官内的太监，大多数人不懂军事，而所谓京军的营兵，也基本上是用粮雇佣来的兵役。虽然崇祯帝多次下诏整顿京军，强化训练，但仅具空文，并没有得到认真的贯彻执行。崇祯十七年（公元1644年），李自成率军自陕西出发，取道山西后连破大同、宣化和居庸关，逼近京师。崇祯皇帝派京军出战，然而抵达沙河的京军与农民军刚刚相遇，还未交战，听到炮响就已丢盔弃甲，起义军遂攻入北京城，结束了明王朝的统治。崇祯皇帝自缢煤山时，身后陷落的偌大京师城垣上，最后参与守城的京军也仅剩下不足3000人。

兵马指挥司设立于明太祖洪武初年，开始设置时仅负责社会治安。靖难之役后，明成祖开始正式设立五城兵马指挥司，负责京师的治安与稽查，每个指挥司均设指挥1人，副指挥5人。兵马司最初仅限在京师及其近郊地区巡查，其后随着时间推移，负责巡查的范围逐步扩大，扩展到南至海子、西过卢沟桥、东抵通州、北至居庸关的广大区域。同时，由于所负责区域的扩大，兵马司下直接统辖的官军人数也在逐年增多。明神宗在位期间，兵马司所直接统辖军队的总兵员达到了1万余人，马5000余匹，总数翻了数倍。而随着兵马司统辖官军人数的不断增多，其部门所设置的官员也不断增添。

二、鸳鸯之阵

明世宗嘉靖年间，东南沿海倭患空前严重，其中江浙闽尤为突出，于是在北起辽东半岛、南至两广的广大沿海地区爆发了一场声势浩大的抗倭战争。

嘉靖三十四年（公元1555年），浙江沿海倭患严重，明政府调戚继光前往浙江沿海参与剿灭倭寇。戚继光赴任浙江后，积极从事抗倭作战，与倭寇的往来周旋所积累的战斗经验，让他认识到明军组织、调拨、训练以及武器装备等诸多方面存在的重大问题，他向朝廷提出自己的计划，打算在浙江整顿新军，针对倭寇侵犯的特点进行专门训练，并从江南地区特殊的地理环境出发，创设新的作战阵型并大胆进行试验。戚继光的这些意见得到了明政府和浙江地区封疆大吏的支持，从而很快付诸实施。

戚继光经过裁汰和精挑细选，按照自己的征兵标准组建起一支新军，这就是后世著称的"戚家军"。同时，戚继光经过对江浙地区地形地貌以及水文情况的详细探查，针对江浙沿海沮泽纵横、滩涂广泛、水网密布等情况，结合倭寇入侵劫掠时经常分为小股流窜的特点，创制了一种全新的可以全攻全守、攻守兼备的阵形，这种阵形因为时常是分为两个小分队前后左右相配合呼应，形似鸳鸯一样形影不离，故名"鸳鸯阵"。

经过有关考证，鸳鸯阵的阵形是以11人为一队，排在整个队伍最前面的是该小队的队长，在队长左右分置2人，一人手

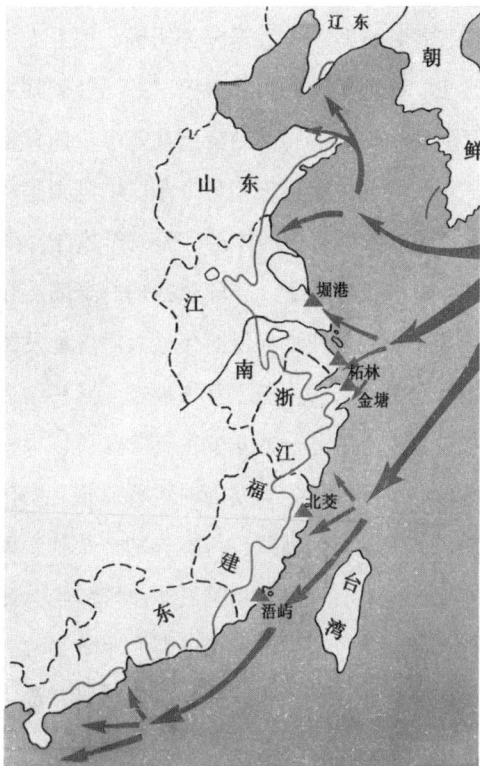

倭寇之患（选自《中国历代战争史·地图册》）

执长牌，一人手执藤牌。长牌手执长盾牌用来遮挡敌方攻击而来的箭矢及长枪等，以便能够守住本方的阵脚，俗称压住阵脚；藤牌手执轻便的圆形藤盾，并随身携带有标枪、腰刀等攻击武器，既能掩护后方士兵，同时也便于己方队伍随时机动推进。再后分列两侧的 2 名士兵是狼筅手，他们手执长约 3 米的狼筅。狼筅利用南方毛竹加工而成，尖端有锐利的尖头，四周故意留有毛竹尖锐的枝叶，一方面可以利用尖端的利刃戳刺敌人，另一方面可以利用枝叶扫倒敌方士兵，同时还可以利用这些枝叶遮挡敌方视线和攻击路径，从而达到掩护身前盾牌手和隐蔽身后长枪手的作用。紧随狼筅手的是分列其身后两侧的 4 名长枪手，左右各二人，分别照应前面左右两边的盾牌手和狼筅手，并作为攻击主力。阵形最后面的是每个分队扫尾的两个手持镋钯的士兵，这两个人拖在整个阵形的最末尾，主要职责是警戒和支援，同时起到防止敌方绕击阵形侧后方的作用。在这种新创的阵形中，各种长短攻守武器分工明确，相互支援，互为进退，攻守兼备，协同进击，发挥整体的力量击杀对方。处于阵中的每名士兵只需要熟练操作自己所使用的兵器和明白自己在阵形中的具体职责即可。真正上阵杀敌时，战场制胜的关键还在于每个小队的阵列整体配合，令行禁止，互为攻守，从而发挥集体协作的作用，形成作战合力，其战斗力是非常强悍的。

这种长短结合、攻守兼备的鸳鸯阵，在实战中巧妙地使矛与盾、长与短紧密协作，在冷兵器时代最大限度地发挥出了各种兵器之间取长补短、相互配合、层层推进、互为攻守、紧密结合的特点。这个阵形在具体的实战过程中也并非一成不变，其阵法可以根据战场上敌人情况和作战地点、地形等战场形势的需要随时进行调整，变化非常灵活。比如遇敌时可以将原先的纵队变为横队，将原先的一个阵变为左右互为掎角的两个小阵，抑或变为左中右互为表里的三个小阵。当具体阵形临时变化成两个小阵时称为"两才阵"，当阵形变成三个小阵时称为"三才阵"。当然，鸳鸯阵的具体临战变化还不仅于此，以上只是其最主要的几种变化，这些变化了的阵形又称为"变鸳鸯阵"。

鸳鸯阵在阵形部署方面显示出了运用灵活、变化机巧的特点，尤其是在江南地区水网密布的地形地貌中恰好能够发挥各种长短兵器的结合制敌作用，可以有效地阻止倭寇这种散兵游勇、浪人集团优势的发挥。戚继光率领其军队应用鸳鸯阵，在江浙和福建沿海地域，与倭寇势力大小数十战，连战连捷，先后取得龙山之战、岑港之战、桃渚之战等多次胜利。由于鸳鸯阵对于倭寇战法具有明显的克制效果，故而多次交战均显现出强大的战术效果，明军与倭寇交战的战损比许多时候都达到了1∶100，特别是在桃渚之战中，戚家军与倭寇遭遇，五战五捷，创下了3∶1000的逆天战损比。戚家军通过一系列辉煌的战果，摧毁了倭寇在江浙福建的猖狂侵袭态势，为东南沿海肃清倭寇立下了不朽的战功，戚家军和鸳鸯阵也随之名闻天下。

长兵短刀

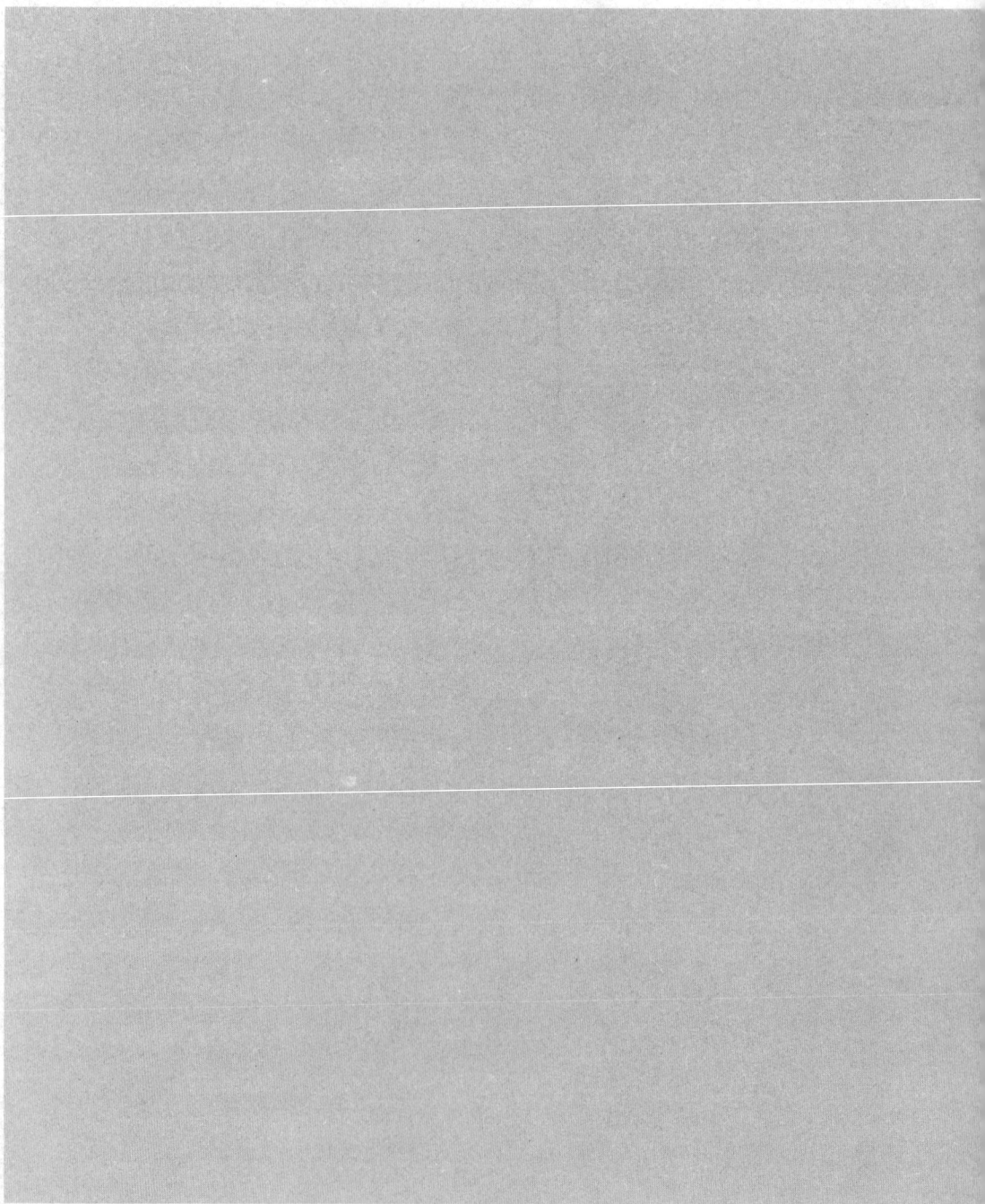

第一节　戈矛戟枪

冷兵器时代的长兵器以戈、矛、戟、枪最为典型。

一、戈

戈是中国极具特色的兵器之一，《荀子·议兵》说："古之兵，戈、矛、弓、矢而已矣。"戈作为先秦军队装备中的主要兵器，被排在这些兵器的首位。人们常将干戈并论，所谓"能执干戈以卫社稷""化干戈为玉帛"，"干戈"成了战争的代名词。许多与战争有关的汉字，如战、戎、戌、戮等，字形从戈，都与之有关。

戈由戈头和柲（柄）组成。戈头包括援和内两部分。援是前部，上下有刃，用以杀伤敌人；内是后部。柲是安装戈的木柄。戈的外形比较独特，状似鸟喙，可能是对喙的仿生学模仿。我们从早期的石戈能看出这个特点。最早的戈是石器时代的石戈，样子像鹰嘴，后部有一圆孔

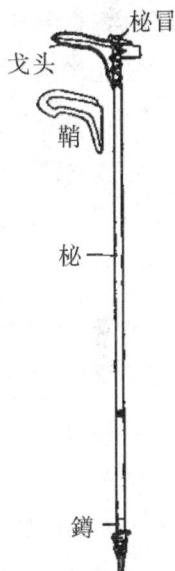

戈的各部名称（选自《中国历代军事装备》）

（穿），用绳子绑缚在木柄顶端。这种石戈，可能是在斧、斤等砍木、掘地的工具启示下，受到鸟类啄击的启发演变而来，也有可能是由镰刀类的工具演化而来。

戈一般有曲内戈与直内戈两种类型。曲内戈是商周时期的一种戈，援和内之间没有明显的分界，装柄容易脱落，商周以后被淘汰。

商代·曲内戈

直内戈的援和内之间没有明显界限，为了增加戈与柲的接触面而增加了阑，后来又增设了胡，戈的可靠度得到了极大提升。

就金属兵器而言，夏代已有了青铜戈。1975 年，河南偃师二里头遗址出土了一批青铜戈。这些戈分为两种类型，一种长约 20 厘米，保留了石戈的原始形态，援部正直，沿中线有凸起的脊棱，由脊两侧逐渐减薄，到刃口附近又略为增厚，形成两条沟槽。内和援之间没有明显分界，相接处有一方形穿，尾部有 3 条齿槽，用以缚柄。另一种长 325 厘米，外形近似镰刀，内和援的区别比较明显，尾部向下弯曲，上铸简单的云纹，靠近援部有一圆形穿，并遗留有安柲的痕迹。柲的直径约 4 厘米。这些戈距今4000 多年，是迄今为止出土的最早的青铜兵器。

戈是商代军队装备中的主要兵器。商代前期的作战主力为步兵，很少使用战车，步兵使用的是短柄戈。从出土的商代青铜器上的图像来看，当时执戈士兵多是右手执戈，左手持盾，也有人将戈扛在肩上。从图像中的人与柲的长度比来看，戈柲长度要短于身高。1986 年辽宁锦州水手营子夏家店下层文化墓葬中出土的整体铜柄戈柲长为 80.2 厘米，河北藁城出土的戈柲长 87 厘米，这些出土实物也证实了这一点。据说武王伐纣时，武王在牧野誓师，命令将士们举起戈，拿起盾，挺起矛，向残暴的纣王进攻。纣王的士兵同样是持戈作战，只不过他们不甘心为纣王卖命，纷纷倒戈，将矛头指向纣王，使纣王大败。

商代后期，战车日益增多，车战成为决定战争胜负的重要形式。短柄戈由于长度过短，在较长距离的车战格斗中无法触及敌人，长柲戈应运而生，短柲戈被长柲戈所取代。当时的兵车配有甲士 3 人，主将在左，持弓；戎兵在右，执戈；居中者按辔，任驭手，两车相错时以戈攻击敌人。长柲戈成为车战兵器中的佼佼者。从出土实物来看，湖南长沙、湖北随州等地出土的战车戈，柲长都在 3 米以上。虽然它们是周以后的戈，但从车战的实际情况判断，商后期的战车戈应当与此大致相同。

商代的戈较夏代有了改进，战斗力增强，主要表现在两个方面。一是改进了戈头的装柲方法。夏代将戈头绑在木柄上，这种戈在激烈的战斗中

金文持戈图像（选自《中国历代军事装备》）

容易松动或脱落。为了解决这个问题，商人将戈头做了改动，他们在内与援之间铸出一条凸出的棱状阑，长度超过援宽，两端略伸至戈体之外，使戈与柲的接触面更长，便于绑缚，这种戈称为有阑型。有阑型戈头与柲的结合在激烈的实战中最为稳定可靠。人们又将阑前援刃下部向下延伸，提高装柲的牢固度，从而增加戈的攻击力度。河南安阳殷墟出土的青铜兵器中，有很多这样的戈。二是改进戈柲。夏代的戈柲多是圆形木棒制成，圆形柲在手中转动时没有方向感，在高度紧张的格斗中不容易发现戈头的方向，影响士兵战斗力。为此，商代将戈柲改为椭圆形，椭圆形标示戈头的角度，可以在战斗中凭手感控制戈头，攻击敌人。

周代继续对戈进行优化，以便最大限度地杀伤敌人。比如戈头与柲的夹角由直角变为钝角，援部稍向上翘；援身逐渐变窄而微弯，下刃成凹弧形；援的前锋也更为尖锐。这些更符合力学特征的改进，进一步提高了戈的钩啄能力。《考工记》记载的标准戈的规格是戈宽 2 寸，内长 4 寸，胡长 6 寸，援长 8 寸，重 1 斤 14 两。《考工记》还记载了一种叫"积竹柲"的戈柲：在木棒外裹上一两层竹篾，每层约十六七片，再以丝麻缠紧，表面髹漆。这种积竹柲牢度高，韧性强，在激烈的格斗中不容易折断，保证了兵器的可靠性。

战国时期·双胡戈

战国时期，随着具有钩啄与直刺两种功能的青铜戟被广泛采用，戈的使用量逐渐减少，直至在战场上最终消失。

二、矛

矛是具有直刺功能的长柄格斗兵器，是最原始的刺兵。削尖的木棒尖锐锋利，古人很容易获得，矛即是由其改进的。远在新石器时期，矛是一种狩猎工具。人类使用比木头更坚硬的石头或者骨头狩猎，把它们磨出锐利的前锋，或在两边磨出侧刃。为了增加与野兽的距离，扩大扎刺的效力，他们又把尖锐的石头绑在木头上，用以刺击兽类。许多出土的骨、石矛头相当精致，有的基部还挖有小孔，用以绑缚手柄。山东邹城野店大汶口文化墓葬出土的骨矛和象牙矛，前者长 281 厘米，长体三角形；后者长 362 厘米，圆锥形，放置在男性死者手旁。在战争出现之后，矛转化为杀伤敌人的格斗兵器，成为古代军队装备中的主要兵器之一。

夏代可能已经使用青铜矛。商代矛的重要性仅次于戈，在军队中已大量使用。河南安阳殷墟西区出土铜矛 70 支，安阳侯家庄商王墓出土铜矛 730 支。在长江流域，湖北武汉盘龙城、江西新干大洋洲商墓都出土了形制多样、数量可观的铜矛。

矛主要由矛头和矜（柄）组成。商代青铜矛头一般为亚腰形和三角形两种。殷墟西区出土的 70 支矛中，三分之二为亚腰形，三分之一为三角形。矛头由体（或称身）和骹（或称筒）两部构成。矛身有左右两叶，前端聚成尖锋；骹部中空，用以纳矜，下端有对称的环纽或穿孔，用以固定矜及系缨，《诗经》所说"二矛重英"，英就是指矛上的缨饰。矜为木或竹制，截面为圆形。圆柄利于把握，使刺击更加准确有力。据河南安阳大司空村 312 号墓发掘资料显示，商代后期，矛的长度约 140 厘米，比人的身高略低，可能属于步兵的近距格斗兵器。

春秋战国时期，一直沿用青铜矛。形状由商代阔叶

夏商时期·铜阔叶倒钩矛

铜矛演变为战国时的窄叶铜矛，长度也大大增加。这时期的矛已经成为车战的主要兵器之一，制作更加精细，出现了"积竹矜"。《考工记》载，矛的长度有固定的标准，步兵用的酋矛长约 4 米，战车兵用的夷矛长约 4.8 米。与目前出土的实物比较，车兵用矛大致相同，如湖北随州出土的矛全长 4.35 米；而步兵用矛多短于规定，如湖南长沙出土的矛，最长者 2.8 米，最短者 1.8 米，其余为 2 米左右。湖北随州曾侯乙墓出土的矛，其积竹矜长一般在 3.2~3.8 米，最长达 4.36 米，甚至超过戟的长度。

战国晚期，随着铁器的大量使用，铁矛开始增多。河北易县出土过一批铁兵器，其中有 19 件铁矛头，经现代科学测定，这些铁矛含碳量略高于 0.2%，是块炼渗碳钢制品。这些矛头都是带有长骹的窄叶型，大多数在 36~38 厘米之间，最长的一件有 66 厘米。可见铁制的矛较青铜矛体长，更锋利，具有更大的杀伤力。

春秋末期·吴王夫差矛

西汉时期，铁矛已经基本普及。矛头呈柳叶形扁体，长骹，圆銎，是西汉铁矛的标准形态。山东淄博齐王墓随葬坑出土的铁矛长 18 厘米，装矜后全长约 2.5 米；河北满城中山靖王墓出土的铁矛装矜后长约 2 米；陕西西安汉长安武库遗址、未央宫遗址也出土了铁矛。因铁矛更为锐利，杀伤性能好，东汉末期出现了使用铁矛的部队。建安四年（公元 199 年）孙策进攻黄祖，刘表派出长矛兵 5000 人支援黄祖。

骑兵兴起后使用长柄矛，它有一个专有名称——矟。《释名·释兵》说："矛长丈八尺曰矟，马上所持。"有的矟被称为"丈八蛇矛"，"丈八"是其长度，"蛇矛"是其形态，矛头大约弯曲如蛇。《晋书·刘曜载记》说：陈安"左手奋七尺大刀，右手执丈八蛇矛"。这可能仅是特例，

并非装备兵器。

直至唐初，长矛依然是军队的主要装备兵器。武德二年（公元619年），李世民率唐军与王世充战于洛阳，全歼王世充军，俘获"矛盾兵六千"。轻装骑兵取代重甲骑兵，高速机动成为战术的核心后，长柄矛迅速衰落。到了唐代中期，矛退出了军队的制式装备，而枪成为军队制式兵器。

三、戟

戟是将矛和戈的功能结合，具有钩啄、直刺功能的格斗兵器。其发展史，可以用"萌芽于商，发展于周，盛行于战国至晋各代，至南北朝趋于衰亡"概括。

商代，人们将戈和矛的功能结合起来提高武器的性能，从而出现了戟。1973年，河北藁城早商遗址中出土了一件把青铜戈和矛联装在一根短木柄上的兵器，戈援与矛锋成直角，木柄为扁圆形，全长85厘米，这是目前发现的年代最早的戟之标本。

西周出现了一种十字形戟，这种戟在河南、陕西、北京等地的西周墓均有出土，它以戈为主体，前伸锋刺，有时刺端成弧刃并向后钩曲。但此戟工艺复杂，又易折损，使用不够普及。东周时期，车战鼎盛，又出现一种将戈形的戟体与矛形的戟刺以柲联装的青铜戟。《左传》有多处关于戟的记载，如：隐公十一年（公元前712年）记"子都拔棘（即戟）以逐"颍考叔。宣公二年（公元前607年），灵辄"倒戟以御公徒"；郑人在与宋人的作战中"倒戟而出之"。襄公十年（公元前563年），狄虒弥左执橹"右拔戟"。襄公二十三年（公元前550年），栾乐战车倾倒，范鞅部属"或以戟钩之，断肘而死"等。近年来的考古资料也证明了这一史实，如江苏

西周早期·铜戟

南京程桥春秋墓出土铜戟，戟体长胡二穿，戟刺长骹窄叶，髹漆木柲遗痕尚存，长 1.79 米，柲尾端装平底椭圆筒形铜镦，全戟总长 2.27 米。湖北随州曾侯乙墓中出土有 30 件戟，多为髹漆木芯积竹柲，断面呈前宽后窄的杏核形，长 3.2~3.4 米，直径 2.3~2.8 厘米。湖北荆门包山 2 号墓出土的 3 件戟，亦为积竹柲，并束饰羽毛，全长 3.7 米。以柲联装铜戟具有较大的杀伤力，是东周军队的主要格斗兵器。

从考古发掘的实物看，青铜戟主要有三种类型：一是十字形戟，即戈与戈结合型，就是以戈为主体，将其上阑加宽延长，成为向上的戈援形戟刺，总体像"十"字；二是卜字形戟，是矛与戈的结合型，这种戟以矛为主体，在其中部横出一枝戈援，总体像一个"卜"字；三是钩戟，即戈与刀结合型，这种戟以戈为主体，将其上阑加宽延长，成为长柄刀形的戟刺，长柄刀的刀锋向后反卷似钩，故曰钩戟。

战国晚期，随着块炼铁固态渗碳制钢技术的发展，出现了钢铁戟。铁戟的杀伤性能好，尤其在对付铁甲骑兵时远较青铜戟锐利，遂逐渐取代了青铜戟。1965 年河北易县燕下都遗址曾出土 12 件铁戟，全部为整体锻打而成，戟刺长而锐利，戟援与戟刺垂直，戟胡与戟刺在一条线上，在戟刺与戟援相交处有一铜帽，为扁圆形，用以容纳柄头，以加强结合的牢固度。

西汉时，戟是军队装备中的主要兵器。汉军步兵多用短柄戟，骑兵多用长柄戟。楚汉相争时的名将如项羽、灌夫、吴汉、马武，都是

西汉·铁戟

"被甲持戟"作战。在湖南长沙马王堆西汉墓出土的简牍中，墓主 490 余名随从士兵的装备为弩、戟、矛，各占三分之一。《汉书》所说的"持戟百万""长戟百万"，也给人以戟在当时普遍使用的印象。

　　汉代还有一种手戟，是防身用的近身格斗兵器，汉末极为流行。《释名·释兵》说："手戟，手所持摘之戟也。"《三国志》载，曹操"舞手戟于庭"，董卓"拔手戟掷吕布"，孙策"以手戟投人"，似乎也可以投掷击人。据山东沂南汉画像石上的图像，手戟的形制和长柄戟的铁戟头相同，只是胡上无穿，成为短柄。

　　汉末至魏晋时期，戟被誉为"五兵之雄"，仍然是军队的重要兵器。杜牧有诗云："折戟沉沙铁未销，自将磨洗认前朝。东风不与周郎便，铜雀春深锁二乔。"虽为怀古，却也道出戟的重要地位。只是戟已变为步兵所用，骑兵则多用马矟。嘉峪关汉魏壁画中也是步兵持戟，骑兵执矛。《三国志》记载的许多勇将，如程普、丁奉、张飞等，都是用矛战斗。

　　南北朝时，戟的使用日益萎缩。随着重甲骑兵的兴起，戟在战争中逐渐为制造简易、穿刺力强的矛、枪等兵器所取代，降为仪仗、门卫兵器。开皇二年（公元582年）李和墓石棺、贞观五年（公元631年）李寿墓石椁，有武士持戟守卫门户的画像，但这时戟已不再作为主要格斗兵器，而仅仅作为仪仗陈设在皇宫和王公勋贵的门前，谓之"列戟"。"列戟"按主人身份不同而数量差减，例如懿德太子墓"号墓为陵"，在两个过洞都绘有戟架，左右各一架共24戟为1组，戟上饰挂着兽面纹彩幡。戟在入唐后被淘汰。

四、枪

　　枪是一种具有直刺功能的冷兵器，与矛相似，头部略小。枪的使用很早，在原始部落时就有了。《三苍》说："木两端锐曰枪。"将木头的一端削尖即成一枪。《事物纪原》认为，黄帝与蚩尤作战时使用了枪。

　　在金属兵器出现后，枪在生产和战争中使用更多。《国语·齐语》和《管子·小匡》说："时雨既至，挟其枪、刈、耨、镈，以旦暮从事于田野"，这是枪用于野外生产。《墨子·备城门》说守城时每"二步置……枪二十枚"，《通俗文》说"刿木伤盗曰枪"等，这是枪用于守城之战。

　　三国时，诸葛亮造出一种特长枪，主要在著名的"八阵图"中使用。

《古今事物考》记载，这种枪有木柄和竹柄之分，木柄枪长 4.25 米，竹柄枪长 5.94 米，它依托战车，向冲来的敌方骑兵击刺。这种枪是对传统枪的发展，也是对当时盛行的矛的改进。

三国以后，枪慢慢成为格斗兵器中的主力。在唐代，枪是唐军最常备的长柄格斗兵器。唐代名将有许多用枪，《新唐书》说，秦琼"跃马挺枪，刺于万众中，莫不如志"；哥舒翰"工用枪"。唐代杜佑《通典·兵一》记载了唐军编制及基层装备情况："每队五十人……六分支甲，八分支戟，一分支弩、一分支棒、三分支弓箭，一分支枪、一分支排，八分支佩刀。"这里百分之十的士兵是持枪的。唐代李筌《太白阴经·器械篇》记：12000 人一军时，装备"枪十分，一万二千五百条"。这是全军装备数，并非人手一枪。

《唐六典》记载，唐代军队制式装备的枪有四种，"一曰漆枪，二曰木枪，三曰白干枪，四曰朴头枪"。漆枪就是马矟，骑兵所用，唐初名将程咬金和尉迟恭等人善用马矟。马矟在《唐律》中被列入禁止私人持有的兵器。木枪为步兵所用，装备最多最普遍。白干枪和朴头枪分别为禁卫军的羽林、金吾所用。

《武经总要》记录的宋枪有 9 种，分别为双钩枪、单钩枪、环子枪、素木枪、鸦项枪、锥枪、梭枪、槌枪和大宁笔枪。双钩枪、单钩枪和环子枪有钩、环，是骑兵用枪。素木枪和鸦项枪是步兵用枪，枪头较长，杀伤能力很强。梭枪较短，又名"飞梭枪"，即标枪，与盾牌配合，可以投掷使用。槌枪用于训练和校阅，在前端装木质圆槌，不施刃。有意思的是，宋军所用枪不单用于格斗，还有扎筏渡河等妙用。其做法是，将枪的刃和鐏取下，每 10 根枪杆捆成一束，再将枪束绑扎成筏子，即可做筏泅渡。据说一个用 5000 根枪杆制作的筏子，可以乘坐 500 人，真是物尽其用，别出心裁。

第二节 风刀霜剑

一、刀

刀是历史极为悠久的兵器之一，也是十八般武器中极具代表性的冷兵器之一。刀的基本特点是一面开刃，一面厚脊。给它加上木质或铁质长柄，即为长刀。在近身格斗中，它可砍可切，可削可刺，杀伤力极强。

从我国出土的新石器时代晚期第一枚青铜小刀开始，5000 多年来，在冷兵器时代的军事战场上，刀扮演着重要的角色。石刀、青铜刀、钢铁刀，汉环首刀、唐直刀、宋朴刀，刀在各个时期的战场上砍削自如，杀伤力惊人。它威名赫赫，即便在火器一统天下之后，也仍在发挥作用。在艰难的抗日战争时期，我们的士兵还在喜峰口等战役中使用大刀，与日军殊死搏杀，一度令敌人丧胆。刀以其便携性和巨大杀伤力，成为冷兵器时代的格斗之王。

从冷兵器材质的发展来看，刀大致经历了石质、青铜质、铁质三个阶段。

刀在石器时代出现。原始人将石头的一面磨尖，一面留厚，加上一个长长的木质柄，就成了一把初具雏形的石刀。石刀的一面厚重不易折断，既可以砍割敲砸各种食物和兽皮，也可以用于打猎和作战，非常实用。

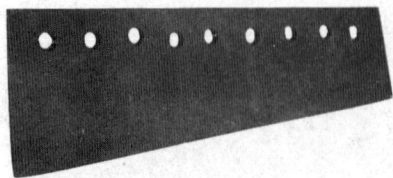

新石器时代·九孔石刀

金属材质的刀从青铜开始。相较石刀而言，青铜刀更加锋利耐用，既可以用作日常用具，也可以作为战时武器。

1975 年，甘肃东乡林家马家窑遗址出土1枚青铜小刀，由两块范浇铸而成，刀刃做了戗磨。
这是目前我们发现最早的青铜
刀。马家窑遗址距今 4100—5500
年。刀的历史悠久，很可能与我
国漫长的文明史相生相伴。

西周·卷首铜刀

　　此外，仰韶文化、龙山文化、齐家文化等遗迹也发掘出一些青铜质的
小刀，它们长仅 10 余厘米，大约是一种生活器具，不具备实战功能。

　　青铜刀在殷商和周代已经比较常见。这个时期的铜矿开采和矿石冶炼
达到了空前规模。据湖北大冶铜绿山一座周代古铜矿遗存的废炉渣推算，
这堆废渣生产的红铜当不下 4 万吨。湖北随州曾侯乙墓中的铜器总重达到
10 吨。

　　铜锡铅合金的青铜器技术虽然发展迅速，但青铜刀并不是这个时期
的主要作战兵器。原因之一是这时的青铜器质脆，青铜刀体较短，质量较
重，在激烈的格斗中容易折断，不太适合大规模的军事作战。在战场上
担当作战主角的，是用于格斗的戟、殳、戈、矛，以及用以卫体的剑。

　　当时的作战形式也影响着刀的使用。西周至春秋时期，车战最为盛
行，四匹马拉一辆车是当时车战的基本作战单位，也是战车的基本形式。
史书所说的"千乘之国"，是一个很强大的国家，可以出动上千辆战车作
战。战车部队往往是决定战争胜负的主力兵种。在激烈的战斗中，战车相
距较远，为了杀伤敌人，远距离使用弓箭，近距离则使用长矛、长戟等格
斗兵器。出土资料显示，车战时使用的矛长度惊人，达到了 4.36 米。与装
有长柲的戈、矛相比，只有不到半米的青铜刀够不着对方，在车战中几乎
无用武之地。因此，青铜刀因其固有的弱点，在车战最盛的时代还籍籍无
名，甘做配角。

　　刀成为战场中的真正主角，要等到铁器时代的来临。

　　铁器在战国时期降临中国，它以尖锋利刃、无坚不摧的冷酷，成为战
场上的大杀器和新宠儿。

　　我国最早的人工冶铁制品出土于公元前 9 世纪与公元前 8 世纪之交

的虢国墓地，地点在今天的河南三门峡。遗址出土的 3 件人工冶铁制品，将中国拉入一个全新的铁器时代。在以后的 300 年中，人们将铁矿还原成炉渣和固态纯铁的混合物，经锻造而成铁器，这种冶铁方法有一个专业名称——块炼法。这种火光四射、千锤百炼出的金属制品，质地比青铜更坚硬更柔韧。它应用到生产劳动中，制作出犁等生产工具，提高了人们的生活水平；应用到战场上，极大地增强了兵器的质量。钢刀，这种闪着冷光的兵器，让人闻之胆寒。

我国冷兵器时期最有代表性的刀类兵器，是汉环首刀、唐直刀和宋朴刀。

1. 汉环首刀

环首刀可谓中国军刀发展史上的一座丰碑。

环首刀是一种以双手持用为主的短兵器，刀柄首呈圆环形，单面开锋，厚脊薄刃，直脊直刃。因其单面开刃，与双面开刃的剑相比，用时短，制作容易，价格也更低廉，是汉朝骑兵的主要作战武器。

环首刀采用汉代冶炼技术水平最高的百炼钢技术、淬火技术和夹钢技术制作而成。

百炼钢是铸造钢铁的一项冶金技术。工匠将"精铁"加热反复折叠锻打多次，除去钢中杂质，直到斤两不减，才成百炼钢。在反复锻打中，钢铁中的氧化亚铁、硅酸盐等杂质被挤出或压扁，其成分趋于均匀，组织趋于致密，晶粒趋于细化，甚至晶体被拉长，产生纳米级晶体，从而获得惊人的强度，极为坚固耐用。一般而言，百炼钢费时费力，制造出来的武器性能虽好，造价却高，若国力不足难以承受大批量百炼钢武器的制造。

锻造完毕，环首刀还需要淬火，使刀刃钢材产生"马氏体组织"，坚硬无比。淬火后的刀开锋后极为锋利。当时的试刀法，是以刀砍甲、砍盛满铁珠的毛竹筒，还有将多根稻草捆成一束，以头发丝悬于木杖之上，挥刀斩之，稻草断而发丝不断才为好刀。据说，有的刀能够斩断 15 根一束的稻草。

全钢刀坚固耐用，价格便宜，制造方法相对简单，但也存在缺点。全钢刀是由一块钢铁打制而成，刀的质量不好把控，而且缺少铁所特有的韧性，在激烈的碰撞中有可能断裂。工匠摸索出成熟的夹钢技术，将刀的内核用钢，外面一层或一部分用铁，这样制作出的刀就是夹钢刀。夹钢刀兼具钢的强度和铁的韧性，在近距离格斗中坚硬锋利，又不易折断，成为一款完美的武器。

汉环首刀是当时世界制刀工艺的巅峰作品。公元1世纪的罗马学者普林尼在《博物志》中说，欧洲市场"虽然钢铁的种类很多，但没有一种能和中国来的钢媲美"。法国历史学家奥德里库尔（A.G.Haudricourt）也说，"亚洲的游牧部落之所以能侵入罗马帝国和中世纪的欧洲，原因之一在于中国钢刀的优越"。有资料说，这种制造工艺是当时最为先进的，领先世界500年。

汉环首刀是汉朝军事转型的必然结果。

汉朝的主要威胁来自北方草原的匈奴。匈奴逐水草而居，惯于马上生活。他们在对中原

汉画像石上的持刀武士
（选自《中国历代军事装备》）

的袭扰中，来去如风，飘忽不定，具有速度优势，以步兵为主的汉军难以适应这种战法。为了应对匈奴威胁，汉军在战术上做了很大调整：淘汰笨重的战车，大力发展骑兵，制定以骑兵破骑兵的战术。那些不适应骑兵作战的青铜兵器被淘汰出局，而不容易折断、更适合在马上砍杀的汉刀应运而生。

环首刀适合马上劈砍，杀伤力大，便于大规模装备军队。从汉武帝时期起，环首刀逐渐成为汉朝军队的基本制式装备，而北方的匈奴仍然使用青铜兵器，与大规模换装钢铁兵器的汉朝军队相比，存在代差，因此汉军战斗力十分强悍。据《汉书·傅常郑甘陈段传》记载，一次西域都护被乌

孙围困，众人焦虑，只有陈汤以为不足为虑。他认真比较了汉军与胡人的单兵作战能力，说："夫胡兵五而当汉兵一，何者？兵刃朴钝，弓弩不利。今闻颇得汉巧，然犹三而当一。"与北方那些少数民族士兵相比，汉军单兵作战大致能以一敌五或以一敌三，钢刀可能是陈汤所说的物质原因。

装备环首刀的汉军骑兵，在与匈奴的作战中十分生猛。公元前119年，汉武帝派卫青、霍去病各带5万骑兵出击匈奴。霍去病部深入戈壁2000多里，大破匈奴，封狼居胥。公元89年，窦宪北入瀚海沙漠3000里，于稽落山大败北匈奴，斩杀13000多人，登燕然山刻石记功。两年后，他又出塞5000里，大破北匈奴单于主力，斩名王以下5000余人，北单于仓皇逃窜不知所终。在汉军持续而致命的打击下，匈奴土崩瓦解。据说，北匈奴被迫迁至中亚，进入欧洲，一路所向披靡，被称为"上帝之鞭"的大可汗阿提拉差点摧毁强大的罗马帝国。这也间接反映了汉军战斗力之强。

2. 唐刀

唐刀是近年来人们对唐代刀具的称呼。它是中国制刀技术发展史上的一座高峰。据《唐六典》卷一六载："刀之制有四，一曰仪刀，二曰障刀，三曰横刀，四曰陌刀。"《释名》曰："刀末曰'锋'，其本曰'环'。今仪刀盖古班剑之类，晋、宋已来谓之御刀，后魏曰长刀，皆施龙凤环；至隋，谓之仪刀，装以金银，羽仪所执。障刀盖用障身以御敌。横刀，佩刀也，兵士所佩，名亦起于隋。陌刀，长刀也，步兵所持，盖古之断马剑。"

仪刀主要用于仪式。唐因隋制，唐代仪刀形制基本沿用隋代仪刀。仪刀一般由队列仪仗官员双手执于胸前，刀体长者可及胸甚至更长，以显威仪，刀装具以及鞘饰力求奢华，可见仪式功能是仪刀的第一需求。从唐懿德太子墓、章怀太子墓、长乐公主墓中的壁画以及唐墓出土的陶俑中，可以见到侍卫所执佩的仪刀，刀首多为环首，雕龙凤鸟兽等形，刀体较长。所执掌的仪刀刀装大致可分为金银装、金铜装、银装等，贵者甚至在刀装上还镶嵌宝钿等各种宝石玉饰，以显皇家仪仗的气派。根据仪仗官员等级的不同，据《新唐书·仪卫志》所载，在皇帝大朝、宴见藩属国王、大驾

唐章怀太子墓壁画《仪卫图》

卤簿（皇帝出行的仪仗队伍）出行，以及皇太子及各亲王和高阶大臣卤簿出行等场合，仪刀作为一种仪仗和仪卫用刀，由仪卫佩带。

　　障刀即以刀身御敌，有可能是一种宽刃唐刀。有人推测是汉代拍髀（即短刀）的继承和发展。

　　横刀是一种实战短柄刀，主要用于近战格斗，是唐军重要的作战兵器。据唐代李筌的《太白阴经·器械篇》载，一支12500人的军队"佩刀八分，一万口"，横刀在该军中的装备比例高达80%。横刀也是官兵佩带的常用兵器。《新唐书·仪卫志》载，皇帝、太子及大臣出行卫队中，仪卫将官、军士佩带横刀作为护卫。《新唐书·兵志》载："人具弓一，矢三十，胡禄、横刀、砺石、大觿、毡帽、毡装、行藤皆一……其番上宿卫者，惟给弓矢、横刀而已。"《唐律疏议·卫禁律》卷八言："诸宿卫者，兵仗不得远身。"〔疏〕议曰："兵仗者，谓横刀常带；其甲、矟、弓、箭之类，有时应执著者并不得远身。"可知，横刀为仪卫、宿卫官兵的主要兵器之一。1992 年在陕西长安南里王村唐初官员窦缴墓中出土了一把金装环首刀，是横刀的典型代表。

横刀可以私人持有，也可在市场上买卖。《唐律疏议》载："诸私有禁兵器者（谓非弓、箭、刀、楯、短矛者），徒一年半。"〔疏〕议曰："私有禁兵器，谓甲、弩、矛、矟、具装等，依令私家不合有。"《唐天宝二年交河郡市估案》记载的横刀价格为："镔横刀壹口鍮石铰，上直钱贰仟伍佰文，次贰仟文，下壹仟捌佰文。钢横刀壹口白铁铰，上直钱玖佰文，次捌佰文，下柒佰文。"

陌刀是步兵所持的长刀，主要用于战场格斗。陌刀为长柄（杆）刀，长约 3 米，勇猛武将使用的陌刀约重 9 公斤，普通军士所用的相对轻一些。陌刀的确切形制无实物参考，唯知"施两刃"，即双面开刃。《唐六典》注"盖古之断马剑"，剑利可以斩马也。宋代的三尖两刃刀或许可以看作是唐陌刀的继承或发展。《武经总要》中有《宋人唐陌刀图》，北宋李公麟所绘的《免胄图》中也有唐将陌刀图。两唐书记载，唐代善使陌刀的名将有阚棱、李嗣业等人。阚棱"善用大刀，长一丈，施两刃，名为陌刃，每一举，辄毙数人，前无当者"。李嗣业身长七尺，壮勇绝伦。天宝初年，他随募至安西，频经战斗，"于时诸军初用陌刀，而嗣业尤善，每战必为先锋，所向摧北。天宝七载（公元 748 年），安西都知兵马使高仙芝奉诏总军，专征勃律，选嗣业与郎将田珍为左右陌刀将"。至德二载（公元 757 年）九月，李嗣业从广平王收复京城，"嗣业乃脱衣徒搏，执长刀立于阵前大呼。当嗣业刀者，人马俱碎，杀十数人，阵容方驻。前军之士尽执长刀而出，如墙而进。嗣业先登奋命，所向摧靡。"陌刀表现出惊人的杀伤力。

唐直刀所使用的技术同样让人极为惊叹，如复合钢铁、切刃造和镐造的刀形状、用烧土来淬刃、造刃文、反复锻打钢铁等等。这些都是当时世界上最好的兵器制造技术，一直保持了数百年的领先优势。

唐刀无论从实用性还是技艺上，都堪称中国古代冷兵器巅峰之作。后来唐刀流传至日本，被日本人进行改造，成为世界有名的武士刀。

3. 宋朴刀

朴刀是一种便于携带、用于步战的兵器，它在宋代兵器中最为有名。这与《水浒传》的流传有关。《水浒传》中的人物，凡出门远行者，不论其身份，是官是盗，公开还是隐秘，总是随身带着朴刀，书里说，"挎口腰刀，提了朴刀"。那些梁山好汉，也多用朴刀。凡长于步战者，多使用朴刀，一旦披挂上马，则改用其他兵器。九纹龙史进即是如此，步战用朴刀，骑战用三尖两刃刀。长于骑战者，如教头出身的林冲、徐宁，都有惯用的马上长兵，而步战时也多改用朴刀。

宋代确实存在与《水浒传》描写完全相合的朴刀。它可能初起于民间，北宋末年，内忧外患，朴刀随之流遍全国。南宋高宗时，在金人的侵略威胁下，朴刀成了枢密院规定的军中必习兵器之一。

《水浒传》有一处细节描写了朴刀的式样："卢俊义取出朴刀，装在杆棒上，三个丫扣牢了，赶着车子，奔梁山泊路上来。"朴刀不仅柄很长，而且刀体与柄可合可离。不上刀时，自是一条棒，是无刃的兵器；临战前将刀体装到刀柄上，立刻变成一件可以穿坚断韧的利器。

朴刀的长度不短于3.6米，这比一般想象中的朴刀要长得多。其类型，有长柄朴刀，也应有短柄朴刀。可能崛起于草莽的朴刀，式样很多，并无标准模式。

朴刀是夹钢刀，从作战角度来说，性能比唐直刀要差。但其胜在造价低廉、制造简单，基本满足实战需要，能够大量装备军队。

此外，朴刀的刀身略微有些弧度，主要是受了五胡乱华时期少数民族的影响。少数民族骑兵多使用弯刀，更符合人体力学，劈砍更有威力，只是在刺杀上稍逊一筹。宋人学习了这一优点，将刀由直变弯。宋朝时，中国武术同样发展到一个顶峰，朴刀的刀法极多，朴刀也成为中国武术史上一种著名的刀具。

宋朝军队经常超过百万人，其武器装备自然也异常惊人。宋朝统治者决定废除唐直刀，采用汉朝后期的夹钢技术，打造一批价格比较低廉、制造相对简单的宋刀，更有现实意义。朴刀从而成为宋刀的代表之作。

蒙古人主中原后，立即收缴了民间的兵器，汉人甚至不得不几家共用一把菜刀。这对中国的制刀技术是一个非常大的摧残。蒙古军队以骑兵为主，使用的多是适合马上砍杀的弯刀。他们利用马匹迅捷的速度、汉人先进的火器，以强弓硬弩所向披靡，向西一直打到欧洲的多瑙河畔，打出了让人瞠目的国土。但与前朝相比，他们的刀技却大大退步了。

明清之际，冷兵器出现衰落趋势，刀的制作出现滑坡，主要原因是人们的目光被杀伤力更大的火器所吸引。明朝军队已经大量使用火器。明政府在建国初下令："凡军一百户，铳十，刀牌二十，弓箭三十，枪四十。"后又规定："水军每艘海运船，装备碗口铳四门，手铳筒十六个，火枪二十支，火箭和神机箭各二十支等。"明朝末期，随着火器的大量装备，刀的制造再遭冷遇。清代的刀乏善可陈。随着技术的飞速发展，火器登上军事舞台的正中央，冷兵器渐渐淡出人们的视野，刀也把发展的最高峰留在了过去。

二、剑

剑是具有刺斩功能的近身格斗兵器，是中国极具知名度的冷兵器之一，被世人尊为"百兵之祖"。它的形制特点是直身、双刃、尖锋、短柄，单手握持。剑刺击削斫，舞动轻灵，是军事斗争的重要工具。剑也是民间人士的常用工具，"百刃之君，至尊至贵，君臣咸崇"，千百年来，剑已融入人们的文化生活，成为中国传统文化的标志之一。

据说剑是黄帝创制的，竹简本《孙膑兵法·势备》说："黄帝作剑，以阵象之。"也有人认为，剑的发明与蚩尤有关。《世本》说"蚩尤作兵"，兵，指兵器。《管子》曰："蚩尤受庐山之金而作五兵。"《墨子·节用》说："古者圣人，为猛禽狡兽暴人害民，于是教民以兵行，日带剑，为刺则入，击则断，旁击而不折，此剑之利也。""教民以兵行"，是说古代的圣人发明了剑，并且教会人们使用。山东沂南画像石墓中有一尊蚩尤像，头冠弩弓和弩箭，双手分执短剑和手戟，两足分别抓着剑和环首刀，身前裆下立有一块盾牌。这幅画是汉代人们对蚩尤作五兵的想象描绘。

对学者们而言，剑的起源显然没有那么神秘。他们以文献和考古为依据，提出了科学的看法。兵器史家周纬认为，剑应出现在殷商之前，剑的最初形状略像未成形的铜矛头，体式极为短小，仅有短平茎，没有管箚（筒）。钟少异认为，我们的先民是拿箭镞和矛头作剑。他的依据是，剑"尖锋、两刃、中部有脊、底部有茎或柄"，这个特点在箭镞和矛头中已经成型，先民在发明了弓矢和矛头后，在战场上贴身肉搏时的偶然场合，随手抽出箭矢刺扎对手，或在长矛断折后用矛头作战，受这些场合临时急用的启发，有可能创制出剑。也有可能是先民们在渔猎生活中，由箭镞和矛头制成尖锋双刃的手持割剔刃具，从而带来剑的制作。

剑的各部名称（选自《中国历代军事装备》）

石器时代的剑以石质、骨质为主。上古"以石为兵""以玉为兵"，兵器的材质来源于石头和玉，剑自然也是如此。我国目前发现的最早的剑是新石器时代晚期的。距今约 5000 年的江苏邳州大墩子大汶口文化遗址发现了一座埋有一中年男子的墓，男子右手握一把环柄骨短剑，左臂旁竖放一柄石斧，左股骨被弓箭射伤。这是原始时代一个典型的带剑者。剑用整块岫岩玉磨制而成，长 21 厘米，柄部宽大，挖空成环形，剑身渐尖细，有规整的尖锋和侧刃。剑器线条流畅，器形端正，表面打磨光滑，虽经数千年风雨侵蚀，仍光泽润亮。这似乎证明了墨子所说的圣人作剑以防身卫体。实际上原始时代的石质、骨质器具并不只是用来打仗，而是有多种用途，工具与兵器通常不分，劳作时用作工具，战斗时就成了兵器。剑在众多的工具中也应如此，石质的剑在生活中用来剔割，在作战中就成了格斗卫体的利器，具有多种用途。

我国进入金属兵器时代以后，剑在众多金属兵器中脱颖而出，出现了周代青铜剑与汉代铁剑两座让人仰望的高峰。

目前我国发现最早的一把青铜剑，出土于内蒙古鄂尔多斯朱开沟遗

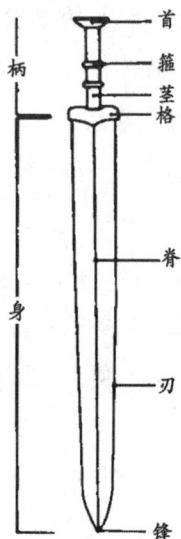

址，剑长约 25 厘米，剑格呈双翼形，柄首呈圆环形，茎部缠绕细绳。其制作年代可能在商代中期。江西新干大洋洲出土的三件青铜短剑，年代为商代晚期，一件长 35.7 厘米，剑身宽肥，另两件分别长 19.5 厘米和 14.6 厘米，剑身窄狭，扁茎式结构，装柄方式与西周的扁茎柳叶形剑类似。

《史记·周本纪》记载了武王伐纣时用剑的情况。武王攻入朝歌，纣王已死，武王来到纣王死去的地方，"自射之，三发而后下车，以轻剑击之，以黄钺斩纣头，县大白之旗"。武王灭商后，告祭于社，"散宜生、太颠、闳夭皆执剑以卫武王"。这是古人用剑的一个实例。

周人已经较多地使用青铜剑。在陕西关中、河南洛阳、北京、甘肃等周文化圈内，出土了 20 余件扁茎柳叶形青铜短剑。1956 年出土于陕西长安张家坡西周早期墓的一把铜短剑，全长 27 厘米，扁茎、斜肩、无格，茎部有两个小圆孔，是中原地区迄今发现年代最早的一件铜短剑。

大约在西周中期，又出现一种形制略有变化的铜短剑，剑身也呈柳叶形，基部普遍装饰人面纹，所以称为人面纹扁茎短剑。陕西扶风齐镇曾出土一件人面纹短剑和两件方鼎，考古人员根据方鼎纹饰是西周中期最流行的窃曲纹推断，这把剑当属西周穆王、共王之世，不会早到穆王前期。巧合的是，《列子·汤问》记载了一则周穆王用剑的事例："周穆王大征西戎，西戎献锟铻之剑、火浣之布，其剑长尺有咫，练钢赤刃，用之切玉如切泥焉。"

南朝人吴均根据这则传说写了一首脍炙人口的《咏宝剑》诗，曰：

我有一宝剑，
出自昆吾溪。
照人如照水，
切玉如切泥。

诗作虽有艺术的想象成分，但那时的剑已经具有相当高的制作工艺，也是不争的事实。

成书于东周时期的《左
传》记载了很多周人用剑的事
例。公元前 550 年，晋国内乱，
赵氏、范氏在合力攻灭栾氏的

西周·丰伯铜剑

战斗中，范鞅"用剑以帅卒"。《左传·襄公二十一年》有"衣裳剑带"
之语，襄公二十一年为公元前 552 年。

周代最有名的是吴越铜剑。

吴越之剑最负盛名。《考工记》说："郑之刀、宋之斤、鲁之削、吴
粤（越）之剑，迁乎其地而弗能为良，地气然也。"《庄子》说："夫有
干越之剑者，柙而藏之，不敢用也，宝之至也。"都是在极力称赞吴越之
剑。1965 年湖北江陵望山出土一件越王勾践剑，保存完好，形制规整，
器表光亮，锋刃锐利，表现出盛期王剑制作的精细程度。科学检测结果表
明，剑的合金比例非常合理，剑刃部分含锡较多，因
而坚硬锋利；剑体其他部分含铜较多，因而具有很强
的韧性，不易断折，表现出高超的铸造技术。《战国
策》说："夫吴干之剑，肉试则断牛马，金试则截盘
匜。"吴越宝剑锋利异常，能够斩断牛马，截穿铜器，
制作工艺已经达到极高的水平。

战国时期，剑成为军队装备的主要格斗兵器。
魏国要求士兵"穿戴甲胄，操强弩，负箭箙，持戈佩
剑"，携带 3 天粮食，从早晨出发，至日中行军百
里，以考选兵卒。韩国步卒也以"被坚甲，跖劲弩，
带利剑"作为自己的装备。

秦代青铜剑质地精良，秦始皇兵马俑坑内出土
了一批青铜剑，剑长 86 厘米，剑身有 8 个棱面，考
古学家用游标卡尺测量，发现这 8 个棱面的误差不超
过一根头发丝。这批青铜剑内部组织致密，剑身光亮
平滑，刃部磨纹细腻，纹理来去无交错。它们沉睡了

春秋后期·少虞剑（长
54 厘米，宽 5 厘米，
故宫博物院藏）

2000多年，出土时光亮如新，所有的剑都镀有一层10微米厚的铬盐化合物，其刃之锋能一次划透20张纸。有一把青铜剑被一尊陶俑压弯，弯曲的弧度超过45度，当考古人员移开陶俑后，那又窄又薄的青铜剑竟在一瞬间反弹平直。

青铜剑的制作工艺在周代达到顶峰。《管子》说："美金以铸剑戟。"美金指铸剑用的优良铜材。《战国策》记载的铸剑方法"毋脊之厚而锋不入，无脾之薄而刃不断"，是说增强剑的硬度以提高剑的锋利，增强剑的韧性以预防"斩"之断折。为了完美解决青铜剑制作中的脊之厚和锋之薄问题，人们使用了高锡青铜和低锡青铜的复合材料。著名的越王勾践剑就是二次浇铸而成的复合剑，工匠先以剑脊范浇铸剑脊，在剑脊两侧预留出嵌合的沟槽，再把铸成的剑脊置于另一范中浇铸剑刃，剑刃和剑脊相嵌合构成整剑。不同部位铜与锡的比例也不同：剑脊含铜较多，增强剑之韧性，不易折断；刃部则含锡多，硬度高，非常锋利。这种合金而制的复合剑，也使原先一次浇铸完毕的青铜剑变为用于作战的剑。

铁剑的使用在战国时期随着铁器的流行而逐渐增多。

东周时期，楚国的冶铁业最为发达，楚国的铁剑也最为有名。荀子说，宛地出产的钢铁矛，像蜂蝎的毒刺一样锋利。宛是楚国重要的铁产地，以出产精良的钢铁兵器而闻名。宛人所制利剑，十之八九为铁剑。秦昭王曾说："吾闻楚之铁剑利而倡优拙。夫铁剑利则士勇，倡优拙则思虑远。"湖南益阳赫山庙战国早期墓出土了一件长78厘米的钢剑，这是现知最早的一把钢铁长剑，长度超出了当时盛行的铜剑。《太康地记》记载，龙泉剑出于汝南西平县，似乎也是铁剑。其形制扁茎、折肩，茎、身之间套装铜剑格，茎末端或装圆盘形剑首。

西汉时期，中原地区已经盛行钢铁剑，这可以从史料中得到印证。《史记·项羽本纪》记载的鸿门宴故事中，樊哙为了解救刘邦，"带剑拥盾入军门"。《汉书·晁错传》记载，晁错曾说盾与剑的使用场合，"曲道相伏，险厄相薄，此剑楯之地也"。

随着制剑技术的发展，剑的长度逐渐增加。初期矛形剑，"仅有极短之茎几乎不成为柄。其后，茎加大加长，由杆形茎而演为杆形柄，再进为管形柄，更演为实茎有后有腊有首之柄；而剑身亦渐长"。在剑身的延长中，铜剑由最初的 20~30 厘米发展到春秋战国时的 50~60 厘米、战国晚期的 70 厘米以上，秦代最长可达 95 厘米。铁剑的长度也有所增加，战国中晚期在 80 厘米左右，较长的达到 100 厘米，个别剑甚至可达 140 厘米，短剑日渐少见。随着技术的日臻完善，剑的形制也逐渐定型，唐代的剑已经形成千百年不变之剑形——剑刃宽而长、中有脊、呈菱形、下端稍窄、刃尖呈 V 形锐角，两边与刃锋衔接处不圆而尖，剑格与剑首均为云头形，剑格突出于刃之两面，剑首突出于茎之两面，茎之上下微内弯，茎体作六角形。

铁剑淘汰铜剑后，其兴盛并没有持续多长时间，随着铁刀的崛起而迅速走向衰落。西汉晚期，环首刀成为军队重要装备，出现了刀剑并行、"刀光剑影"的局面。《史记·项羽本纪》记载的"项庄舞剑，意在沛公"，《三国志·甘宁传》记载的"凌统刀舞"，是出剑向刀转变的两个经典例子。

汉代盛行用刀，刀进而取代了剑在军事上的地位。究其原因，在于与铁刀相比较，剑制作工艺复杂，不利于大量装备军队；在以骑兵、步兵为主的战场上，剑的劈砍较铁刀落后，不如刀适合战场需要。东汉时期，环首刀盛行，剑逐渐被排挤出实战领域。

尽管作为实战兵器的剑逐渐退出了军事领域，但它并没有退出人们的生活，如同太极、禅宗一样，剑在漫长的历史中留下了深深的印迹，成为我国传统文化的一个标志性符号，具有强烈的文化意义。

明末董说在《七国考》中将剑分为佩剑和兵剑两种。他说："剑有二：一佩剑，所谓衣冠带剑是也；一兵剑，持以相格杀者也。"自春秋晚期至战国时期，剑既用于战场格斗，又广泛地用作日常的佩饰，贵族带剑的风气极盛。佩剑既能标示个人的身份和地位，又能体现尚武的风气和精神。屈原《楚辞·涉江》说："带长铗之陆离兮，冠切云之崔嵬。"长沙战国楚墓帛画中的男子，头戴高冠，腰佩长剑，印证了屈原之言。

这个时期，由于带剑者多为氏族成年男子，佩剑之举也渐渐进入礼仪范畴，成为一种身份标志。成年男子在觐见、出使等重大场合中需要佩剑。《左传·宣公十四年》记载，公元前595年，宋国杀楚国使臣，楚庄王得知消息后勃然大怒，他"投袂而起。屦及于窒皇，剑及于寝门之外，车及于蒲胥之市"，是说他一甩袖子跑出宫去，亲征宋国，随从追到院中才穿上鞋，追到寝门才佩好剑，追到市场才登上车。这个时期的成年贵族男子几乎人人佩剑，带剑被视为贵族成年的重要标志。《史记》记载秦王嬴政成年亲政时，仅用了"乙酉，王冠，带剑"六字。

佩剑还体现出社会的等级。贾谊说："古者，天子二十而冠，带剑；诸侯三十而冠，带剑；大夫四十而冠，带剑。隶人不得冠，庶人有事带剑，无事不得带剑。"之后许多朝代的政府将佩剑作为一项制度来执行，提升了剑的地位和影响。秦简公六年（公元前409年），秦国将官吏带剑作为一项制度要求官员执行。汉承秦制，尚剑，官吏需带剑。在汉武帝时期，曾经出现向丞相魏相奏事时，如果没有带剑，需要向他人借剑才敢进入的情况。东汉出现了玉具剑。魏尚剑。隋则明文规定了与官品匹配的所佩之剑："一品，玉具剑，佩山玄玉。二品，金装剑，佩水苍玉。三品及开国子男、五等散品名号侯虽四、五品，并银装剑，佩水苍玉。侍中已下，通直郎已上，陪位则像剑。带真剑者，入宗庙及升殿，若在仗内，皆解剑。一品及散郡公、开国公侯伯，皆双佩。二品、三品及开国子男、五等散品名号侯，皆只佩。"唐代刀剑并用，"既佩刀又佩剑，可谓刀剑并重之时期"。《春秋繁露》曰："剑在左，刀在右；剑在左，青龙象也。"明代仍然将剑视为军官的佩兵。之后佩剑之风不再流行。

剑的佩饰得到肯定之后，人们竞相攀比。李斯《谏逐客书》称秦王政"服太阿之剑"，太阿剑应是泛指得自异国的宝剑。《吕氏春秋》说："世之人主，皆以珠玉戈剑为宝。"之后的官员、贵族，更是通过以玉、金、银的装点，来显示身份与地位。周纬认为，"剑之愈古者，……专以刃为重也。剑之次古者，则各部渐多刻画修饰，……降至汉以后之剑，则几于专重柄格与鞘之装饰，用以炫人，而刃质反逊色矣"。

这种佩剑之风对后世产生了极大影响。在春秋战国时期，除了贵族佩剑以外，士也带剑。士有着贵族的血统：

> 《礼记·大传》记录了"宗法制度"的原则，周通过对嫡长子——宗子的尊崇、服从，达到团结具有父系血缘关系成员的目的。周天子是天下的宗子，称为"大宗"。周王朝建立之后，分封出外地的姬姓诸侯多是周文王、武王、成王三代的庶子，相对于周天子是"小宗"。诸侯的嫡长子可以继其位，庶子则分封出去为大夫；大夫的嫡长子继其位，庶子则分封出去为士。

周代分人为士农工商士，士的地位同于平民，但他们常常出入于王侯之门，活动于上流社会，平时也常带剑。佩剑也被看成他们的重要标志之一，即使穷困潦倒，一贫如洗，寄食于权贵门下，也要身留一剑。《史记·孟尝君列传》记载，冯谖为寒士，赤贫，身无长物，唯有一剑，他投于齐国贵族孟尝君门下，但常常不满于待遇，弹剑而歌曰：

> 长铗归来乎，食无鱼。
> 长铗归来乎，出无舆。
> 长铗归来乎，无以为家。

可以说，士之佩剑表现出了贵族意识的强烈影响。

此后的游侠也仗剑远游，"其行虽不轨于正义，然其言必信，其行必果，已诺必诚，不爱其躯，赴士之阨（厄）困，既已存亡死生矣，而不矜其能，羞伐其德，盖亦有足多者焉"。他们刚直不阿，注重名节，好为人排忧解难；重然诺，轻生死，乐为知己者用。他们仗义独行，也多佩剑。这种精神影响了后人，许多文士以剑自喻，把示十年之磨炼，讴心中之不平，吐胸中之块垒。

魏晋以后，带剑之风不如刀盛，但豪情侠士、帝王将相尚武好剑，仍然喜好带剑。一些文人也以剑自喻，表现其阳刚之志。李白曾习剑术，任侠喜剑，他在诗里说："顾余不及仕，学剑来山东。""仗剑去国，辞亲远游。""十步杀一人，千里不留行。事了拂衣去，深藏身与名。"李贺也说："见买若耶溪水剑，明朝归去事猿公。"宋代诗人陆游说："匣中宝剑夜有声。"辛弃疾说："醉里挑灯看剑，梦回吹角连营。八百里分麾下炙，五十弦翻塞外声。沙场秋点兵。"连元代王实甫创作的《西厢记》杂剧中，文弱书生张珙也称自己是"书剑飘零"。

第四章

弓弩射远

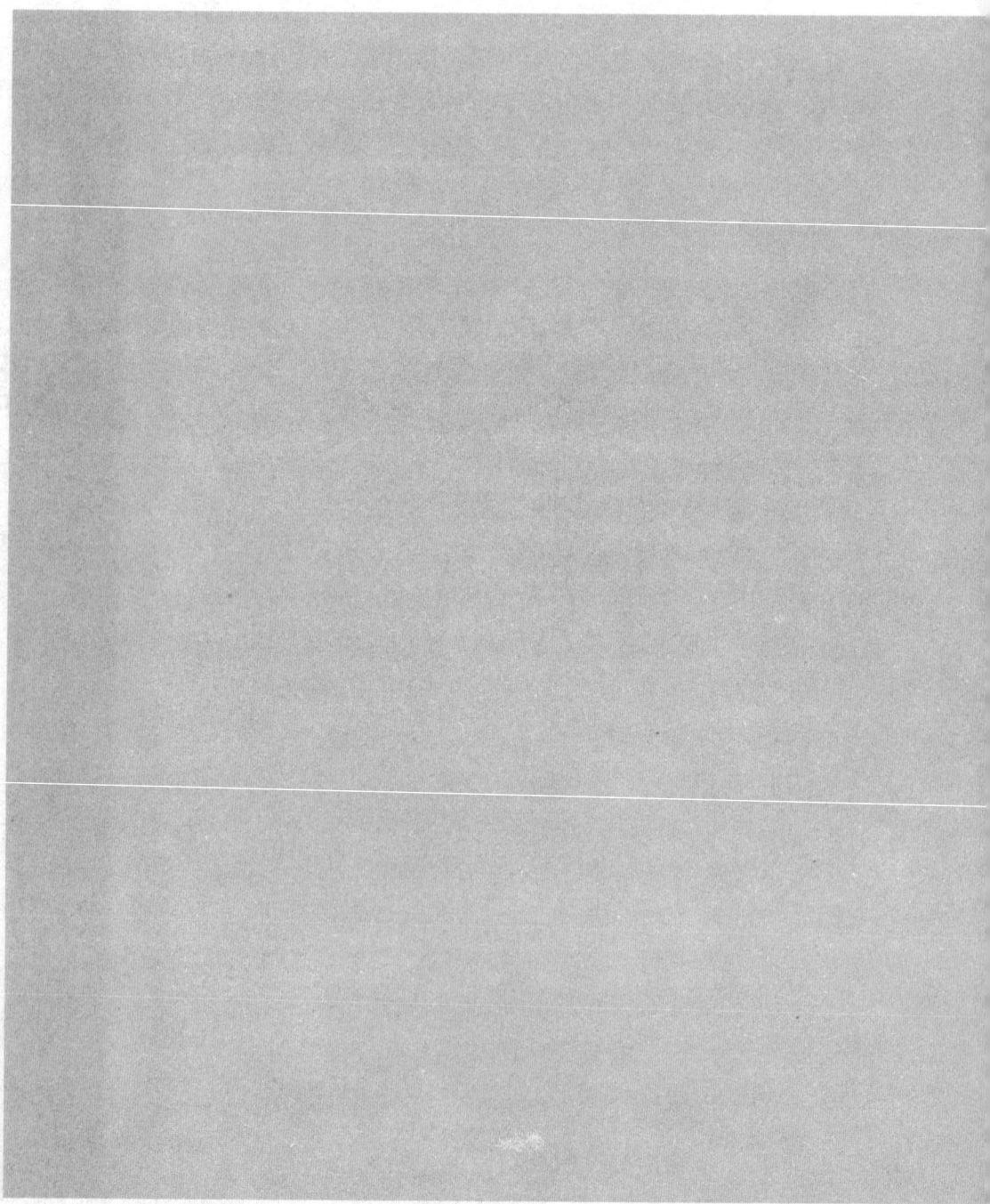

第一节　弓箭源起

弓箭作为一种强有力的复合工具，发源于渔猎过程中。它含弓和箭两部分，通过人力拉紧弓弦，使弓臂弯曲变形，从而积蓄能量，松开弓弦的同时，将能量传递到搭在弦上的箭矢上，射击较远距离的目标。它的最大特点就是射程远、准确率高、杀伤力强，能使人从近身搏斗的危险中脱离出来。在封建朝代建立以来的 2000 多年中，作为兵器的干、戈、戟等陆续消亡，剑也一度没落，矛和刀为适应战争不断改变着形制和名称，相比较而言，传统弓弩始终保持，且长盛不衰。

《后羿射日》的传说我们耳熟能详，《山海经·海内经》说"少昊生般，始做弓矢"，《易经·系辞》说"神农氏没，黄帝尧舜氏作，弦木为弧，剡木为矢。弧矢之利，以威天下，盖取诸睽"，《墨子·非儒》说"羿作弓"。《太白阴经》又说"包犧氏弦木为弧，剡木为矢"。其实，这些远古传说虽所指不同，但大概意思一致，即远在农耕时代以前就出现了弓矢，在黄帝时代原始部落的冲突中，它由狩猎的工具转化为武器，被广为运用。如恩格斯所言，"弓箭对于蒙昧时代，正如铁剑对于野蛮时代和火器对于文明时代一样，是决定性的武器"，一经使用，便成为中国古代兵器中无可替代的重要类别。

原始的弓就是用一根木质或竹质的材料做弓身，装上植物纤维、动物筋或皮条做弓弦，搭上装有尖头的木棍作为箭。由于早期的弓矢均为木制，无法保留至今，现在我们看到的弓矢遗迹只有箭镞。旧石器时代的箭

新石器时代·石镞

镞在我国仅见于山西的峙峪和下川两个遗址中。峙峪的石镞出现在大约2.8万年以前，就是个大致磨成尖头的扁平燧石，后经新石器时代发展定型，表现为石镞和骨镞、蚌镞（骨镞、蚌镞多见于山东等滨海地区），都已打磨成规整的三角形，甚至带了血槽，底部或平或凹，便于安装箭杆。这时的弓箭威力已经很大，在我国江苏邳州大墩子遗址中发现了一名男性尸体，股骨中插入了一枚骨镞，深度达到2.7厘米。在龙山文化晚期的一些墓葬中也都发现了大量身中数箭的遗骨。

弓的形制常见的分类有：单体弓、加强弓和复合弓，区别在于加工成弓身的材料是一种材料还是多种复合材料；长弓和短弓，区别在于弓身长度；直拉弓和反曲弓，区别在于弓臂末端是朝向还是反向射手……一般来讲，单体弓多为长弓、直拉弓，复合弓多为短弓、反曲弓，但并不绝对如此。

第二节　弓箭流变

从夏商周三代到先秦两汉，古代兵器经历了木石兵器、青铜兵器和钢铁兵器三个发展阶段。商朝（约公元前16世纪至前11世纪）出现了形制比较完备的复合弓和青铜箭镞，以后的中国弓箭基本形制便都是复合弓和金属镞。商代晚期的甲骨文和铜器铭文中有大量与弓有关的象形文字，形状基本上都是双曲反弯，张弓上弦的时候，弓臂的弣部也就是握把部分明显向弓弦侧凹入，弓臂的上下渊部形成对称的两个弧曲，弓臂的两个箫部也就是末梢反向弯转，呈现出"M"

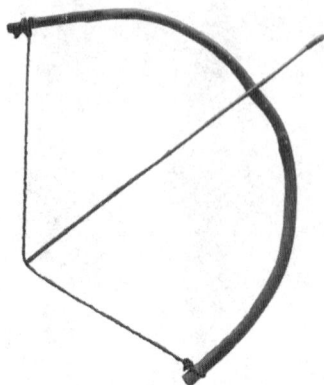

原始弓箭

形。一旦撤弦弛弓，弓体反向合成圆弧形，呈"C"形，这对于暂时不用的弓是一种保护。

春秋战国时期，弓箭的制造不仅在材质上有了进一步改变，具体分类和制造工艺也日渐成熟。成书于战国时期的《考工记》中记载弓分六种：王弓、弧弓属长弓，用于守城和车战；夹弓、庾弓属短弓，用于田猎；唐弓、大弓用于习射。长弓有超过210厘米的，短弓约70~80厘米。《考工记》不仅是当时各国制弓技术的典范，更在此后2000年间被制弓匠奉为圭臬。其《弓人为弓》篇记述说"弓人为弓，取六材，必以其时"，是说制弓有六种基本材料：干、角、筋、胶、丝、漆。"冬析干而春液角，夏治筋，秋合三材"，头年冬天开始选材备料，到第二年秋季的时候开始加工。加工的程序很复杂，首先用多层叠合的木材或者竹材作为弓的主体，继而将动物的角贴在内面以承受弯弓时的压力，外面贴动物的筋以增强弓的拉力，再用鱼皮熬制的胶进行涂抹，到第二年冬季的时候就可以固定弓体，形成坚固而有弹力的弓臂。下一个春季装上有韧性的皮革、筋条等制成的弓弦，然后再上漆防腐防潮，定型一年之后方可交付使用。这样算下来，从准备材料到最终制成一张弓，至少需要跨越3个春秋。

此后的2000多年中，制弓技术一直没有发生根本性的变化，有两个例子为证：一是民国时期代表南派制弓技艺的成都"长兴"弓铺和一直存留到近年的北派制弓代表"聚元号"弓铺，依然恪守《考工记》中记载的传统工艺程序制造弓箭；二是我国很多游牧民族至今仍保留着传统制造弓箭的手艺。赫哲族用布勒肯（即水曲梨木）做弓身，成型后用鱼鳔胶把鹿筋黏合在弓身上；鄂温克族用黑桦木做弓身的里层，落叶松木做弓身表层，两层之间夹垫鹿或犴的筋，用鱼皮熬制的胶粘牢固。

由于坚守繁复的传统工艺，制弓的时间以及与时节相关的技术流程始终没变。比如说秋季杀了牛获得的牛角最厚，选的角应该是"青白而丰末"，春天再煮使其柔韧。后代制弓用材要求日益提高，细节上也精益求精，清代的一张官弓甚至需要4年才能彻底完成。当然由于流水作业和工种交错，每个制弓作坊中每年都会有若干批成品，官办的一般弓箭作坊每

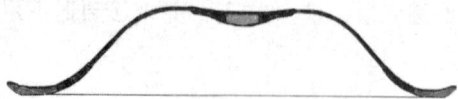

汉弓

批可以产出几百张甚至上千张弓，大一点的作坊或者战时产出量会更大。

《考工记》是齐人所著，所记录的主要是齐国制造复合弓的情况。实际上春秋战国时各国复合弓和单体弓是混合使用的，以竹材作为弓体最为常见。各国弓箭的形制和规格各不相同，不仅有《考工记》规定的 152 厘米、145 厘米、138 厘米 3 种规格，而且短的 70~80 厘米，长的有超过 2 米的。

汉代依然使用复合弓，分虎贲弓、雕弓、角端弓、路弓、强弓。经过三国两晋南北朝长期的混战，弓箭的实用性进一步提升，同时各种弓箭开始有比较精确的对应分工。

唐宋是弓弩发展应用的鼎盛时期。唐代军队人人佩弓，装备普及率达到百分之百，正如杜甫在《兵车行》开头描述的那样："车辚辚，马萧萧，行人弓箭各在腰。"史料中也记载说，唐军步兵一军有 12500 人，装备有"弓一万两千五百张，弦三万七千五百条，箭三十七万五千支"。唐初，因为材质和性能的不同，弓箭发展成为 4 种基本类型：长弓、角弓、梢弓和格弓，其中长弓和角弓是战场实用的，步兵用长弓，多以桑木、柘木制成，长度大致与人等身，突出射程优势；骑兵用角弓，长度较短，加大了弓身角与筋的配比，强度增大，便于马上使用；梢弓和格弓不作实战，为皇帝禁军或者狩猎使用。长梢弓出现以后，这几种称呼就不再流行了。

宋朝对弓的重视到了登峰造极的地步，如南宋华岳在《翠微北征录》中所说："军器三十有六，而弓为称首；武艺一十有八，而弓为第一。"由于宋朝以步兵为主，对抗北方少数民族骑兵并不占优势，因此在弓的制作上更求精良，制造规模和质量也达到了前代以来的最高值。平时军事训练用躬亲弓，战斗时用黄桦弓、黑漆弓、麻背弓、白桦弓等 4 种，除材质不同其他没有多大区别，形制上改进了唐代的长梢弓而有长梢、短梢之别。沈括曾经被王安石推荐兼职主持军器监，在后来所著的《梦溪笔谈》中详细介绍了当时弓弩制造的基本情况，还列出了良弓的六大标准，足见宋朝弓的性能非常优良。与宋并立的数个边疆民族国家中，西夏出产的良弓毫不逊色，很大程度上是因为其国内盛产牦牛，质地坚实的牦牛角和牦牛筋是制造强弓劲弩的上好材料。

成吉思汗统一蒙古以前，军队使用的弓箭都是游牧民族手工自制的。元代建立以后，蒙古军获得了宋朝和西夏遗留下来的大量的劳动力和技术工艺，包括取自西夏的高品质牦牛角和筋，迅速提升弓箭制造水准并大量用于横亘整个欧亚大陆的征战。随着蒙古大军东征西讨，中国古代的弓弩制造技术一度流传到欧洲，风行整个欧亚大陆。

明代初期，弓的使用还有所延续，但已经不作为最主力的配置，在宋代4种主要弓箭类型的基础上增加开元弓、小梢弓和西番木弓3种。明代中后期，火器和弓弩同时装备，弓箭在军备中的地位已经明显下降。

到了以骑射立身的清代，弓箭再次成为所有士兵的必备武器，且只有一种形制，根据使用者身份地位不同配以不同的选材和装饰。

箭由镞、杆、羽和栝四个部件构成。箭杆由轻而韧的竹或木材制作；箭首部分装镞，是弓箭的杀伤部位，经历了从石质、骨质、青铜再到钢铁的发展过程；箭羽为飞禽的羽毛，安

桦皮弓

插在箭杆后部用来保障箭体飞行的平稳度；箭栝在尾部，中间有小槽，用以扣弦。

河南偃师二里头遗址、安阳殷墟遗址以及河北藁城台西遗址等地都出土了大量夏商时期的箭镞，有骨镞和铜镞并用的现象，一方面是当时的铜锡合金的冶炼技术不能完全满足实际需求，另一方面是石骨材料获取十分容易且不易生锈，在使用性能上并不逊色。商代后期，随着冶金技术的进步，铜镞因为形制完善、功能提升从而一统天下。台西遗址还出土过一支几近完整的箭，箭镞和木杆连接完好，箭长约为85厘米，由此印证了相

铜镞

关记载，说明商代箭长规制为 87 厘米左右，箭镞长 5.5~9.5 厘米，多为扁平双翼式，后经不断改进，两翼的夹角逐渐加大，后锋（两翼尾部的倒刺）也逐渐尖锐，不仅射入时创面增大，射入后更难拔出。

春秋战国时期，由于甲胄的性能提升，使用了数百年的扁平双翼箭镞已经很难穿透敌方的防护外甲，于是锥体三棱式铜箭镞很快登上了历史舞台。每一枚被精细磨砺过的箭镞三棱分布均匀，截面呈等边三角形，铜锡合金的比例也得到了完美匹配。秦始皇陵兵马俑坑中埋藏的 4.1 万枚铜镞几乎全是这种形制，侧棱呈微凸的弧形，穿透力和杀伤力提升不少。

秦末汉初，铜镞、铁镞开始交替使用。秦始皇陵兵马俑坑中出土了 1 枚铁镞，标志着此时箭镞正步入铁兵器时代。这时的铜镞还在大量使用，冶炼时含锡量增加提高了铜镞的硬度，表面经过铬化物处理不易腐蚀，还增加了三角形小药槽来放置毒药。

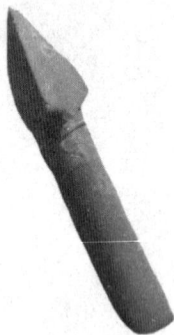

汉武帝时全面使用铁镞，铜镞消失，钢铁兵器时代的到来给箭镞的发展提供了条件。从现有的西汉至东汉初考古发现可以看到，铁镞完全取代了铜镞。此时的匈奴单于还发明了一种头部如四指聚拢、中间有孔的箭，射出以后在空中旋转飞行并发出响声，称为"飞鸣镝"，后来被汉借鉴。

三棱铁镞

南北朝时期，随着马镫、高桥马鞍的完备，重甲骑兵得到快速发展，在前代基础上又出现了更加尖锐有力的穿甲重箭。唐代的箭很注重实用性能，有一种专门用于破重甲的射甲箭，箭体长大，箭头为精钢，穿透力很强。还有一种用于破锁子甲的穿耳箭，因箭镞锐小如针而得名。

宋代多用冶炼精粹的点钢箭和铁骨丽锥箭，箭镞的形状花样繁多，有

翎箭

四周带尖刺的狼牙箭、形如鸭嘴的鸭嘴箭、形如锥子的出尖四棱箭、形如扁平蛇矛状的乌龙铁脊箭等等，并在以前飞鸣镝的基础上完善了传递信号的鸣铃飞号箭。根据箭尾材质分为翎羽箭、木羽箭、风羽箭，特别是风羽箭，剔空了箭尾两边的翎羽，竟然飞行更平稳快速，可见当时人们对空气动力的应用已经很自如了。还有一种三停箭，箭杆较短，射中后往往没入较深，难以拔出。

明清时期箭的种类繁多，明代《武备志》记载了20多种箭，比如月牙箭、柳叶箭、三叉箭等，多以箭头形状命名。明中后期弓箭与火器结合，有箭头放置了火药的火箭。清代有记录的箭共41种，但实战使用中已经衰落了。

除过这些做兵器用的箭，也有做其他用处的，比如投射用的鸣鹘箭、教阅用的木朴头箭、行围狩猎用箭等。

箭箙和弓袋是弓箭最重要的配件。箭箙称作囊，弓袋称作鞬，合称囊鞬，俗称撒袋。因为良弓制作不易，在行军打仗时

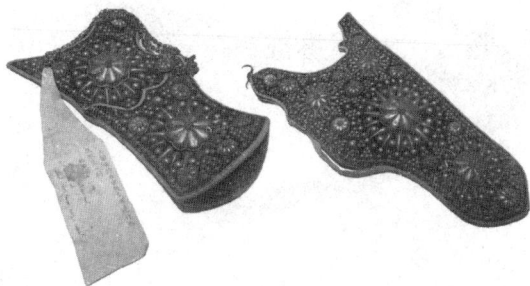

清代·黑绒嵌银花撒袋

又容易受到温度、湿度的影响，因而一般用不透水的皮革或者木材制造撒袋以保护弓体和箭镞，有的挂在马鞍上，有的系在射手腰上，也有的悬挂在战车上。

第三节　弩之发轫

弩，也称"有臂之弓"，《吴越春秋》记载说"弩生于弓，弓生于弹"，还说"当是之时，诸侯相伐，兵刃交错，弓矢之威不能制服。（楚）琴氏乃横弓着臂，施机设枢，加之以力，然后诸侯可服"。长沙战国楚墓出土的木弩可以印证，弩应该是楚国人首先使用并传入中原其他国度的。最原始的弩主要由竹、木、皮革制成，杀伤力比较小，主要用于狩猎。春秋时发明了青铜弩机，弩才作为兵器开始使用。战国末年又发明了连弩之车，弩成为古代战争中极为重要的进攻和防御武器，一度盛行至宋代。

弩由弓、臂和弩机三个部分组成，与弓不同的是，用坚木制成的弩臂横着安装在弓身上，替代了人的手臂，上面凿有穿孔、缺口和箭槽。缺口用来卡在弓身处，安在后端的穿孔上固定着作为发动装置的弩机。标准弩机包括四个部分：郭、牙、望山和悬刀。

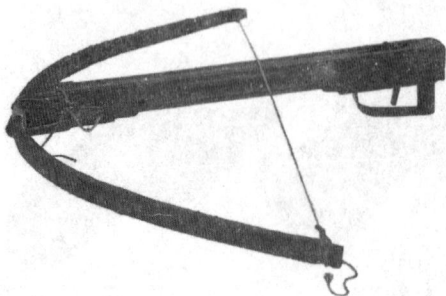

战国时期·弩机

我国现存最早的弩是山东青州出土的，推测距今有3000多年，只剩残件，而保存最多、最完整的铜弩机则出土于湖南境内的战国楚墓。战国至秦，弩机都没有郭，只有牙用来钩住弓弦，同时顶住弩箭，望山用来瞄准，牙下有悬刀作为扳机，这几者之间用钩心（也称牛）以及轴销（也称键）相连，固定在弩臂后端。在秦统一六国时期出现了木郭，郭又称匣，长方体，是弩机的外壳，汉代以后普遍应用铜郭，加强了整个弩机的牢固性和力度。弩发射的时候用力扳悬刀，牙就会缩下，牙所钩住的弦就会弹出，激发前面的箭杆射出。弩是古代兵器中最具有技术含量的射远兵器，因为加装了机械设置，它的威力明显比弓箭强大，但发射频率上不具优势。

第四节　弩之流变

　　单兵使用的弩分为3种：擎张弩、蹶张弩、腰张弩，主要区别是张弦上弩的方式不同。顾名思义，擎张弩靠兵士的臂力张弦，力量相对较弱，因为使用方便而适宜于骑射和车战；蹶张弩就是兵士用脚或者膝盖抵弓，再用双手上弦，战国至秦汉时骑兵在马上一般用膝，步兵则可以直接坐在地上发力，宋代弩臂的前端加装了干镫，于是可以站立踩踏开弩；腰张弩就必须坐在地上张弦了，要借助腰绳牵拉弩弓两端，同时用双腿蹬弓使出全身力量拉开弩，才能用双手挂上弓弦，因而它也是最强的单兵弩。单人用弩一般臂长在50~70厘米之间，弓翼与弓臂之间的比例为1:1.2至1:1.5，弩机的长度为9~15厘米。

　　大型重弩出现于战国晚期，主要有转射机和连弩两种。比起搭弓射箭的便捷，弩由于体重和构造复杂，张弦上弩的时间明显要长一些，这就造成了它在发射连续性上的不足。要克服这个不足，一种方法是发明转射机，在单位时间内连续发箭，虽然这会以牺牲一部分箭的威力为代价，但可以通过在弩箭上涂毒来弥补；另外一种方法就是发明大威力的多发连弩，一次发射几支甚至几十支箭。这两种弩充分发挥了弩的优势，杀伤力、穿透力、精准度和射程都极大提高，再加上弩的发射技术比较好掌握，常常是"朝学而暮成"，因而弩特别是重弩会成为国之利器。《孙子

几种上弩方式　（选自《图书集成》）

兵法·兵势第五》提到"势如扩弩，节如发机"，《周礼·夏官》说"凡弩，夹、庚利攻守，唐、大利车战、野战"，说明当时已经有大型弩参与实战，《墨子》一书中有对转射机和连弩的详细介绍，但没有留下实物。

秦汉是弩发展的第一个高峰期。秦代是战国制弩技术的集大成者，从秦始皇兵马俑遗址出土的几十件弩机来看，望山加高，均有木郭，弩臂的长度全都是 71 厘米，很多弩机上刻有字符或者铭文，标明制造的年代或机构。秦简《工律》上说"为器同物者，其大小、短长、广袤亦必等"，可见当时的制造工艺已经很规整标准了。秦代军队中大量配弩，秦始皇兵马俑中一半以上的武士俑配置的武器都是弩，而骑兵则全部装备弩。关于秦代连弩的记录不多，仅《史记·秦始皇本纪》说到"乃令入海者赍捕巨鱼具，而自以连弩候大鱼出射之"。

汉代对弩的改进主要有三个方面。一是弩机全部加装了铜郭，这使得弩机变为整体可承受更大的张力，增加了箭的射程。二是望山由尖角变为长方形，一部分上面还增加了刻度，这和现代步枪瞄准器上的标尺是同样的原理。之前弩手只能依靠经验瞄准，如今则可以依据刻度更精准地发射。河北满城中山靖王刘胜墓就出土了一件有刻度的弩机，是当时很稀有的先进装备。三是发明了腰张弩，《思辨录辑要》中记载："马隆腰间弩及宋之床子弩、神臂弓，皆铜牙弩也，其制大同小异。然腰间为尤妙，一夫之力，能胜八百斤，射可及五百步，真军中利器也。"

汉弩按弓力大小有一石弩、三石弩到十二石弩8个等级，其中六石弩是军队的常配。当时汉朝和匈奴在边关设有边市，弓力十石以上的弩是严禁出关的。汉代驻防边关的军队对武器配备都有详细的记录，关于大型强弩，《汉书》记载连弩是"三十弩共一弦也"，需要众人合力推动绞车才能上满弦，但没有实物。居延甲渠候官、肩水金关等遗址有相应的转射机实物对应，它由上下两个横枋间竖装两个立枋构成，中心有圆轴，上面开一个内高外低的斜孔，可以左右旋转发射弩箭。

三国魏晋沿用汉弩。西晋灭亡后，北方少数民族进入中原，纷纷建立政权，五胡十六国大多擅长骑射，喜欢使弓，只有偏安一隅的东晋和南朝有延续使用单兵弩的踪迹。很长一段时间，在北方单兵弩机几乎失传，但重弩获得重视和发展。重弩一般用于防御，很少用于野战，三国时的诸葛连弩（也称摧山弩）就是一大革新，《魏氏春秋》说"亮益连弩，谓之元戎，以铁为矢，矢长八寸，一弩十矢俱发"，可见其威力。南北朝时发明了一种大型床弩，具体记载见于《北史·源贺传》，是北魏源贺都督所用，这种弩安装在"床"也就是发射架上，需要6头牛来拉绞车张弦，投出的箭像短矛。除此以外，刘裕的军队也用过"万钧神弩"，杀伤力很强。

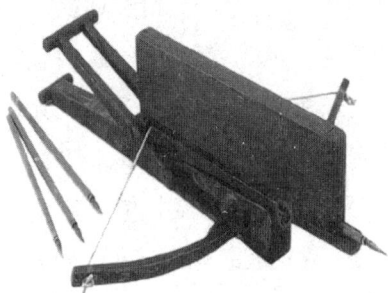

诸葛连弩

唐代军中一部分军士使用单兵弩，大凡步兵用臂张弩，骑兵用角弓弩。大型重弩有5种，威力最大的是绞车弩，一次可以发射7支巨箭，射程达1000米开外。这种弩可以投出巨箭，最大的箭镞长约21厘米，宽约15厘米，杆长1米，加上箭头装了铁羽，可以摧毁不太坚固的城防。大木单弩也是用绞车张弦，箭的尾羽用铁制成，发射时"声如雷吼"，不仅穿甲不成问题，还能形成声音威慑。

宋朝的重弩代表中国古代弩的最高水平。宋朝重步兵、重防御，弓弩手是最重要的配备，几乎到了无弓弩不战的地步，很多时候弩成为决定一场战事成败的关键。《武经总要》说："弩者，中国之劲兵，四夷之畏服也……若乃射坚及远，争险守隘，怒声劲势，遏冲制突者，非弩不克，然张迟难以应卒，临敌不过三发、四发，而短兵已接。"宋朝初期，军中配备的一般单兵弩有黑漆弩、黄桦弩、白桦弩、雌黄桦梢弩、跳蹬弩和木弩6种，和弓的名目大致相仿，其中黑漆弩是最常见的主力装备，每年都会增加上万张的用量。使用的箭也大多同于弓所用的箭，包括木羽箭、风羽箭、点钢箭、三停箭等等。

宋代最有名的一种单弩是"神臂弓"，是宋神宗年间党项族的酋长李定（也叫李宏）归顺之后献上的。它以山桑木为弓身、檀木为弓弰，以铁为镫子枪头，以铜为马面牙发，以麻绳扎丝为弦，弩弓长约140厘米，弩臂长约98厘米，弦长约77厘米，形制庞大，脚踏上弦，"射二百四十余步，入榆木半秸"。这种弩一经使用便在军队中大量装备，"施于军事，实有奇功"。南宋的韩世忠对其进行改良，制成了"克敌弓"，射程增加到500米以外，用于击穿金兵重甲，"每射铁马，一发应弦而倒"，不仅威力巨大，还便于发射，精准度极高。

宋朝对于重弩更是重视到无以复加的程度。宋城池都建有专门的弩台用于安放床子弩（也称床弩），这种弩比唐代的绞车弩更进一步，是将两三张弓结合在一起以增大弩的强度，分别有不同的款式和名目，《武经总要》中记载的有近十种。依据威力从小到大，双弓床弩有神臂床子练城弩、大合蝉弩、小合蝉弩等，至于次三弓弩、三弓弩更是前无古人了。这些弩一般使用四角木架作为弩座，上面安置2~3张复合弓，张弩时用粗绳将弩弦连在绞车上，士兵借助绞车的机械力量上好弩弦，放射的时候，再用大锤猛击扳机，发出弩箭。床子弩一般放置在城墙上，澶州之战时，辽军主帅萧挞凛就死在这种弩箭之下。威力最大的一种弩被称作三弓八牛床子弩，前后安置了3张弓，据称要用8头牛的力量才能拉开弓弦，要是用人力拉需要将近100人，它的射程有470米。

宋代强弩使用的箭比弓所使用的箭要强化得多，有一种叫作"一枪三剑箭"，大概和普通士兵使用的长枪一般大小，因为箭头装有巨大的三棱

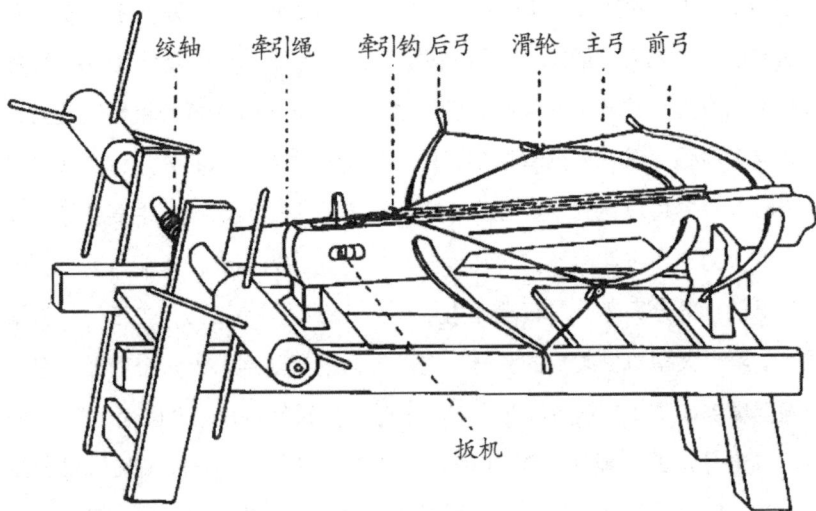

绞轴 牵引绳 牵引钩 后弓 滑轮 主弓 前弓

扳机

双弓床弩示意图

韧铁镞而得名。还有一种叫作"踏蹶箭"的，射到对方城墙上可以牢牢固定，以便攻城的将士踏脚攀缘而上。

元代造弩用弩完全取法于宋，几乎全是由南宋被俘兵将传带而得。他们迅速将弓弩应用于东征西讨，争驰于整个欧亚大陆，11世纪欧洲一度流行的十字弓就是借鉴了中国宋朝传下的单兵弩的技术。

明代随着火器的渐进，重弩逐渐退出了军事战场，只有戚继光在抗倭时使用的"伏弩"名噪一时。戚继光通过交错设计、连续触发的方式，有效伏击了来去不定的倭寇。伏弩其实很早就有了，不过大多数时候只是在墓葬中见其身影，秦始皇大概是最早使用它的人，据记载，兵马俑中设有大量伏弩以防备盗墓之人。赫哲族现在还流传用伏弩狩猎。

强弓劲弩历来受到推崇，衡量弓弩性能的基本指标首先是拉力，就是将弓拉满时所需的力量。人们往往用石、斗（10斗为1石）、钧等计量区分弓弩的强弱，量弓力的一种办法就是把重物挂在弓下面，拉至满弓状态后用秤称出来，不过每个朝代计量单位对应现在的计量不等。汉代1石大约相当于现代的30公斤；宋代1石又按10斗黍的重量计，大概相当于

46公斤；唐代按钧计，当时的30斤为1钧，大约相当于现代的20公斤。三国时的黄忠说自己能挽"三石之弓"，史书说唐太宗"箭穿七札，弓贯六钧"，作为平拉开弓，这些力量已经非常可观了。单弩使用机械装置，拉力显著增强，汉代军队普遍配备的六石弩拉力合计180公斤，严禁出关的十石弩拉力可以达到297公斤。宋代评价军士的武艺技能主要就是看他能挽多大的"弓弩斗力"，"凡弓分三等，九斗为第一，八斗为第二，七斗为第三；弩分三等，二石七斗为第一，二石四斗为第二，二石一斗为第三"。至于大型机械装置的强弩，它的拉力已经达到另外一个层级，很难准确度量统计了。当然除过斗力，考核时也要看射弓弩的准确性。

　　衡量弓弩的性能还要看射程。射程和强度有关，一般来说，弓力越强，它的射程就越远，同时有效射程内的穿透力也就越强。古代用步来计射程，有单步也有复步，一般指的是复步，一步有1.38~1.57米，不同时代步量衡单位换算略有出人。一般的兵士单弓直线有效射程为70~100步，就是150米以内，这是实战的有效距离。有时候会看到一些记载说箭射到300步开外，算起来得有450米，这种射手一般是天生神力，而且应该指的是曲线射程，并非有效射程。古代常说箭穿几札，札指的是札甲，表示箭的穿透力。传说历史上最早的神射手楚国养由基能"穿七札"，《新唐书》记载薛仁贵在唐高宗面前表演了"箭贯五甲"，并不是薛仁贵不如养

敦煌壁画跪射图　　　　　宋代·钟馗射妖图

由基，而是春秋时人们用的是皮甲，唐朝时用的是由皮革连缀钢铁片制成的鳞甲，更难穿透罢了。

弩的射程明显比弓箭远，汉代的六石单兵弩有效射程可以达到200步即今天的278米，唐代测试时要求弩手在大约350米的距离四发两中固定目标，可见这是弩射击固定目标的有效距离。北宋的神臂弓可以达到240余步，相当于今天的370米左右；南宋的克敌弓能射360步，也就是大约560米。如果只追求射远，难免会造成"强弩之末，势不能穿鲁缟"的结局。大型强弩的最远射程记录出现在宋代，据说宋太祖赵匡胤让人研制过一种射程可达三里的巨型床子弩"千步弩"，相当于现在的1800米，作为冷兵器时代最高纪录之一，实在是惊人。

第五节　弓弩实战

中国人十分强调远距离攻击敌人，从后羿射日的古老传说中已经可以看出远古时期中国人对弓箭远射的重视与推崇。夏商周三代国家建制的军队中以贵族为将领，非常重视军事训练，习射作为最重要的项目之一，被贵族和军队中的射手广泛接纳。传说夏朝统治者夏禹拥有高超的射箭技术，在与"三苗"作战时，一箭射中苗部落首领，造成敌军大乱，从而一举获胜。周王室统治时期，常常将弓箭作为赏赐奖励给有军功的将士，或者以此为标志授予兵权，"师汤父鼎"铭文就记载了周共王和群臣在宫庙内的射庐举行固定的射礼，事后将弓矢赏赐给师汤父的事。

西周后期，车战开始盛行，持有弓箭的贵族不仅要指挥战车冲锋，还负责带领车后的步卒军士陷阵杀敌，箭矢所指往往直取对方将领性命，射箭和御车自然是每位武士必须精通的技艺。也正因为对射箭这种高难度技艺的重视，日常的训练中不断增加礼仪的规范和等级的要求，最终射箭成为极具仪式化和象征性的技艺，反而失去了实战的锐气。此时以能射者为尊，习射一度成为贵族礼仪和道德品质的体现，孔子复周礼，在"六艺"中甚至规定以射礼来衡量一个人是否贤达。

齐景公曾经对晏子慨叹："选射之礼，寡人厌之矣。吾欲得天下勇士，与之图国。"这反映了对射箭实战功能的呼吁。春秋战国时期，以攻战侵夺为直接目的的"战射"重新兴起，讲究实战的精准与威力。齐晋鞌之

孔子所言"六艺"

战，齐军败退，主将和驾车的邴夏不断地向追兵射箭，"射其左，越于车下；射其右，毙于车中"，可谓精准之极。之后，历史上第一位有记载的神射手养由基出现了。他是楚国人，从小善于习射，达到了"去柳叶者百步而射之，百发百中"的地步，在晋楚鄢陵之战中，因一箭射死晋军大将魏锜，有效阻止了魏军追击而闻名天下，也开启了神射手一箭挽回战争败局的先河。

春秋战国历经几百年，兼并争霸，旷日持久的战争非常惨烈，在各国的军事力量竞争中，强弓劲弩始终是兵力强盛的标志之一，战射也一直是备受军队重视的训练项目。春秋时，管子为齐桓公辅政，提出以一束箭作为百姓打官司的费用，目的是收集民间散落的箭镞，以备战时之需。战国时，魏国上地的太守李悝颁布了一项略有些荒唐的法令"习射令"，规定"人有狐疑之讼者，令之射的，中之者胜，不中者负"，即在判断疑难案件的时候，以能否射中箭靶作为胜负的依据。不仅如此，魏国还对武卒进行射箭考核，通过的可以免除赋税，奖励田宅。这一系列法令的推出执

行，促使百姓全民皆兵，人人精熟射艺，魏国整体战斗力因此迅速提升，在和秦人的对抗中获得了明显的胜绩。然而秦国不甘示弱，作为军纪最严的国家，秦国对射箭训练效果不佳的军士执行严苛的规定："除士吏、发弩啬夫不如律，及发弩射不中，尉赀二甲。""发弩啬夫射不中，赀二甲，免，啬夫任之。"发弩啬夫是主管射弩兵种的官吏，他训练的军士如果射不中，主管的县尉要被罚二甲；发弩啬夫要是射不中，不仅罚二甲还要被免

赵武灵王胡服骑射

职，由县里的啬夫负责保举其他合格的教练。重罚之下逼迫着士卒日夜苦苦操练，军事实力大增。

比起中原各国内部的军事竞争，赵武灵王推行的胡服骑射则更具有历史意义。在我国，最擅长骑射的无疑是以游牧为主的北方少数民族。胡服骑射是汉民族第一次明确意识到自己在骑兵和射术方面与少数民族的差距，也再一次证明冷兵器时代弓箭射远的先进性，是骑射历史上一次更加彻底和根本的变革与改进。此前虽然汉民族也有零星骑兵，但宽袍大袖的穿着大大降低了骑马射箭的灵活性和准确度，直到向游牧骑兵彻底模仿学习，革除陈弊，才获得了飞跃式发展，渐渐能与胡骑抗衡。

弩一开始是和弓箭配合使用的，后逐渐出现了单独的弩兵方阵。春秋末战国初，弩和其他武器的组配已显出优势。弩是楚国琴氏发明的，因而楚国世代装备精良的强弩，一时间，"天下称强莫如楚"。《孙膑兵法·八阵》区分了当时各类战术的优势，"易则多其车，险则多其骑，厄则多其弩"。孙膑认为，弩在困厄的境况下拥有反转制胜的威力，将"劲弩趋发"列为六种战斗队形之一，显示了对步弩兵种的高度重视。当时齐、

魏、韩、秦等国的军队中都广泛使用弩，根据《六韬·虎韬》记载，当时一支万人的军队中，通常装备"戎车四百八十乘，强弩六千，戟橹二千，矛盾二千"。这时还出现了将劲弩装载于战车之上的应用形式。有技能且勇猛的兵士持有弓弩利器，配合着战车陷坚阵，败步骑，要穷寇，复合的武器兵种配合大大提高了军队的战斗力。齐魏马陵之战充分显示了弩的威力，孙膑和庞涓斗智斗勇，利用魏军轻敌的心态将其引诱深入，依靠大量的弩兵伏击歼灭魏军主力，继而乘胜追击取得了决定性胜利。

在和北方游牧民族的对抗中，弓弩的优势凸显出来。秦灭六国后曾派蒙恬率大军北伐，正面对抗匈奴。匈奴的壮大只用了短短几十年，头曼单于和冒顿单于父子建立起了北方游牧民族的第一个政权国家，成为蒙古草原上最强盛的力量。因与之对战，秦朝更加重视军中习射。《史记·秦始皇本纪》记载，秦二世曾按照秦始皇的计划，"尽征其材士五万人为屯卫咸阳，令教射"。秦朝军队中，弓弩自成方阵，独立编队，并且在步兵阵营中占主导地位。

汉朝以骑射对抗善于骑射的匈奴，骑兵和射术自然备受重视。汉景帝时，晁错上疏言及兵事，提出"居则习民于射法，出则教民于应敌"。这时精湛的射法已经被归纳和推广，《汉书·艺文志》记载了逢门射法5篇、阴通成射法11篇、李将军射法3篇。汉武帝在广泛加强习射的基础上又强化了骑兵建制，将骑和射进一步结合。首先，汉武帝从靠近北方游牧民族的陇西、天水、上郡、北地、安定以及西河六郡大量选拔"六郡良家子"，初建建章营骑，后称羽林骑，成为极其重要的单独建制军队，独立作战而不是配合步兵。我们耳熟能详的李广、李敢、李陵祖孙三代，赵充国、赵昂父子，还有甘延寿、上官桀、傅介子、公孙贺、公孙敖一众人等，都是边民善骑射者的典型。其次，汉武帝为羽林骑配备了锋利的铁镞，以及颇耐饥寒的蒙古马，强化骑射训练。在这样的军事条件下，卫青、霍去病等将领才能多次率领数万骑兵，深入敌后，连续取得漠南、河朔、河西、漠北等战役的胜利，封狼居胥，将匈奴赶出漠北草原，使其在此后的200多年间没有活跃在汉朝视线里。

比起弓箭，此时的强弩俨然是汉匈战争中制胜的关键。所谓"匈奴长于马，汉长于弩"，制骑以弩是汉朝的基本战略思想，汉代曾命名过多位强弩将军，弩射技术日趋成熟并被理论化地记载下来。元狩二年（公元前121年），李广的4000骑兵被匈奴军队包围，在死伤过半的情形下，李广用大黄参连弩射杀匈奴将领，击退了匈奴4万人的进攻。《汉书·李广苏建传》说"陵军步斗树木间，复杀数千人，因发连弩射单于"。汉朝军队中对弩的登记保管十分严格规范，同时为了保证军事技术上的优势，专门设置了"马弩关"，严格禁止体形高大的马匹以及十石以上的弩出口贸易到周边的少数民族地区。不过这种优势没有长久保持，到西汉晚期汉成帝时，原先"兵刃朴钝，弓弩不利"的匈奴兵已大大提高了装备水平，和汉朝差距已经不大了。

东汉弓箭最突出的应用是使用毒箭以增强杀伤力。汉明帝时的耿恭带兵几百人屯守金蒲城，遇到北匈奴2万骑兵进攻，就是用毒箭击退了数十倍于自己的敌兵。此时单弩继续发展，出现了威力极大的强弩。

三国两晋时期，弓弩依然保持着在军队中的主要地位。相传为诸葛亮发明的诸葛连弩堪称连弩发展的标杆，其构造之机巧一旦失传，后人很难模仿。

南北朝时，各民族在混战中纷纷建立了各自的国家，其中北方的鲜卑、匈奴、羌、羯、氐等民族国家全民皆为甲骑，人人善射，骑兵是主要战斗力。汉初以步弩为主的作战方式完全被淘汰，弩由于过长不便骑兵使用，在北方军队中几乎消失，而弓箭的应用和分类配合更加高效。在南方的东晋和其他国家军队中，弩还是主力，尤其是巨大化的重弩发展很快，南朝宋的刘裕在平定卢循起义时使用过一种被称作"万钧神弩"的巨型弩。所谓"万钧"大概是极尽夸张形容其威力，《晋书》和《南齐书》中都多次提到这种神弩。此时弓弩的性能得到了长足发展，后来出现的甲骑具装从某种程度上来说，也是迫于弓弩性能不断提高的对应产物。

唐代的统治者拥有北方游牧民族的血统，加之起兵在北部边塞，继承了北朝军事制度和战争风格，军队中有不少游牧民族将领和兵士，长孙无忌、屈突通、阿史那社尔、孙惟贞、裴玿等天生具有良好的骑射技能。唐代对外战争频仍，在和北方边疆民族作战的过程中，双方比拼的往往是骑射实力，特别是轻骑兵战术的精湛应用以及骑兵的短兵决战。在其他兵种中，弓箭也是人人都有的基本配置。李唐军队大大加强箭术训练，府兵日常全部练习射箭，定期进行考核，对教习不精的兵士及其长官折冲都尉一并问罪。由于唐代军政合一，有时这种处罚甚至会牵连到地方长官。武则天时期，科举考试开创了武举，九项科考中有五项是有关射箭的，包括马射、步射、平射、筒射和长垛，从这种选人机制可以看出唐代对射箭技术的高度重视，弓马娴熟的将领层出不穷。唐太宗本人就曾亲率精骑，取得虎牢之战的胜利；李靖以一万精骑俘获颉利可汗，消灭东突厥；高宗时的薛仁贵"将军三箭定天山，壮士长歌入汉关"，在天山和九姓铁勒作战时，三箭射杀三个将领，随后这场征战以对手全军投降而告终。

骑兵和陌刀手是唐代军队制胜的关键。弩的地位并不高，因为发射速度慢，不足以抵挡快速冲锋的骑兵，唐军对弩的需求量也并不大，大致不到弓的装备数的十分之二，其中一部分还是大型重弩。弓弩手通常是"将刀棒自随"，没有独立的弩兵兵种，只有在岭南、剑南、江西一带，因为山丘河网密布，驻守着大量弩兵。各类弩发展到这一阶段，形制和分类配合已经比较完备，步兵装备臂张弩，骑兵装备角弓弩，大型的木单弩、伏远弩需要用绞车张弦，还出现了专用于攻城的"车弩"。中唐以后，失去了北方的养马之地，因此骑兵不振，弩的地位重新上升。五代以后，弩再次成为克制北方游牧骑兵的主力武器。后唐大将李嗣源率兵 7 万援救幽州，打败了契丹 30 万骑兵，靠的就是"万弩射之，流矢蔽日"。后周攻打寿春的时候，赵匡胤也险些中了城墙上车弩的箭，幸亏张琼以身相救，才侥幸逃过一劫。

宋代的军事实力其实并不在唐代之下，以步兵为主的军队，要对抗北方金、西夏、蒙古等国的骑兵，弓弩无疑是最主要的兵器，特别是弩，绝对堪称国之利器。宋军对弓弩的技术训练、兵器配置、战术应用等极度重视。军中选拔人才时主要测试他能拉开多大弓力的弓和弩，选拔精锐士兵时还加上考核射箭的精准度，能拉开九斗弓和二石七斗弩的士兵可以入选捧日、天武阵营，能拉开七斗弓和二石三斗弩的可以入选龙卫、神卫军营。用今天的计量单位换算，九斗可以达到 68 公斤，七斗约为 53 公斤，二石七斗高达 205 公斤。南宋的选拔标准更是惊人，最精锐的军士要拉开一石弓和三石弩方可入选，就是要拉开 76 公斤的弓和 228 公斤的弩，几乎是历代选拔军士标准的顶峰。不仅如此，测试时还要求弓箭手在身着铠甲的情况下，百米开外要射中箭垛一半以上，"凡军中教射，先教射亲，次教射远"。宋军中弓箭手配比占到军队总数的十之七八，在正规的禁军中"二分习弓，六分习弩，余二分习枪棒"，其他短兵技法的训练比较稀疏，宋朝颁布的《教法格并图像》详细说明和图解了各类弓弩操作的细节。

两宋将领军士普遍长于远射。北宋著名的将领狄青善射，他顾忌自己面容清秀不能威吓敌人，常常带着狰狞的面具在沙场上骑射，引起一片惊恐。南宋名将韩世忠首创洞靶射箭的训练方法。宋军以"百人为都"，北宋骑兵中"每一都枪手、旗头共十三人，其八十余人并系弓箭手"，南宋禁军十分之二使用弓箭。当时为了对付随时来侵犯的游牧骑兵，朝廷还组织了作为正规军队补充的乡兵，其中弓弩手的比例占到十分之八。

与两宋同时期的辽、西夏、金等国家，分别源起于契丹、党项和女真族，他们都尚武好射，虽然当时这几个国家部分进入农耕阶段，但游牧和渔猎依然是他们最重要的生活方式，善骑射、娴弓马是他们坚守的立身之本。契丹人"儿童能走马，妇女亦腰弓"，他们的骑兵通常单兵携带三四张弓、数百支箭。西夏虽然国力较弱，人数较少，但凭借着物产优势制造出来的良弓劲弩，以及"乐战斗，耐饥渴""死行阵，若谈笑"的尚武精神，也成为占据一方的劲敌。金人世代以渔猎为生，教习骑射是他们从小的必修课，在朝廷举行的武举考试和官员升迁中，骑射都是最基本的考核项目，因为皇帝的重视，有时甚至在选拔文官的进士科举中都要添加骑射的测试，足见整个国家和民众对骑射的重视和热爱。

宋在与这几个国家的交战中，想要对抗彪悍灵活的骑射战术，弩的作用至关重要，几乎达到了无弩不战的地步。北宋神宗时期，李定献上的神臂弓得到高度认可，朝廷迅速对其进行量产，大量装备军队。后经南宋初韩世忠改良为克敌弓、神劲弓，有效射程在三四百米以上。此时强弩的性能达到了空前的高度，在对抗金国的战争中频频发挥威力。大型重弩在前代基础上更加优化，各种规格、各种量级、各种用途的强弩陆续应用。同时宋朝特别倚重弓弩的组合作用，建立了以弩兵为核心的战术，根本出发点是利用地形和距离进行防御，避免近身肉搏。一般守城时先是运用床子弩和神臂弓等强弩射杀远处敌军，继而大量发射手炮、弓箭继续射杀近处敌军；野战布阵时，则将枪、弓、弩、神臂弓梯次排列，分番迭次打击敌人。虽然这种被动防御的战略思想比较保守，但在很大程度上还是充分发挥了箭弩的优势，在实战中让宋军保持了一定比例的胜算。宋神宗元丰年间（公元 1078—1085 年），宋军分五路进军西夏，刘昌祚选用的战斗队形就是"牌手当先，神臂弓次之，弩又次之，选锋马在后"，实战中大获全胜。南宋初年，名将吴玠尤其擅长轮番迭射，多次用这种战术打败金军精锐。绍兴元年（公元 1131 年），金军大将金兀术率领几万大军从宝鸡南攻和尚原，吴玠命令弓弩迭次发射，箭矢连发不断，密如雨注，金兀术"身中流矢，仅以身免"，最终大败。

　　蒙古族被称为马背上的民族。铁木真统一蒙古各部以后，先后灭掉西夏、金、大理、南宋，继而向西征战。蒙古男子最为人称道的就是他们的三项技艺：骑马、射箭和摔跤，据说男子 3 岁就会拿起弓箭习射。他们是历史上将骑射战术掌握得最为精熟的民族。蒙古军主要采取大迂回的战术，一种常见打法是在战争伊始便以迅雷不及掩耳之势冲向敌军，暴风骤雨地密集放箭，然后飘忽远遁，在敌人张皇失措后再次折返进攻；另一种打法是先在远距离用强弓攒射，等杀伤过半，他们再依靠快速反应能力分围包抄；还有一种最有名的打法叫"莽古歹"，就是在正面对抗无法取胜时，派出轻骑兵攻击，佯装战败退逃，在逃跑的过程中不断回头放箭射击，欧洲人把这种特有的射箭方法叫作"安息射箭法"，待将追击的骑兵引入包围后再一举歼灭。蒙古的弓箭也很有特点，短弓轻箭主要用于远射干扰敌人，长弓重箭主要用于冲击对方阵营，每个蒙古军士身上都会佩带不同的弓箭。

元朝俘获了南宋降将以及大量会造强弩的工匠，广泛使用了神臂弓以及各种床子弩，在第三次西征时，旭烈兀数次用发射火箭的八牛弩攻破多座城市，阿拉伯人从此就将各种源自中国的床子弩统称为"牛弩"。元以后由于火器的发展，弩明显没落，逐渐被淘汰。

明朝初期，明军在和蒙古骑兵交战中深深折服于弓马的威力，因此对骑射非常重视，军中将士一度普遍掌握娴熟的骑射技

元代·元世祖出猎图

术。明代中期，火器发展逐渐改变了军中形势，弓箭因为发射频率的优势得以和火器配合使用。大概正因为这唯一的优势，在弩被完全淘汰以后，弓箭还继续存在了400余年。根据戚继光《练兵实纪》记载，当时骑兵装备弓箭的大约有一半，另一半被火器替代。在选拔军士时，如唐宋一般以弓力大小论英雄的情形再也见不到了。

清代重视骑射之风再次盛行，这完全源自满洲人传承千年的民族文化。无论武举还是文举，都将步射、骑射作为必经的科目，对八旗子弟的要求更是严格。宗室子弟因为长幼原因失去爵位继承权的，通过精湛的骑射、步射技艺，加上满汉语言翻译，还可以额外获得爵位。

然而热兵器发展的趋势是不可逆转的，加之清朝中期以后八旗兵士的颓败，军队中时常出现"射箭，箭虚发；驰马，人坠地"的现象，嘉庆年间更是出现了"经年累月不修军器，弓无弦，矢无镞，刀枪钝敝，火药潮湿"的境况，在中国战场上占据几千年重要地位的弓箭还是退出了历史舞台。

第五章

卫体防护

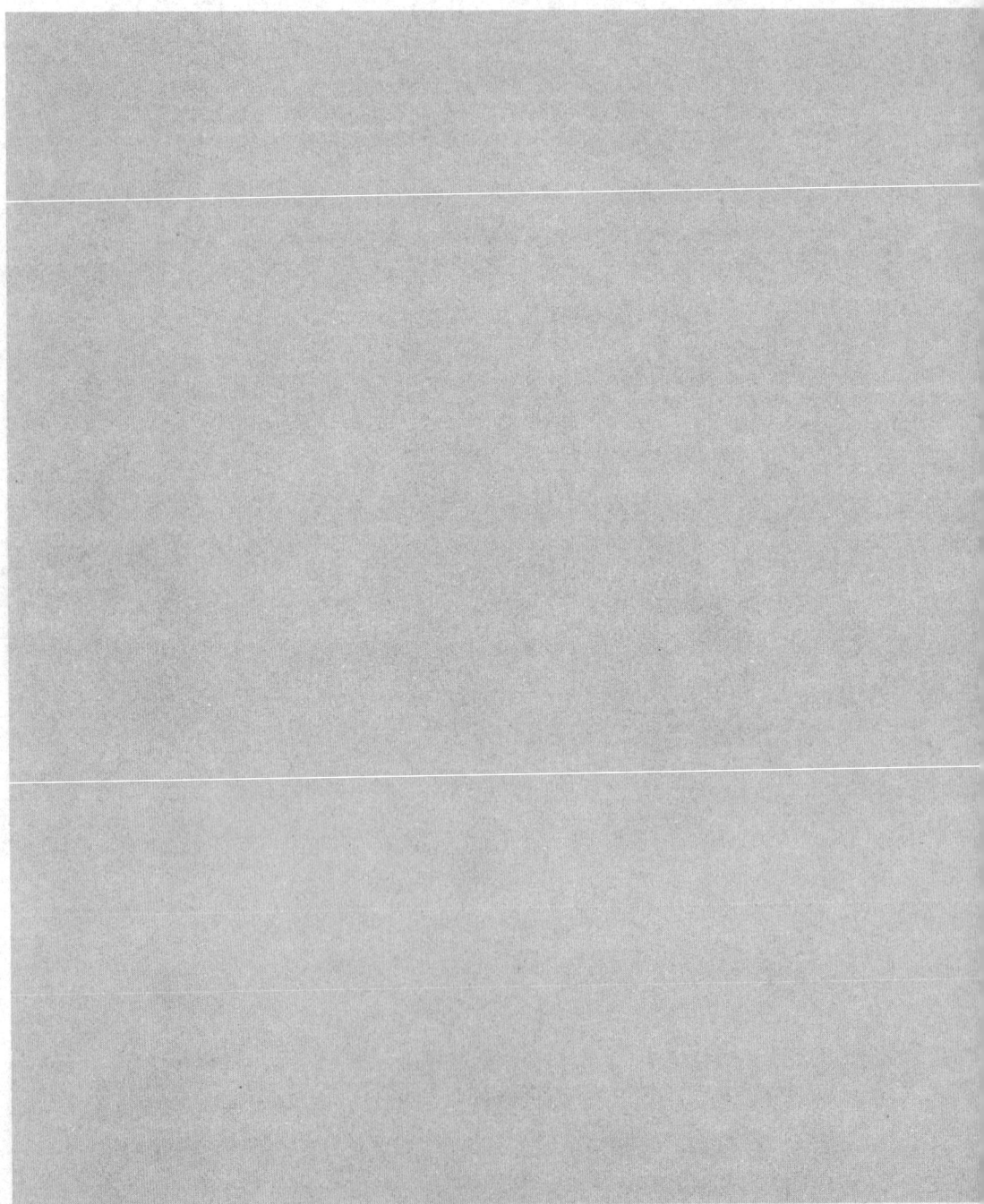

第一节　铠甲重重

一、甲胄材质

甲是古代将士的防弹衣，冷兵器时代的近身搏斗最易对身体造成刺砍伤害，甲就成为将士穿在身上的防护装具。甲最早用植物或者兽皮制成，叫"介"或者"函"，形象地表现了人被包裹其间的状态。人们常将"盔甲""甲胄""铠甲"连用，这反映了甲的历史发展及其材质的变化。随着制铁技术的发展，从金的"铠"特指铁甲，皮做的仍然称"甲"，唐宋以后部分材质或称"铠"或称"甲"，或"铠""甲"连用。胄和盔专指防护头部的装具，盔甲与甲胄意味着防护装具的齐备完整。

"甲"是象形字，意为种了萌芽后所戴的种壳。《说文解字》中说："甲，东方之孟，阳气萌动。从木戴孚甲之象。"刘熙《释名》中说："甲，似物有孚甲以自卫也，亦曰介，亦曰函，亦曰铠，皆坚重之名也。"种子需要外衣保护自己，树木需要树皮保护树心，先民们在与自然环境的生存搏斗中，以易于接触找寻俯拾即是的藤条、木材与兽皮制成了早期的甲衣来保护自己。

早期的甲衣由藤条、木片或者石头制成，这些材质方便就地取材，也与不同地区的自然环境有关。《三国演义》里就记述了诸葛亮南征时遭遇了藤甲兵，"其藤生于山涧之中，盘于石壁之内，国人采取，浸于油中，半年方取出晒之，晒干复浸，凡十余遍，却才造成铠甲。穿在身上，渡江不沉，经水不湿，刀箭皆不能入"，藤甲惧火，孔明以火攻取胜。南方潮热之地盛产藤条，南太平洋群岛上，用椰壳纤维和藤条编织而成的甲亦曾盛极一时。20世纪初期，台湾兰屿的雅美人还在使用一种藤甲。这种藤甲以藤条和藤皮编成，藤甲后背以纵横三藤条为框架编为整体，然后用较细的藤条由上到下缠绕到框架上形成背甲。前胸部分则分为左右两半，在肩

石甲

部与背甲连在一起。头盔也用藤条编成，上面饰有羽毛。与藤甲相近的木甲以木为芯，两面贴革片编结而成，属于藤条皮革复合材质的甲胄。

石头是另一类先民们易于取得的制甲材质，但相对笨重不便，使用较少。有的研究者认为，一统天下的秦帝国军队具有长于进攻轻于防守的特点，但这显然是误解。考古发现，除过当时常见的甲胄外，秦始皇陵附近出土了大量的石甲。这些石甲是将石材打磨成石甲片，以铜丝编结成头盔和甲衣，编结的方法为纵列上片压下片，横排自中间向两边前片压后片，与战国晚期铁甲编结方法接近，做工精细，实用美观。

《周礼·考工记·函人》记载："函人为甲，犀甲七属，兕甲六属，合甲五属。"书中还详细记述了皮甲的制作流程。"属"是甲片编结的片数，"犀""兕"等动物皮质坚厚，轻便低廉，适于制作皮甲。此外还用熊皮、象皮与鳄鱼皮来制甲。皮甲是历史上使用时间最长、范围最广的盔甲，《国语》里有"昔吾先君唐叔射兕于徒林，殪，以为大甲，以封于晋"的记载。最早的皮甲形制简单，以整张兽皮裹身。整张皮甲不利于防护和行动，随着认知的发展而对其加以裁剪，符合实际用途，兼有美观装饰效果。《楚辞·国殇》中说"操吴戈兮披犀甲，车错毂兮短兵接"，可见当时楚国将士身着皮甲。西安临潼出土的兵马俑皆身着铠甲，身甲和披膊紧密相连，全身共有甲片136片，甲片较厚，据说应为皮甲。湖北江陵天星观1号墓出土的战国皮甲，全身甲片66片，其中胸甲3片，背甲3片，肋甲8片，甲裙52片。甲裙由4排甲片组成，每排13片，甲片上窄下宽。《三国演义》里的孟获"身穿犀牛甲，头顶朱红盔，左手挽牌，右手执刀，骑一头赤毛牛"。

商代的胄用青铜铸造，甲则多用皮制。西周时期也用铜胄，并出现了整片的青铜胸甲和用青铜甲片相缀连的身甲。

春秋战国时期，我国的冶铁技术趋于成熟，铁甲应运而生，《吕氏春秋·贵卒篇》中提到中山国有个大力士，"衣铁甲操铁杖以战，而所击无不碎，所冲无不陷"，自此出现了玄甲、铁衣、铠甲等称谓。曹操诗句"戎马不解鞍，铠甲不离傍"，反映了军旅生活与铠甲的密切关系，铁衣、铠甲等也成为军旅军力的代名词。曹植上奏给魏文帝曹丕的《先帝赐臣铠表》中罗列了若干铠甲的名称："先帝赐臣铠，黑光、明光各一领，两当铠一领，环锁铠一领；马铠一领，今代以升平，兵革无事，夕悉付铠曹自理。"《唐六典》卷十六记载："甲之制十有三：一曰明光甲，二曰光要甲，三曰细鳞甲，四曰山文甲，五曰乌鎚甲，六曰白布甲，七曰皂绢甲，八曰布背甲，九曰步兵甲，十曰皮甲，十有一曰木甲，十有二曰锁子甲，十有三曰马甲。"

明光、光要、锁子、山文、乌鎚、细鳞都是铁甲，明光铠居首，使用最为广泛。据说明光铠因汉代铜镜上有"见日之光，天

铁甲

下大明"字样而得名。明光铠典型的特征是铁甲的胸部前后有铜铁等金属制成的护镜，"良弓挟乌号，明甲有精光"，经过水磨，将铁质材料的光滑明亮、可以长期使用的特点发挥了出来，敌人的刀剑触碰铁甲之后常常滑脱，明亮的铁甲强烈的反光形成强烈的视觉冲击，使对方目眩而不能直

明光铠

视。明光铠胸背甲上各安有两个凸起的护镜，既有实战功能也具有一定的威慑作用。据说50步之外以弩箭射击，铁甲表面不会有损伤。

《周书·蔡祐传》中说"祐时着明光铁铠，所向无前。敌人咸曰此是铁猛兽也，皆遽避之"。明代是甲胄发展的重要时期，《明会典》中记载了齐腰甲、曳撒甲、圆领甲、柳叶甲、长身甲、鱼鳞甲等8种铠甲，主要为札甲、布面甲和锁子甲。甲胄的制作材料类型繁多，各有优长，明代茅元仪的《武备志》对此分析道："（南方）天雨地湿，铁甲易生金肃烂，必不可用矣。倭夷土贼率用火铳神器，而甲有藤有角，皆可用。但铅子俱能洞入，且体重难久。今择其利者，步兵性有辑甲，用辑布不等。若纸绵俱薄，则箭亦可入，无论铅子。今需厚一寸用绵密辑，可长至膝。"前述《唐六典》中的皮甲、木甲、白布、皂绢、布背都是以制造材料命名，另外比较特殊的一种是纸甲。《南史·齐本纪》记载北魏兵压境，"乃聚兵为固守计，召王侯分置尚书都坐及殿省。尚书旧事，悉充纸铠"，纸铠即纸甲。纸甲的防护功能不及其他材质的甲胄，但易于制作，可作经济之用，往往在危急时刻具有效用。《新唐书》中说"襞纸为铠，劲矢不能透"。金人南侵之时，"沿淮数处逃移兵民、乡兵，强壮动以万计，随身各有长枪、纸甲"。纸甲起源于唐宋时期，是宋明军队的标准甲式之一。南宋一位地方官曾上奏朝廷"所有本寨军器都稍足备，但水军所需者纸甲。今本寨乃有铁甲百副，今当存留其半，而以五十副就本军换易纸甲"，可见纸甲适于水战，而用铁甲换纸甲在今天看来似乎是亏本买卖了。《涌幢小品》中记载了纸甲的制作方法，"纸甲，用无性极柔之纸，加工捶软，迭厚三寸，方寸四钉，如遇水雨浸湿，铳箭难透"。

二、甲胄结构

甲胄或者盔甲在冷兵器时代构成了将士卫体防护的整体，甲胄结构功能的细化则经过了相当漫长的时间。比如，傈僳族的祖先早期的皮甲就是在皮革上开一个洞，头从洞中伸出套于身上，对前胸后背进行简单防护。为了防护不同的身体部位，人们将整张皮革裁制成甲片，再将甲片编结，提高了灵活机动性与防护功能，而后再施以不同颜色和纹样，提高观赏效果。

尽管中国古代甲胄名目繁多，划分标准不一，但就形制而言，大体上可以分为两类：札甲和鱼鳞甲。札甲的甲片形似书札，故有此名，它是以较大的整块长方形甲片制成，固定编结成护胸和护背两部分，在肋下相连，肩部用带系结。两当铠就是一种典型的札甲。两当是汉代服饰，"其一当胸，其一当背"，也称裲裆，是当时背心的称谓，适于活动。乐府诗里的《企喻歌辞》就有对此的描写，"男儿欲作健，结伴不须多。鹞子经天飞，群雀两向波。放马大泽中，草好马著膘。牌子铁裲裆，冱锋鹞尾条。前行看后行，齐著铁裲裆。前头看后头，齐著铁冱锋。男儿可怜虫，出门怀死忧。尸丧狭谷中，白骨无人收。"

鱼鳞甲工艺据说在汉代由波斯传来，它将大的甲片改为中小甲片，提高了将士的灵活机动性且更易于防护。西汉中山靖王刘胜墓出土的"刘胜甲"就是鱼鳞甲，该甲有甲片2244片，方口领，前胸对开

鱼鳞甲

襟,用丝线做扣连。甲片用丝绳组编,披膊的腋下封口形如短袖,披膊与甲身下缘 6 排甲片为活动编缀,其余为固定编缀,总重 16.85 公斤。该甲出土后经过复原长约 80 厘米,腰围 120 厘米,甲片上装饰有金片和银片。胄则由 80 片甲片编结而成,复原后高约 25 厘米,是铁胄精品。

随着实战需要和制作工艺的提升,一套完整的甲胄具有了越来越多的结构设计,用以保护身体不同部位。不同时代对于甲胄不同部分的称谓有所差异,但一般说来包括甲衣和头盔两部分。甲衣由甲身、甲袖与甲裙三部分组成,具体包括保护上半身的甲身、保护肩膀和大臂的披膊、保护小臂的臂护、保护下半身的垂缘、保护大腿的膝裙、保护小腿的吊腿;头盔部分大体分为兜鍪、顿项与面具三部分。兜鍪形似锅底,由一个半圆形的铁钵支撑,后有铁片编成的顿项以保护后脑、脸颊和颈部。据《武经总要》记载,宋甲"其制有甲身,上缀披膊,下属吊腿,首则兜鍪顿项"。

清代铠甲分为头盔、甲衣和围裳三部分。头盔上有缨枪、护耳与护颈;甲衣肩上装有护肩,护肩下有护腋,前胸后背各有金属护心镜一块,镜下前襟接缝处配一块梯形护腹称为"前挡",腰间左侧配"左挡",右侧不配挡留作佩带弓箭和箭囊之用。围裳分为左右两幅,用带系于腰间,两幅围裳正中处有虎头蔽膝。自称为"十全老人"的乾隆皇帝,文治武功在中国古代史上屈指可数,他在治国理政、写诗作画、军功征战等方面均有强烈兴趣,郎世宁所绘的《高宗大阅兵图》上的乾隆皇帝一身戎装,英姿勃发。现存故宫博物院的乾隆皇帝御用铠甲就由铜盔、护项、护膊、战袍、护胸、铜镜、战裙、战靴 8 部分组成。甲衣内衬钢片,袍上密缀铜星。

三、甲骑具装

骑兵以其优良的机动性和冲击力在冷兵器时代具有强劲的战斗力。春秋时期以前,作战以战车为主步兵为辅,战车数量成为国家军力的象征,"战车千乘"用来形容一个国家军力强盛。战国时期,在中原国家与北方游牧民族的边战中,骑兵开始作为独立力量出现。秦、赵等国号称"车千乘,骑万匹",赵武灵王胡服骑射政策进一步推动了骑兵的发展。

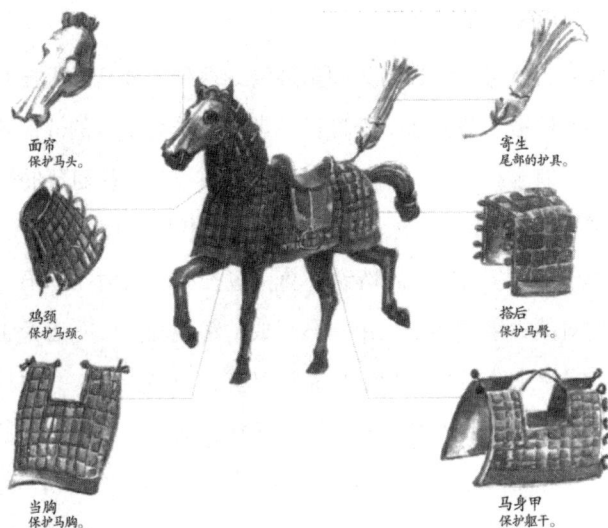

面帘
保护马头。

寄生
尾部的护具。

鸡颈
保护马颈。

搭后
保护马臀。

当胸
保护马胸。

马身甲
保护躯干。

马铠具装

　　骑兵和战马在战斗中的防护需要催生了甲骑具装。甲骑具装就是全副武装的骑兵部队。《宋史·仪卫志》中说："甲骑，人铠也；具装，马铠也。"完整的甲骑具装由 4 部分构成：马具、马甲（即具装）、骑兵铠甲与战斗兵器。

　　《木兰诗》中有"东市买骏马，西市买鞍鞯，南市买辔头，北市买长鞭"的诗句，说明了马具的主要组成部分。马具一般分为鞁具、挽具和鞍具三部分。鞁具也叫勒，俗称马笼头，用于控制马首，主要由缰绳、络头、马嚼子和马镳组成。骑兵通过鞁具发出指令，驾驭马的活动。鞍具主要由马鞍、障泥、马镫、胸带、肚带和鞧带等组成，主要作用是方便骑兵操控在马背上的活动。

　　马铠具装通常包括 6 大部分，具体为保护马头的"面帘"，即一块狭长的金属制的护面，上面开有眼孔；保护马颈的"鸡颈"，由甲片缀成，前面有搭扣可以扣上；保护马胸的"当胸"、保护马躯干的"马身甲"、保护马臀的"搭后"都是马匹中后部位的大片护甲；竖立在马臀部的"寄生"，形似放在马尾向上翘的扫帚。除面帘、寄生外，其余 4 部分皆以甲片编结而成，形同人甲。

甲骑具装大体可分为轻骑兵和重装骑兵两种。战马是否披有马铠是区分轻重骑兵的标准。霍去病、李世民等带领轻骑兵获胜的战例堪为经典。《孙子兵法》有云："凡战者，以正合以奇胜。"轻装简从的轻骑兵将灵活机动的特点发挥到了极致，往往给对手以出其不意的打击。"白马义从""虎豹骑"是古代知名的精锐轻骑，擅长弓马骑射。三国时，公孙瓒在与胡人的对战中组建起一队由白马组成的精锐骑兵，马上军士皆擅长弓射，皆呼"义之所至，生死相随！苍天可鉴，白马为证！"故而得名"白马义从"。史料记载："瓒每与虏战，常乘白马，追不虚发，数获戎捷，虏相告云：'当避白马。'"曹操在《军令策》中提到"本初马铠三百具，吾不能有十具"，袁绍盛时才有 300 具马铠配备骑兵，可见其稀缺珍贵。而统一北方后的曹操已经能够"列铁骑五千为十重阵，精光耀日，贼益震恐"。

重装骑兵的出现与马镫的发明关系密切。马镫被西方称为"中国靴子"，最迟出现于汉代。马镫出现之前，骑兵奔袭具有极大风险。骑手在奔马上没有支撑点，只能用双腿夹紧马腹。由镫柄和镫环构成的马镫为甲骑具装的出现做好了基础技术准备。

隋唐时期，罗艺指挥的 5000 甲骑具装，人马皆披重甲，辅以轻骑兵，锐不可当。每一甲骑具装往往需要一二名仆人以及驽马配合，非战斗时驽马用来驮运装甲兵器等。隋炀帝东征高句丽，主力是 40 队重骑兵。

有时为了提高灵活性，重装骑兵会卸去马具实施突击。南北朝时期，在刘宋与北魏的战斗中，宋将薛安都卸去重装，数次冲入敌阵，"单骑突阵，四向奋击，左右皆辟易不能当，杀伤不可胜数，于是众军并鼓噪俱前，士皆殊死战。虏初纵突骑，众军患之，安都怒甚，乃脱兜鍪，解所带铠，唯著绛衲两当衫，马亦去具装，驰奔以入贼阵，猛气咆勃，所向无前，当其锋者，无不应刃而倒。如是者数四，每入，众无不披靡"。

"拐子马"是宋人对金军主力两翼轻骑兵的称呼；"铁浮屠"军则是女真重装骑兵的别称，"铁浮屠"形容重甲骑士装束得如同铁塔一般，因而也称铁塔兵。南宋时期顺昌府通判汪若海记载了顺昌之战的经过："（兀术）其所将攻城士卒号铁浮屠，又曰铁塔兵，被两重铁兜鍪，周匝皆缀长檐，其下乃有毡枕。三人为伍，以皮索相连。后用拒马子，人进一步，移马子一步，示不反顾。以铁骑为左右翼，号拐子马，皆是女真充之。自用兵以来，所不能攻之城，即勾集此军。"铁浮屠后被岳飞的长刀大斧击破。

四、甲士铁衣

甲胄不仅是将士战马的卫体防护，逐渐也成为军旅征战生活的象征，《木兰诗》中"万里赴戎机，关山度若飞。朔气传金柝，寒光照铁衣。将军百战死，壮士十年归"，李贺的《雁门太守行》"黑云压城城欲摧，甲光向日金鳞开。角声满天秋色里，塞上燕脂凝夜紫"，唐代戎昱的《塞下曲·其六》"铁衣霜露重，战马岁年深。自有卢龙塞，烟尘飞至今"，陆游的《出塞曲》"三军甲马不知数，但见动地银山来"都是其中的名句。

甲士铁衣常被用来指代军力，带甲之士是国力的衡量指标。战国初期，齐楚都是强国，史书记载："楚，天下之强国也。大王，天下之贤王也。""地方五千里，带甲百万，车千乘，骑万匹。粟支十年，此霸王之资也！"齐国则是"带甲百万"。当时地处中原的魏国之所以能够成为另一军事强国，与其魏武卒的精锐战力有密切关系。魏武卒是吴起变法时期为魏国打造的精锐重装步兵，创下了"大战七十二，全胜六十四，其余均解（不分胜负）"的战绩。魏武卒战无不胜，除与其组织训练战术指导有关外，还有赖于精良的装备。《荀子·议兵篇》记载："魏之武卒以度取之，衣三属之甲，操十二石之弩，负矢五十，置戈其上，冠胄带剑，赢三日之粮，日中而趋百里。中试则复其户，利其田宅。"精悍的魏武卒需要坚实的国力支持，维护成本很高，但其人数并不多，《吕氏春秋·用民》载"吴起之用兵也，不过五万"，《尉缭子·制谈第三》则认为"有提七万之众，而天下莫当者谁？曰吴起也"。可见魏武卒的数量在5万~7万人。以精兵得常胜，对甲胄武器等装备的精良要求就更高了。

"金戈铁马，气吞万里如虎"，这是辛弃疾描述南北朝时期刘裕北伐的诗句。刘裕曾两次领兵北伐，收复长安等地，很大程度上也要依托"金戈铁马"的精良装备。清太祖努尔哈赤起兵的故事在今天看来有着励志逆袭的意味，13副铠甲在其中扮演着重要角色。明万历十一年（公元1583年）二月，辽东总兵李成梁提兵攻打阿台驻地古勒寨。阿台妻子的祖父就是努尔哈赤的祖父觉昌安。觉昌安为了城内百姓免遭涂炭，和努尔哈赤的父亲塔克世一起领兵前去劝降阿台，不料建州女真图伦城城主尼堪外兰串通内奸导致城破，努尔哈赤的父亲、祖父及军队全部遇难，仅留"十三副遗甲"。明朝边吏自觉理亏，向努尔哈赤解释，"非有意也，是误杀耳"。努尔哈赤由于实力太弱，不敢直接向明朝挑衅，只好将复仇的目标对准尼堪外兰。同年五月，努尔哈赤以"十三副遗甲"出兵攻打尼堪外兰，带领着百余人的队伍，拉开了统一女真的历史序幕。

五、盾牌形制

盾，古称"干"、"牌"或者"彭排"。陶渊明的诗句"刑天舞干戚，猛志固常在"描述了一位上古英雄手舞盾牌的神姿，其中干是盾，戚为斧。《山海经·海外西经》记载："刑天与帝至此争神，帝断其首，葬之常羊之山；乃以乳为目，以脐为口，操干戚以舞。"

早期的盾牌多为单人手持防护，因而一般选用轻便的藤竹或者皮革制成。先秦时期的非金属盾牌经常会表面髹漆，髹漆就是在器物的表面涂漆，形成一层保护层。我国古代的盾牌有大型立盾、轻便的藤盾，可以遮蔽多人。形状有方形、梯形、圆形。方形盾主要为步兵使用，有手牌、燕尾牌、长牌等多种形式，有的盾牌带有固定的支柱可以插于地面，将其并排布阵，其后掩藏弓弩，可有效抵抗冲锋。圆形盾方便灵活，骑兵使用较多，冲锋时左手握盾抵御弓弩。相比于方形盾，圆形盾防卫面积较小，防护力不强。

汉刘熙《释名·释兵》曰："盾，遁也，跪其后，避刃以隐遁也。大而平者曰吴魁，本出於吴，为魁帅所持也。隆者曰滇，盾本出於蜀，蜀、滇所持也。或曰羌盾，言出於羌也。约胁而邹者曰陷虏，言可以陷破虏敌也，今谓之露见是也。狭而长者曰步盾，步兵所持，与刀相配者也。狭而短者曰子盾，车上所持者也。子，小称也。以缝编版谓之木络，以犀皮作之曰犀盾，以木作之曰木盾，皆因所用为名也。"据《唐六典》记载，唐代使用的盾牌有膝排、漆排、团排、木排、联木排与皮排，合称"唐六排"。

龙凤纹盾

盾牌多为一人使用，也有供多人使用的大型立盾，明代就有供多个士兵共同使用的带车轮的野战巨型盾牌。在战斗力与灵活性之间取得平衡一直是冷兵器时代需要解决的难题，大型的立盾防护面广，但因其重量难以轻快移动；相较而言圆盾由一人手持防守进攻，方便士兵使用，但防护面积就小了许多。盾牌上有奇异的鬼魅、神兽等图案，有的上面还写上咒文，用以恫吓敌兵鼓舞士气。

如果说甲胄是被动卫体的话，盾牌则有主动出击的意味。在卫体防护中，盾牌具有可攻可守、攻防兼备的特点。矛盾往往连用在一起，反映了二者在起源和使用上的紧密关联。《韩非子·难一》里记载的《自相矛盾》的故事人们耳熟能详。楚国有个人在市场上先夸耀他的盾坚固无比，什么东西都无法刺破；而后又夸赞他的矛非常锐利，无可抵挡。别人问到底是盾厉害还是矛厉害，他无言以对。矛与盾是天然的克星。

右手持刀戈、左手持盾牌是古代军士的典型形象，今天不少出土的文物就是明证。盾牌主要用法包括腾、跌、扑、滚、伏、窜、踔、蹲等，是对军士个人战斗力的极大提升。《宋史·赵赞传》记载："世宗移兵趣濠，以牛革蒙大盾攻城，赞亲督役，矢集于胄，虽被重伤，犹力战。"

《宋史·兵制》记载："有平夏骑兵，谓之'铁鹞子'者，百里而走，千里而期，最能倏往忽来，若电击云飞。每于平原驰骋之处遇敌，则多用铁鹞子以为冲冒奔突之兵。"这里记载的就是当时西夏堪称无敌的骑兵"铁鹞子"。这是由西夏党项贵族子弟组成的重骑兵，初为仪仗之用，后发展为一支劲旅。铁鹞子"乘善马、重甲、刺斫不入，用钩索绞联，虽死马上不坠。遇战则先出铁骑突阵，阵乱则冲击之；步兵挟骑以进"。宋军面对铁鹞子屡吃败仗，不得已广征天下良策，曲阳主簿杨拯献上《龙虎八阵图》及所制神盾、劈阵刀、手刀、铁连枷等武器。这是一种综合了多种武器的战法，"神盾"发挥着重要作用。所谓"神盾"，就是在盾牌上描画出五颜六色的猛兽，以突出眼睛的狰狞面目示人，军马看见"神盾"之后惊惧而失措，"弓弩不可以施，乃以劈阵刀劈其甲，豁马肚"，于是击败铁鹞子。

盾还可以与其他兵器组合成为新的兵器。汉代钩镶就是钩与盾的结合，形似微缩版铁盾的上下缘安装上两个利钩，可攻可守。

明代出现火器之后，火器与盾牌复合而成的火牌发挥出了更大的战斗力。火牌一般由坚固的木板构成，上覆牛皮，盾牌之上开有小孔放置火器。神行破敌猛火刀牌、虎头火牌、虎头木牌等在当时较为出名。神行破敌猛火刀牌有 36 孔，内置神火、毒火、飞火、法火、烂火与烈火各 6 筒；虎头火牌藏有火箭 4 匣。作为兵器的火牌，兵盾结合、攻防兼备，火牌内藏火器，战斗时牌手持牌掩护士兵前进，先向敌人喷火，火焰喷射两三丈远，足可抵挡强兵 10 余人；或者盾牌相连阻止对手进攻，又或者先喷射火焰，再有士兵冲出掩杀对手，可守可攻。一些大型盾牌后面可以掩蔽二三十人。

六、干戚之舞

火药的出现是甲胄盾牌价值降低的开始。对于刀枪剑戟还具有防卫功能的甲胄盾牌，在火药的威力面前显得十分赢弱。曾经的甲士铁衣、干戚之舞的实战功能降低，变得愈加具有象征意味、表演理念和观赏价值。

"武"与"舞"自古就处于融合转化之中。《新唐书·礼乐志十一》中说："为国家者，揖让得天下，则先奏文舞；征伐得天下，则先奏武舞。"《东京梦华录》记载了手持盾牌之舞的场景："有花妆轻健军士百余，前列旗帜，各执雉尾、蛮牌、木刀，初成行列，拜舞互变开门夺桥等阵，然后列成偃月阵。乐部复动蛮牌令，数内两人出阵对舞，如击刺之状，一人作奋击之势，一人作僵仆出场。凡五七对，或以枪对牌、剑对牌之类。"如今流行于江西吉安的永乐盾牌舞就表现了战斗的激烈场面。盾牌舞又叫男子群舞、藤牌舞，相传源于明代抗倭名将戚继光著《纪效新书》"藤牌总说篇"的记载。一说起源于清代康熙年间，太平天国运动失败后，部分流落到永乐的太平军将士继续操练，将这一舞蹈改造完善，成为具有强身健体、表演展示和祭祀仪式等综合功能的社会活动，集武术、杂技、舞蹈、音乐等于一体。整个舞蹈主要包括四角阵、长蛇阵、八字阵、黄蜂阵、龙门阵、荷包阵、打花牌等阵式，高潮部分的打花牌，舞者打出"跳牌""扯牌""嚎牌""腰牌""滚牌""躲牌"与"花牌"，让人眼花缭乱。

甲胄盾牌的象征意味和观赏价值的提升，也与其质地材料和工艺流程密切相关。殷商时期，甲胄不仅在战斗中使用，还被王公贵族以重金属来装饰，成为权力和地位的象征。周代的铜铠甲多以正圆形的甲片为主，甲上涂油漆，呈现出白、红、黑等多种颜色。将军穿铠甲出征时，外罩绣袍以示军威军仪。这样就使甲胄更多作为仪仗之用。

甲胄不美不但影响威仪，有时还会使穿戴者丢掉性命。据《明实录》记载，明英宗朱祁镇在位时，有一次发现给自己站岗的卫士身着锈迹斑斑的甲胄，盛怒之下命锦衣卫将卫士乱棍打死。

玉有五德，为国人所喜。古人尤其好玉，以玉制甲更显珍贵。玉甲显然不是用于实战，而是身份与地位的象征。出现于唐代的绢布甲的防卫能力有限，更多也是起着威仪作用。绢布甲是在坚厚的绵或绢的布料上镶嵌铁片，并用铜钉铆固，形似大衣，坚厚硬挺，具有防寒性能。绢布甲结构比较轻巧，外形美观，但没有防御能力，不作实战之用。

南北朝时阉割战马是常态，尤其是品种优良的战马。甲骑具装加在一起的重量让战马难以负荷，全副武装的战马会失去灵活机动的优势，并且维护成本很高，需要驽马专门驮载战马装备。据载，隋末装备精良成本高昂的重骑兵在面对手持锄头及镰刀的农民起义军时连尝败绩。

　　直到今天，西北乡村地区仍然会给幼童戴一种形似虎头的帽子，虎头帽经常与虎头鞋、虎围嘴、虎面肚兜等服饰搭配穿戴，色彩鲜艳，寓有驱邪祈福之意。虎的形象威风凛凛，古人在面对洪水猛兽等自然现象无能为力的时候，虎也就成为图腾崇拜中的一种常见符号，虎将、虎臣、虎士、虎贲、虎师、虎威、虎步、鹰扬虎视等词语往往被用来形容战将军士的威猛。《汉书·王莽传》记载："莽拜将军九人皆以虎为号，号曰'九虎'，将北军精兵数万而东。"三国时蜀汉有"五虎上将"的称谓。虎头帽据说来自虎头盔，虎头盔既具有实战功能，也以其形象示人发挥震慑的作用，同时具有观赏性，诠释了兵器美学价值所在。一些出土的隋唐时期的文物证明虎头盔是那个时代军士的标配之一，亦有狮头、龙头与朱雀头等其他造型。到了宋代，虎头盔演化为著名的狻猊盔，后者可视为中国风的代表。狻猊为龙生九子之一，形如狮子，喜烟好坐，是典型的护法形象。到了清代，虎头盔为清军中精锐之旅所专用。随着冷兵器时代的结束，虎头盔逐渐从实战威仪功能走向了民间的穿戴赏玩之用。

清代·头戴虎头盔的军士

　　古代战争史上，原材料和技术条件的限制也让甲胄不可能成为军队的标配。甲胄的装备只会向高级军官和精锐部队倾斜，由于装备上的等级差异，更让其具备了等级划分的象征价值。北宋时生产一副铠甲要几十天甚至上百天才能完工，需要经过打扎、粗磨、穿孔、错穴、裁扎、错棱、精磨等工序，甲扎制好后再用皮革条编结。南宋时规定，一副铠甲共有甲片1825片，总重量在45~50斤。宋代的铁甲有许多甲片，最多者近2000片，轻者30斤，重者四五十斤，制作成本巨大。

　　火药时代到来后，冷兵器集体退出了战争的舞台，甲胄盾牌逐渐成为只具象征功能的仪仗观赏器物。

第二节　手握锋器

　　作为一种特定类型的手握锋器，匕首是防身利器。长枪短剑是兵器形制上的差异，短剑就是匕首。"匕首，短剑也。""其头类匕，故曰匕首也。短刃可袖者。"可以说，匕首是更小尺寸的短剑。匕首锋利短小，可藏于袖中或者腰间，携带使用方便。喜食肉食的民族，更是匕首不离身。相比集团作战使用的兵器而言，匕首更适于近身格斗、单兵作战，往往配合主兵器使用，以其短小易于携带常常收到出其不意的效果。晋代张载《匕首铭》曰："匕首之设，应速用近，既不忽备，亦无轻忿。利以形彰，功以道隐。"

　　《说文解字》中解释，"匕"是甲骨文字形，汤匙形，本义是勺子，是古代的一种餐具，曲柄，下端有一个浅斗，有饭匕、牲匕等多种类别。匕首经历了从石器到铁器的演变过程。最早的匕首由骨头或者石头制成。大汶口文化遗址出土的一把短柄骨匕首，长18厘米，

匕首

呈扁平三角形，其一面的中央有凸起的棱脊，两侧磨成利刃，向前收聚成锋，后部有一个大方孔，便于穿绳携带。商周之后，匕首多为青铜制或者铁制，还出现了玉制匕首。

从外形看，匕首由短柄和短刃构成，形似微缩版的剑，但比剑轻便，攻击范围有限。一般的匕首长度为二三十厘米。古代匕首常见的形制是直身、尖锋、两刃，后安短柄，柄首呈圆环形，柄与首之间有格。

匕首以刺杀为主兼能砍击，是专用的卫体兵器。匕首用法是将拳法与剑术融为一体，主要有刺、扎、挑、抹、豁、格、剜、剪、带等。李白《结客少年场行》中"少年学剑术，凌轹白猿公。珠袍曳锦带，匕首插吴鸿。由来万夫勇，挟此生雄风"的诗句，描写了使用匕首等兵器的英姿。

古代的著名匕首有羊角匕首、清刚、扬文、龙鳞、徐氏匕首、梅花匕、铜匕首等。铜匕首见于《广陵妖乱志》："肃胜纳财于吕用之，求知盐城。高骈有难色，用之曰：一宝剑在盐城井中，须灵官取之，骈许之数日，胜献一铜匕首，用之曰：此北帝新佩也，得之者，兵不敢犯，骈宝秘之，常持以坐起。"据《艺文类聚》卷六十《军器部·匕首》引曹丕的《典论》记载："魏太子造百辟匕首：其一，理似坚冰，名曰清刚；其二，曜似朝日，名曰扬文。"可见清刚与扬文两把百辟匕首异常锋利。

随着电影《刺客聂隐娘》的热映，聂隐娘所使用的兵器开始为人所关注。对于自己的身世，"隐娘自言，被一尼挈去，教之剑术，授以羊角匕首。"羊角匕首中间设有把手，其柄为圆形或方形，上缠绸带，把手处有一个月牙形护手刃，使用时一般左右两手各持一把匕首。《虞初志》记载了这样一个情节，"有尼授聂隐娘羊角匕首，广三寸，为其脑后藏匕首，而无新伤，用即抽之"。据说聂隐娘能习得一身绝艺而成为刺客，其所凭赖的就是羊角匕首。某次行刺不成遭到师傅斥责，聂隐娘辩解说见那人在逗弄一个小孩，心有不忍因而事不得成，尼姑大声呵斥，以后遇见类似情况应"先杀掉对方之心爱之物然后杀之"。尼姑说："我为你打开后脑，把羊角匕首藏进去，要用之时就把它抽出来。你不用害怕，对你不会有丝毫损伤的。"

历史上的匕首往往与一些刺杀事件紧密联系，《史记》里的刺客就多以匕首为武器。为了达到目的，匕首上还会被涂抹毒药。春秋时期，鲁庄公拜曹沫为将，曹沫领军三次败于齐国，鲁国被迫割让大片土地。鲁庄公与齐桓公会盟，曹沫乘机用匕首挟持齐桓公，无奈之下齐桓公只好答应归还鲁国土地。"荆轲刺秦"的故事更是广为人知，只是荆轲没有曹沫那样幸运达成目的。《史记·刺客列传·荆轲》载：燕太子丹使荆轲刺秦王，"豫求天下之利匕首，得赵人徐夫人匕首，取之百金，使工以药淬之，以试人，血濡缕，人无不立死者，乃装为遣荆卿。"徐夫人匕首是古代名匕首，但徐夫人并非女性，司马贞《索隐》说："徐，姓；夫人，名，谓男子也。"徐夫人是制作匕首的名家。

铸剑大师欧冶子所铸的鱼肠剑则是专诸刺杀吴王僚的利器。《史记·吴太伯世家》中说"使专诸置匕首于炙鱼之中以进食，手匕首刺王僚"，当时专诸向吴王敬献烤鱼，当吴王垂涎于美味时，专诸拿出藏于鱼腹之中的匕首，急速刺向吴王，匕首穿过三层铠甲后刺进吴王心脏，可见匕首之隐、匕首之疾、匕首之利。

除了刺杀，匕首还有明显的卫体功能。北魏末年，尚书令尔朱荣飞扬跋扈控制朝政，孝庄帝子攸不甘心当傀儡，一直伺机将其剪除。子攸生子，尔朱荣前来祝贺。忠于子攸的护卫军抽刀而至，尔朱荣见状用座椅抵挡，子攸则用匕首刺杀，将尔朱荣及其两子全部杀死。无独有偶，宋高宗赵构为了防范权臣秦桧的谋害而身藏匕首，置于膝裤之中，以备不测。膝裤是在胫足之间覆于鞋面的套裤，接近于今天比较长的袜子。清代吕种玉的《言鲭》："袜，足衣，今之膝裤。秦桧死，高宗告杨郡王曰：'朕今日始免膝裤中带匕首矣。'"秦桧死后，宋高宗才没有了身藏匕首的习惯。

所谓"一寸长一寸强，一寸短一寸险"，长而强，锋芒毕露；短而异，暗藏杀机。可以说匕首是攻击速度最快的冷兵器，与出拳的速度一样快，将手持冷兵器的速度发挥到了极致。加之匕首短小精悍方便携带，所以既可以视为短剑，也可以看作暗器，在认知上可以说它并无明确的归类，实战的效果却不容忽视，以此为过渡，下节转入对暗器的叙说。

第三节　暗箭难防

常言说："明枪易躲，暗箭难防。"暗箭，泛指一种特定类型的兵器——暗器。暗器的称谓显然是与"明器"相对，一个在"暗"一个在"明"，十八般兵器如果是后者的话，暗器无疑戴上了神秘与阴暗的面纱。暗器的使用往往有着出其不意的效果。暗器大体可分为两类：一类可为人随身携带，一类则隐藏于器械装置之中。从使用目的着眼，暗器可分为刺杀与护身两类，从这点来说与匕首的功能最为接近；按照使用方法，暗器又可分为手掷、索击、机射、药喷四大类。

手掷暗器即以手臂之力抛掷击敌，代表性的有标枪、金钱镖、飞镖、掷箭、飞叉、飞铙、飞刺、飞剑、飞刀、飞蝗石、铁橄榄、乾坤圈、铁鸳鸯、铁蟾蜍、梅花针、铁蒺藜、镖刀等。

脱手镖

索击暗器即以绳索一端系住器物，另一端握于手中，用手臂抛射器物击敌，经常提及的有绳镖、流星锤、狼牙锤、龙须钩、飞爪、软鞭、锦套索、铁莲花等。

机射暗器即以弹力性发射机发射击敌，一般有袖箭、弹弓、弩箭、背弩、踏弩、雷公钻等。

药喷暗器则是以机械力或火药力喷射毒物或利器击敌。火器出现后，暗器与弓弩、枪炮并称为三大射远器。暗器的使用不像其他兵器那样招式繁复，但对于精确性和隐蔽性的要求更高。

兵器等手工制成品的出现与原始人类求生存求发展的需求密切相关。兽类动物的行动速度比人要快得多，为了捕食果腹，人们用石块击打或者绳索套取奔突中的动物，据说这就是暗器的起源。飞蝗石就源自唾手可得的石子，因飞行中的石子像蝗虫而得名。

　　广为人知的暗器是飞镖。"镖，刀削末铜也。"飞镖作为暗器来防身击敌，也以此来称谓一个行业和职业：镖局和镖师。常见的飞镖分为脱手镖和金钱镖两种，脱手镖大小合于手掌，重量在半斤左右，有三棱、五棱、圆柱等形状，前为尖头、后系镖带，有助于飞行过程中保持稳定；金钱镖是把旧时的方孔铜钱当镖来用，多是将铜钱周边打磨锋利，掷出时飞旋伤人，击打眼睛、咽喉等部位。

　　少林功夫是我国特定的一种武术流派，少林护身暗器是其重要的组成部分。据《少林护身暗器秘传》，宋代福居禅师把隋唐时期发展起来的镖法收集入寺，成为少林飞镖，少林飞镖在寺内主要供寺僧练武防身，对付盗贼；云游在外时，作抗击拦路抢劫的贼人和惩恶扬善之用。少林飞镖的技法有迎面打、左侧打、右侧打和背后打，为此还编有歌诀："小小飞镖妙无双，双手发打似飞蝗。若有盗贼来袭我，中上飞镖必受伤。轻者疼痛流鲜血，重者危急一命亡。未曾用法先高喊，强敌害怕败回乡。"

　　与飞镖类似的是飞刀。古龙笔下的武侠人物李寻欢善使飞刀，例不虚发被称为"小李飞刀"。飞刀可视为微缩版的刀，刀身上锐，刃薄如纸，有的飞刀呈柳叶状，故而又称"柳叶刀"。飞刀有单刃与双刃之分，单刃飞刀在练习使用时，以手指捏刀尖，自内向外甩出，刀在空中旋转，刀尖命中目标。清末民初还有使用飞刀的记录，袁世凯买凶刺杀云南军阀唐继尧，刺客使用的正是飞刀，唐继尧侥幸未被击中，坚定了反袁的决心。

柳叶飞刀

　　冷兵器的复合使用会产生新的杀伤效果。袖箭是藏于衣袖中的暗箭，明代茅元仪的《武备志》载："袖箭者，箭短而簇重，可以御人三十步之遥。"袖箭分为单筒袖箭、双筒袖箭、三才袖箭、四象袖箭、梅花袖箭等多种。袖箭都是将箭筒缚于小臂处，筒之前端贴近手腕，用衣袖遮盖。袖箭包括筒和箭两部分，箭筒内有弹簧，筒上装有机关，一按机关，筒内小箭即向前射出。袖箭以其出手快速而伤人于不备。明代万历年间的刘挺的绝技是袖箭，一次饮酒酣醉，他"移座前轩，使人挂一铜环于座后数十步，刘左手持杯，而右手发矢，向后掷之，矢矢贯铜环而出，十法无一失者"。袖箭也有不少形制变化，比如梅花袖箭每次装箭 6 支，可连续发射，筒内有 6 个小管，中间 1 支，周围 5 支，状如梅花瓣。每个筒上各有一蝴蝶片控制开关，匣盖之后有铁圈，发射一箭之后，须将筒壁旋转一定角度，使之连续射出。

袖箭用机括发射，准确性高又较为隐蔽，颇受武林中人欢迎。相传单筒袖箭为北宋云阳白鹤宫霞鹤道人所创。清末民初，山东泰安徐石荪精于此技，徐石荪先向空中射出一箭，旋即装箭再射，第二支箭正好击中第一支箭的箭镞，第三支箭又击中第二支箭的箭镞，连发五箭，箭箭如此，人称"对口箭"。梅花袖箭相传为明代刘綖所创，山东李儿洼的李姓最精此技，有个名唤李天寿的号称"神箭"。李天寿的七世孙李佩更是技艺惊人，百发百中。李佩早年曾入绿林，后改行保镖，群盗震慑，称其"穿云箭"。

弩箭在商周时已有应用，《礼记·缁衣篇》引《太甲》说："若虞机张，往省括于度，则释。"《韩非子·说林篇》说："羿执鞅持杆，操弓关机，越人争为持的。"说的是羿拿着钩拉弓弦的皮套，戴着袖套，拿着弓而扣住扳机，越国人争着为他拿箭靶。弩箭由弩臂和弩机构成，可以延时发射，使用时将张弦装箭和纵弦发射分解为两个单独动作，无须在用力张弦的同时瞄准，从而提高了命中率。还可借助臂力之外的其他力量张弦，射程更远。弩箭的关键部件是弩机，从出土铜制弩机可以看到，弩机铜郭内的机件有望山（瞄准器）、悬刀（扳机）、钩心和两个将各部件组合成为整体的键。张弦装箭时，手拉望山，牙上升，钩心被带起，其下齿卡住悬刀刻口，用牙扣住弓弦，将箭置于弩臂上方的箭槽内，使箭括顶在两牙之间的弦上，通过望山瞄准目标，往后扳动悬刀，牙下缩，箭即随弦的回弹而射出。

流星锤由锤身和软索组成，它是将金属锤头系于长绳或铁链一端或两端制成的暗器，锤的重量大小由使锤者量力而定。流星锤在使用中可以像棍枪一样形成直线，同时具有大铁锤一样的威力，舞动的飞锤可以产生极大的心理威慑作用。

棱形流星锤

与流星锤类似的飞钩是一种用麻绳联结铁钩的暗器。《武备志》记载："飞钩，一名铁鸱。脚钩锋长利，四刃，曲贯铁索，以麻绳续之环。敌人披重甲，头有鍪笠，又畏矢石，不敢仰视，候其聚，取则掷钩於稠人中，急牵挽之，每钩可取二人。"

暗器使用最为明显的特点是出其不意，不着痕迹。武侠经典《笑傲江湖》中东方不败的暗器是绣花针，使用起来针如雨下，让人难以提防。小说中的绣花针可追溯到历史上的梅花针。梅花针由5枚钢针在根部相连，击中敌身后，分刺5点，状如梅花5瓣。相比于小说中的杜撰，与梅花针接近的是少林梅花截木针。据《少林护身暗器秘传》，梅花截木针出自唐代聂隐娘，宋代少林女弟子穆春侠把针传入少林寺，后经历代高僧研习完善，成为寺内秘传防身暗器。少林梅花截木针由13根针组成，由铜铁制成，有大中小三种型号，大针粗如线，小针细如丝。少林梅花截木针歌诀是："小小手针十三根，全凭精意用心神。金眼身心合一体，百发百中伤敌人。万不得已用此宝，强敌一见走真魂。先师授给惊人艺，惩罚恶歹济怜贫。"

有的暗器并不轻便，显得有些笨重，与人们对暗器的看法很是不同。雷公钻就是一种重暗器。雷公钻由锤与钻两部分构成，类似普通小铁锤，柄较短而锤较重。钻为钢质，有四棱，前尖后粗，前端极为锐利，末端最粗处为正方形。使用时左手执钻右手执锤，自后猛击钻底，钻子即可飞出。因为钢钻有棱，敲击时震力大，所以左手必须戴上软皮套子，以防受伤。发射雷公钻时，必须两手并用，而且锤钻两物本已笨重，在攻敌时缺乏隐蔽性。但雷公钻发射之力甚大，在15米内可重伤敌人，威力胜过其他暗器。

飞爪，亦名飞爪百练索，它的设计显然来自仿生学的构思，形如鹰爪，共四趾，前三后一。前三趾俱为三节，后趾为两节，每节相连处装有机关，使各节均能伸缩活动。作为暗器，飞爪不仅用于攻击对手头面、两肩和两腰等部，还可作为攀高越墙的工具。使用飞爪时，要先将绳尾圆圈套在手腕上，手握飞爪掌面，然后向上向后猛力一扬，使飞爪各趾完全展开，随即向目标抛去，命中目标后马上猛力后拉绳索。拉力经过掌后环牵动系于各趾节上的弦索，四趾即合拢抓住目标。

弹弓是不少人在年少时使用的玩乐工具，它在古代是一种机射暗器，但与今天人们所使用的弹弓名同形异。清代《弹弓谱》概括弹弓使用要领为《八法歌》："未开弓先看拿手，未搭弹先看扣手，未开弓先看拉手，未定式先看入手，开圆弓先看后手，打完弹先看前手。"发射弹丸的方式则包括单凤朝阳式、野马上槽式、天鹅下蛋式、滴水垂崖式、拨草寻蛇式等。

看到今天小孩子们玩的手指滑板玩具，总能让人想起古代的一种暗器——手指剑。手指剑是套在指头上的微型短剑，钢指环是套在手指上的钢质圆环，手盔是套在手背上的钢套，有突起处，这种微型短剑可以说是比匕首还要短小的匕首，可出其不意攻其不备。

暗器使用经常与毒药联系在一起。《周礼·迹人》记载："毒矢射者。"《后汉书·耿弇传》说东汉耿恭攻匈奴时，"以毒药傅矢""杀伤甚众"。宋代《百将传》卷四谓之为"汉家箭神"。《三国志·蜀书》也记载："羽尝为流矢所中……医曰：'矢镞有毒，毒入于骨，当破臂作创，刮骨去毒，然后此患乃除耳。'"隋唐时，东北某些地方"常以七八月造毒药傅矢，中者立死"。李商隐《异俗二首》称之为"虎箭"，"虎箭侵肤毒，鱼钩刺骨铦。"少数民族还有一种"吹矢"，即将一支尖针签浸上毒，放在竹筒里，用嘴一吹，毒矢即无声飞出，命中率极高，被射中者立即见血封喉。《武术汇宗》记载的江湖人士四川唐大嫂即精于此道，"又有操'五毒神砂'者，乃铁砂以五毒炼过，三年可成，打於人身，即中其毒，遍体麻木，不能动弹，挂破体肤，终生脓血不止，无药可医。如四川唐大嫂即是"。这也是武侠小说世界中所谓"唐门"的起源。

在暗器之中，有一类软兵器可以说比较特别。兵器总体给人以硬朗、生硬之感，软兵器则以"软"命名，通过攻击部位的挥舞实现更大的杀伤力。常见的软兵器有多节棍、软鞭等。多节棍由古代敲打谷物的农业用具发展而来，基本样式为若干节坚硬、沉重的木棒或金属短棒，以锁链相连，此类兵器弯折较为自由，难以防御，其中常见的是双节棍和三节棍。双节棍有两条等长的短棍，中间以铁环连接，短小精悍，可以折叠，集棍的刚猛与鞭的阴柔于一身，可双手并持。三节棍有三条等长的短棍，中间以铁环连接，可长可短，远近兼顾，软硬互具，变化多端。十八般武器中的鞭可以说是硬鞭，软鞭泛指由鞭头、握把、若干铁节或数节棍棒以环相连制成的一类兵械。软鞭在晋代便已出现，可击，可缚，可笞，可钩，软硬兼施，不易抵御，且可长可短，平时携带方便。此外，还有用皮、麻类、索类等编织制成的如蛇形软鞭、笞鞭、皮鞭等，在使用技巧上以抽打为主。软兵器的长处在于便于携带又较为隐蔽，相比于硬兵器可以发挥以柔克刚的作用。

　　有关暗器的记载多见于野史秘闻、小说影视中，可见暗器并不为传统文化中所倡导的善恶两分、正大光明的理念所接纳。血滴子据说是雍正皇帝在位时期独有的暗器，也被认为是一种毒药或者秘密组织。武侠小说《童林传》中说，血滴子以革为囊，内藏快刀数把，控以机关，用时趁人不备，囊罩其头，拨动机关，首级立取。以暗器而论，其形制类似用绳索或者铁链连接的活动鸟笼，以索击的方式可在较远的距离取人首级，突发制人，现场惨烈。金庸武侠世界里面的正面人物是不屑于身带暗器的，暗器的使用者不是反面人物就是具有亦正亦邪的色彩。附骨针是东邪黄药师的独门暗器，只要伸手在敌人身上一拍，那针便深入肉里，牢牢钉在骨骼的关节之中。暗器虽然厉害，但多数难以稽考，没有历史遗存实物佐证，有的为荒诞不经之说。

　　总体而言，暗器终以其"暗箭伤人"的姿态难以被归于主流兵器行列，对于所谓的将帅军士或者侠之大者来说，正大光明的战斗与战斗的胜利同等重要。"兵者诡道"并不指可以不受约束地使用任何旁门左道的兵刃，否则就是胜之不武，为军士所不屑，为武林所不齿。就杀伤力来说，暗器更类似今天战争中精确的"斩首行动"，往往出其不意完成任务，不会形成较大范围的杀伤力。暗器，终是兵器史上的暗流与幽光。

第六章

战车辚辚

第一节　战车源起

我国军事史上的车战时代由夏商直到春秋，历经 1500 多年，在这期间，作为军队的主要装备，成千上万辆战车驰骋于战场，其主要战斗方式是驾驭战车冲击。

我们的祖先早在四五千年以前就发明了车子。传说上古时代，黄帝部落最先使用车。我们可以从古籍中了解到，夏朝初年，奚仲善造车，被任命为夏的"车正"（管理车辆的官员），后世尊他为造车之祖。《世本·作篇》中有关于奚仲作车的记载。《左传·定公元年》也记载："薛之皇祖奚仲居薛，以为夏车正。"

《尚书·夏书·甘誓》中详细记载了夏初爆发的一场车战。

> 大战于甘，乃召六卿。王曰："嗟！六事之人，予誓告汝：有扈氏威侮五行，怠弃三正。天用剿绝其命，今予惟恭行天之罚。左不攻于左，汝不恭命；右不攻于右，汝不恭命；御非其马之正，汝不恭命。用命，赏于祖；弗用命，戮于社。予则孥戮汝。"

其文大意说：夏启率军在甘之野（今陕西省西安市鄠邑区境内）大战有扈氏，出征前召集六军将领说："负责六军的将领听我说，我敢发誓：有扈氏罪孽深重。他们不仅辱没了仁、义、礼、智、信五行，而且抛弃了天、地、人正道。所以老天爷要结束他们的性命，我们要替天行道讨伐有扈氏。如果车左的士兵不攻左路，就是不服从命令；如果车右的士兵不攻击右路，就是不服从命令；如果车中间的驾车者不驱马向前，也是不服从命令。凡是服从命令者，将在祖先宗庙内论功行赏；凡不服从命令者，将在土地庙处以极刑，并株连九族。"

《竹书纪年》将甘之战记于夏启二年，大约是公元前 2059 年。

《吕氏春秋·简选》记载："殷汤良车七十乘，必死六千人，以戊子战于郕，遂禽推移、大牺，登自鸣条，乃入巢门，遂有夏。"商族的带头人成汤在攻打夏桀的战争中同样使用了战车。

北京大学林梅村教授认为中国造车的历史最早可追溯到夏代。早期的青铜工具大多集中在新疆、甘肃地区，而奚仲早期刚好在甘肃东部地区活动，因此，奚仲造车是存在可能性的。他还觉得中国没有发现早期的车最根本缘由大概是最早的车是木头所制，无法保存到现在，或者当时的人们根本就没有用车随葬的风俗。但是，近期在河南偃师二里头遗址发现轮距 1 米左右的车辙，为我们探索中国早期的车提供了重要线索。

根据先秦文献、卜辞记载，再加上出土实物，我们可以发现殷周时期的战车在形制上差别并不大。方形的车厢，独辕（辀），两个车轮，车轮直径较大，车毂较长，突出于轮之外。车辕前横置一条车衡，衡上缚两轭，用以驾马。车厢门在后面，整个车体用优质木料制造而成，还有铜饰件来装饰。轮轴是车的滚动支撑部件。在一个长 2~3 米的大轴两端，各有一个直径 1 米多的大轮子。轴的两端为轴头，伸出轮外，并套有铜軎装饰，保护轴头。每个轮子有 20~30 根辐条，支撑轮圈。两轮之间的距离称"轨

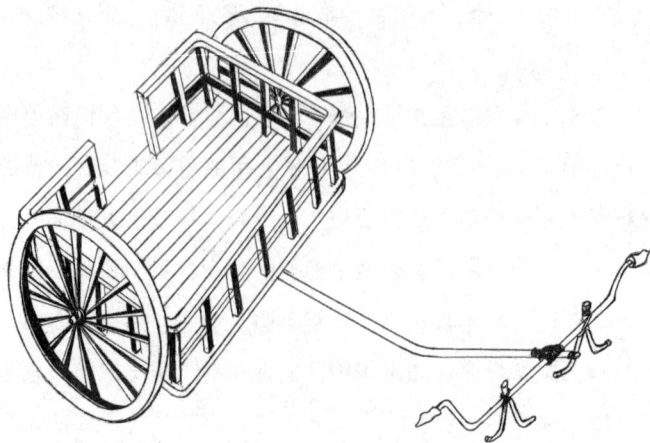

商周战车

距"，一般在 2 米以下。辕、衡是控制车行驶方向的部件，主要靠马匹拉来行进，长度也在 2~3 米。车辕为单辕，与车轴成水平十字垂直，前端上翘至马背高度。在辕端有一横杆，是车衡，横在马背上方、马脖子的后面。车衡两端各有一个叉状的部件，叫"轭"，叉在马的脖子上。这样，马行走起来，就可以通过辕、衡控制车的行驶方向。车厢在当时叫"舆"，用来载人。车厢安装在轴上方，底面为长方形，一般宽 1~1.6 米，进深 0.7~1 米，高 0.3~0.5 米。车厢内通常载 3 人，有时也载 2 人或 4 人。一辆战车一般由 2 匹马或 4 匹马来拉。每匹马通过一根靷绳拉动车辆。靷绳的一端做成一个绳套，套在马的胸前，另一端连在车厢底部。驭手站在车厢操纵若干辔绳，驾驭马匹。如果驾 2 匹马，就在每匹马的马嚼外端各连一根辔绳，由驭手执绳驾驭；如果驾 4 匹马，就有 6 根辔绳。中间两马为服马，每匹马的马嚼两端各有一根辔绳，共为 4 根；旁边两马为骖马，共有 2 根辔绳。《诗经》中"六辔在手"的记载，说的正是这种情况。

战车又分为攻车和守车两种类型。《周礼》中记载战车有戎路、广车、阙车、革车、轻车之分。大军事家孙武又将战车分为驰车和革车两类。曹操则明确提出了攻车和守车的概念。攻车，又称驰车、轻车，是用于进攻作战的车辆。它比较轻巧便捷，通常驾 4 匹马，速度快，机动性能好。车上一般乘 3 人，配备各种长短兵器和弓箭。3 人站成"品"字形，中间突出的人为驭手，握 6 辔，驾 4 马，佩剑 1 把；左为"甲首"，指挥全车作战，有矛、戈、戟、弓箭全套兵器，装备精良，作战时张弓射箭为主；右边称"戎

驷马战车（选自《中国古代车与马具》）

右 ", 有全套或部分兵器, 主要负责侧面钩杀格斗和排除障碍。攻车在作战时能进行快速的冲杀和追击。守车, 又称革车、重车, 通常可载运辎重和伤病员等, 作战时用来防守。守车一般比较重、大, 有的用皮革或铜甲片防护。防守、屯驻时, 将它们排列环围起来, 就构成了防御工事。一般战车下又有若干战斗人员协同作战, 还有一些做杂役的人员（徒役）做后勤保障工作, 这些统编为一 " 乘 "。西周时, 车下有 10~22 名战斗人员、5 名徒役。春秋时, 车下有 72 名战斗人员、25 名徒役。这也是车战时代军队的基本编制单位。

第二节 车战时代

中国历史上第一次有确切记载的战争是发生在公元前 21 世纪末的夏启伐有扈氏之战。战争开始前, 夏启向待命的军队发出庄严的战斗誓言, 这就是历史上著名的 " 甘誓 "。夏启在誓词中要求每辆车上的车左、车右和御者都要英勇作战、各尽其责, 如果不努力作战, 就要 " 戮于社 "。但是我们可以发现, 誓词中只是规定了车兵的任务, 并没有提到步兵、骑兵, 而根据誓词进行推测, 这次战争有战车参战。

因为夏文化距今年代久远, 又没有足够的文献史籍做参考, 所以现在很难详细考察。根据相关文献记载, 商汤起兵攻打夏桀时, 军中的主要装备就是战车。公元前 11 世纪的牧野之战, 较为详细地展示了早期车战的场景。由于殷纣王的暴政, 周武王率领的军队直抵牧野, 而纣王的军队, 根据司马迁《史记》记载, " 发兵七十万人 ", 虽然有过于夸大发兵数量的嫌疑, 但由此也可以看出殷军事实上是集合了非常多的士兵。周军的队伍 " 戎车三百乘, 虎贲三千人, 甲士四万五千人 ", 编制和考古资料基本是一致的, 但甲士还是占多数；走在队伍前面的步兵, 当然是最精锐的队伍。两方部队的设置, 根据殷墟考古资料记载, 不出意外都是两线安排：

第一线的部队按左、中、右排 3 个紧凑的方形队伍，左侧和右侧的队伍为 3 列分布，排在中间的队伍为 5 列分布；第二线的战车大概是以 25 辆为一个单位水平排列的，排列成左、中、右 3 个水平的横队。

即将出战的军人在牧野誓师（即"牧誓"），周军派出军将在阵前挑战，然后第一线步兵以整齐的方阵队形缓慢推进。接敌后，仍以方阵队形进行格斗搏杀。在如此有力的攻击下，殷军第一线步兵很轻易就被击败，于是，周武王率第二线的战车队疾驰攻击，殷军阵形被突破，最终全线崩溃。

从牧野之战可以看出，早期车战中的军队为了保持方阵整齐的攻击能力，步兵和车兵都必须以严整的队形缓慢推进，因此军队的接敌和攻击行动都是在统一号令的严格规范之下进行的。也正是这一特点使得车战战术相当程式化，一般要等到双方都列好阵形后，才击鼓发起攻击，也就是所谓的"成列而鼓"。尽管这种战术比较呆板，但在广阔的平原战场上，战车横队和战术同样呆板的步兵方阵相比攻击力量仍然要大得多。西周时期对战车的形制进行了改进，正如我国古代著名兵书《司马法》所说，着意于提高战车的综合战术性能，缩短轨距和辕长，加大车辕面积，增加车轮的辐条，关键部位增加青铜紧固件，从而提高了战车的固定性和机动性；战车普遍采用四马驾挽，增大了战车的车速和载重能力。在此基础上，以战车为中心组建部队，从此，车战取代了步战，成为最主要的作战方式。

春秋战国之际，诸侯国战乱不断，每个诸侯国都拥有大量的战车，而车战在春秋乃至战国中期一直都是主要作战方式。在漫长的 400 多年中，驷马战车奔驰在中原大地上，在战争中发挥着不可阻挡的威势。《诗经·秦风·小戎》即歌颂了当时战车兵的雄姿。

> 小戎俴收，
> 五楘梁辀。
> 游环胁驱，
> 阴靷鋈续。

文茵畅毂，

驾我骐馵。

……

俴驷孔群，

厹矛鋈錞。

蒙伐有苑，

虎韔镂膺。

交韔二弓，

竹闭绲滕。

……

这是一首赞扬战国时期秦襄公（公元前777—前765年在位）军容的诗歌，大意是：兵车短小灵巧，皮条五处绞绑着车辕，缰绳穿过活环控制住骖马，银圈把行车的皮条扣牢，虎皮坐垫铺在长毂的车上，驾的是骐纹白腿的快马……披金甲的四匹马多威风，三棱矛杆下装着白银套。盾牌上画杂羽文，虎皮弓囊上刻着金，两架弓交错放在弓囊中，竹将它们撑紧，绳子把它们捆住。此诗生动地描述了当时马驾战车的姿态和车上的兵器，也体现了军队的主要力量是战车兵的事实。

考古工作者曾在陕西省张家坡、北京琉璃河、山东省胶州市西庵等地发掘了西周时期的马车，在河南省陕县上村岭等地发掘了东周时期的马车，在河南省辉县、淮阳、洛阳中州路等地发掘了战国时期的马车。据文献记载，西周灭商时，全军只有战车300乘，但到春秋时期，一个诸侯国作战出动的战车数量就已远远超过了这个数字。公元前632年发生的晋楚城濮之战，晋军的战车多达700乘。公元前529年，晋在邾国南部检阅军队，出动的战车多达4000乘。同年平丘会盟，晋叔向曾威胁鲁国说："寡君有甲车四千乘在，虽以无道行之，必可畏也。况其率道，其何敌之有？"说明4000乘战车大概是当时晋国总的战车装备。

《孙子兵法·作战篇》记载："凡用兵之法，驰车千驷，革车千乘，带甲十万，千里馈粮，则内外之费，宾客之用，胶漆之材，车甲之奉，日费千金，然后十万之师举矣。"兵车作战时，战车千乘被视为基本兵力。战国时期，赵将李牧组建军队时，仍把战车视为主力的一部分，并把 10 万军队中战车的数量提高到 1300 乘，比《孙子兵法》10 万军中战车所占比例还要高。

当时战车上的乘员、兵器的配备和马的防护装具，可以从湖北随州曾侯乙墓出土的战国早期的竹简简文中有所了解。曾侯乙墓共发现 200 多枚竹简，详细地记录了丧仪所用的车马兵甲，这些车马的实物没有葬入墓中，但记录的兵器和人、马用的甲，可以和墓中出土的青铜兵器、皮甲胄对比。当时的驷马战车，每辆车上乘员 3 名，1 人为御，每人装备一具甲及胄，甲分"吴甲"和"楚甲"两种。战车上配备的远射兵器有秦弓、矢和各种装备精美的矢箙；格斗兵器有戟、戈等；防护装具除甲胄外，还有画盾、辒盾等。车上竖有斾。除了战车上乘员的防护装具，战马也有防护装备。湖北随州擂鼓墩 1 号墓出土的大量皮甲片中有用来编缀马甲的甲片。据曾侯乙墓出土的竹简记载，当时的马甲有彤甲、画甲、漆甲、素甲四种。有的战车的辕马身上披着虎皮。在这个时期还出现了为保护辕马而用青铜制成的防护装具。

主将和各级将领的车上安置着战车的指挥系统。一种是大旗，主要用来表明主将指挥的位置；还有一种是鼓，主要用来指挥进攻。河南淮阳马鞍冢楚墓车马坑就发现了插在战车上的旗的遗迹，23 号战车上原插有一面旗，旗上有用线缀成四瓣花纹的海贝作为装饰，排列整齐。同时，在 4 号和 7 号战车上都发现了铜质的插旗筒。插旗筒将作为实物资料供我们研究古代战车上旗的插法。旗呈倾斜状插在车舆后部，这种放置法不仅减少了大旗垂直竖立形成的阻力，而且不妨碍成员进行战斗。

鼓对于战争的指挥非常关键。战车的行动主要依据主将的鼓声来操作。战斗一旦打响，主将无论遇到任何情况，都要确保鼓声不停，这样才能保证军队所向无敌。《左传》中描述赵简子在"铁之战"中击败郑军之后，曾夸口说："我伏在弓袋上吐血，但鼓声不衰，今天我的功劳最大。"从甲骨文和金文中鼓的象形字看，战车上的鼓是横悬的。

古代的双轮单辕马拉战车，以及与之配套的青铜兵器和防护装具，是我国青铜时代军事和科学技术装备的象征。战车在古代的战争中极为重要。首先，战车加强了军队的机械能动性，并具有一定的冲击能力；其次，车上人员所佩带的兵器和防护用具，尤其是锋利的青铜兵器，能发挥最大的作用；最后，战车保证了战斗指挥。因此战车部队具有很大的威力。但是战车本身也有很多难以克服的弱点。一辆战车宽约3米，驾上马匹后全长也是3米左右，一辆驾马战车总面积达9平方米，再加上大轮短厢，非常笨重，用单辕衡上的轭驾马，全靠马缰来控制4匹马，很难在战斗中变换队形灵活作战。除去车体自身的重量，3名乘员和他们的兵器装备重量最少也在250公斤。为了维持战车的平衡性，需加长车毂，但车毂过长，稍不注意便会缠在一起，导致整场战斗的失败。战国时齐国田单"断轴木而傅铁笼"保全族人的故事，正是反映了车毂过长不利于众多车辆行进的事实。战车前有4匹马驾驭，位置在中间的两匹服马缚在轭上驾在车辕两侧，两旁的骖马主要依靠皮条等牵引车辆，同时还需借助游环等办法控制它，使之不离开车辆，驾驭特别困难。御者双手执6辔，除非接受过较长时间的专门训练，否则难以胜任。车体笨重，驾驭困难，车体长，全车面积大，再加上当时弓矢的射程有限，因此临时改变战斗队形很难做到。如果遇到山林沼泽等复杂的地形，战车就完全失去了优势。公元前709年，晋曲沃武公和晋哀侯在汾隰作战，哀侯的战车遇到晋军的袭击，骖马被不明物体挂住，车子无法行动，导致车上的人员全部成为俘虏。战车的特点对战斗队形、作战方式起了决定性的作用。

秦汉以后，仍然有人利用车战破敌，如秦末"夏侯婴破李由军于雍丘，以兵车趣战，疾破之"，但这一时期兵车的作用已经发生了变化。汉武帝时，大将军卫青出塞抗击匈奴，"以武钢车，自环为营"。此时，"是以车载米粮、器械，止则环以为营耳。所谓甲士三千，左执弓，右执矛，中执绥之法，已不复存矣"。后世兵车主要用来装载辎重，特别是出塞远征时，必须随行大量兵车以资军用。公元458年，北魏孝文帝亲征柔然时，一次出动兵车 15 万乘，创造了世界战争史上兵车参战的最高纪录。

宋代，北方少数民族崛起，女真、契丹、党项等游牧民族都擅长骑射。每当发生战争，少数民族军队长驱直入，宋军难以抵挡，于是一些军事家主张重建车兵抵挡骑兵。李纲是北宋末年一位有军事才略的大将，他在金军南侵进攻东京汴梁时，采用统制官张行中发明的战车，给京东、京西两路军队培训演习，以便日后作战使用。这种战车"双轮两竿，上载弓弩，又设皮篱，以捍矢石；下设铁裙，以冲人足"，每车用卒 25 人，"四人推竿以运车，一人登车以发矢，余则持军器夹车之两旁"。宿营时，用铁索横连，充当防御工事。后来魏胜创造了一种如意战车，"上为兽面木牌，火枪数十，垂毡幕软牌，每车用两人推毂，可蔽五十人"。火器运用以后，出现了许多装载火器、盾牌的战车。自 1447 年朱冕创议用"火车备战"直到明末，许多戍边将领纷纷倡议建设车营，"藏火于车"，将火器、战车、盾牌结合，用以出塞对付北方少数民族的骑兵。明代九边先

万全车

后装备过正厢车、偏厢车、扇厢车、双轮战车、单轮战车、雷火车、全胜车、鹰扬车、屏风车、冲房藏轮车、火柜攻敌车、塞门车、火车、霹雳驻车等，但这些战车都是活动的战斗堡垒，当年"车毂错兮短兵接"的时代一去不复返了。

第三节　车战阵法

在青铜兵器时代，车战是主要作战方式。公元前597年，晋楚两军在邲（今河南荥阳东北）交战，楚军担心楚庄王亲自出战会有闪失，遂全军发起冲锋，"车驰卒奔"，气势磅礴。战争中出现了远程进攻的战略、灵活多变的战术和独特的野战阵法。

使用战车，可以运输军用物资和作战人员，进行远距离的进攻作战，大范围的远程进攻战略由此而生。夏初，禹的儿子启袭位，陕西关中中部的大族有扈氏不服，于是启亲自率领军队前去攻打，从都城安邑（今山西夏县）出发，在风陵渡一带渡过黄河，向西进至扈地"甘"（在今陕西鄠邑区境内），行程200公里左右。启使用了战车，一举击败了有扈氏。公元前1046年，建都于镐京（今陕西西安西南）的周武王出兵讨伐残暴专横的商纣王，发动了著名的牧野之战。他利用商军主力远在东部攻打东夷部落的机会，率领战车300乘、虎贲3000人、甲士4.5万人，联合庸、蜀、羌、髳、微、卢、彭、濮等国军队，从镐京出发，向东至孟津（今河南孟津县西南），北渡黄河，进至商朝都城朝歌（今河南淇县）的郊外牧野，行程500多里。大量周军突然出现，商纣王措手不及，只好临时组织17万刑徒仓促应战。结果可想而知，刑徒纷纷倒戈，引导周军攻入朝歌，商纣王登鹿台自焚身亡，商朝灭亡。

车战非常讲究野战阵法。"阵"同"陈"，原义是指战车和步兵的排列，也就是军队的战斗队列。春秋战国时期，各种军事行动都与阵法息息相关。所谓"军阵",就是指军队在全身心投入到战斗当中时,根据地形和敌我的状态所编排的队形,这种队形从最基本的一卒、一伍开始,一直到整个队、整个军,都必须做到"立卒伍,定行列,正纵横",依照一定的军事规范和准则来进行编排和调整。所以,军阵就是各种战斗队形打乱之后的排列组合。每一次作战过程,都是根据己方相应的阵列去攻打敌方的阵列,或者以己方的阵列去迎击敌方阵列的进攻。严整而适当的队形是发挥军队整体战斗力、实现指挥意图的必要条件。

春秋战国时期的军队,在投入战斗时所集结的队形总是排列整齐的方形(拒),所以称为方阵。方阵正面作战,有两个基本战术动作。交战开始,军队在鼓声的指挥和激励下,整齐而缓慢地向前推进,战车不能飞驰,士卒不能奔跑,同时张弓射箭并抛掷石球、石块,等到双方军队接触后便开始格斗厮杀。《尚书·牧誓》中记载,周武王要求军队"不愆于六步、七步,乃止,齐焉。不愆于四伐、五伐、六伐、七伐,乃止,齐焉"。意思是无论行军还是击刺,都要时不时停下来整顿队伍,保持阵列整齐才有战斗力。一旦发现敌方队形混乱或者溃退,就要立即进行大规模冲锋、追击。大量战车向前疾驰,无数步兵争先飞奔,其势锐不可当。牧野之战中,周太师姜尚曾率"大卒"车兵"驰之",冲锋陷阵,商军溃不成军。

方阵的基本形式有三阵和五阵两种。春秋初中期大都采用三阵。三阵是由中军、左拒、右拒3个方阵配置成的正面横向队形。公元前707年的繻葛之战,郑军采取了三阵,"曼伯为右拒,祭仲足为左拒,原繁、高渠弥以中军奉公"(《左传·桓公五年》),中军是主力,左、右两翼作掩护。在这次战役中,郑国的子元对传统的三阵进行了改进,"先编后伍,伍承弥缝",部署成"鱼丽之阵"。鱼丽之阵的特点是:撤走了原部署在战车前面第一线的横队,而把战车放在第一列,在一定程度上增强了方阵的行进速度;步卒疏散配置于战车两侧和后方,延续了步车共同作战。鱼丽阵法成为春秋初中期方阵的标志。此战,郑军首先攻击周军的左右两翼,然后再集中兵力从三面攻击周军中军。和西周时期平行推进的正面进攻不同，当时的三阵已经开始采用侧翼攻击方法。公元前575年，在鄢陵之战中，晋楚两军所采用的也是典型的三阵，其中楚军是由精锐的"王族"排列成的"大纵深"队形，战斗力很强。春秋后期，三阵依然盛行。例如，吴国与晋国在黄池会战，吴国部署了3个万人方阵。春秋末年的诸侯大会盟，吴王夫差与晋侯争做盟主，将吴军3万人列成左、中、右3个大方阵，以显示军威。每阵纵横各100人，共1万人。方阵内部又按作战要求构成一定的关系。陕西临潼秦兵马俑2号坑也是一个东西向的大长方形兵阵，编成了左、中、右三路，又有前锋、阵体和后卫之别。

五阵出现于春秋后期，它的前身是一种呈前、后、左、右、中排列的行军队形。公元前541年，晋将魏舒在一次与狄人的遭遇战中，临时将它作为作战队形使用。当时在狭窄的隘道里，战车无法展开，所以便"毁车以为行"，把甲士和步卒混编成5个方阵，按前拒和前、后、左、右5个方位配置，组成了第一个独立的步兵方阵。五阵的特点是有较大的纵深，各方阵之间易于实行兵力机动，也可以互相打掩护。五阵并非只适用于步兵作战，由于春秋后期的战车实行75人制，隶属步兵，五阵这种大纵深的疏散配置对于战车部队的展开也十分方便，可以充分发挥兵器的威力，同时提高了对复杂地形的适应能力。五阵的盛行时间很长。如楚汉战争中的垓下之战，名将韩信就是以五阵大破项羽军的。当时项羽军重兵结阵正面攻击，韩信则令中军后缩，避其锐气，而将两翼展开实施侧击，从而完成了合围，击败了项羽军。在春秋后期和战国时期，由于骑兵和独立战车部队（不隶属于步卒）的组建，出现了用于纵队进攻的"雁形之阵"。雁形之阵是纵队在行进中逐次展开形成攻击的阵形，适宜于骑兵和战车部队实施追击。

战国时期阵形名目繁多，据《孙膑兵法》"十阵"所列，有方、圆、疏、数、锥行、雁行、钩行、玄襄8种，但是基本形态仍然是方阵。战国时期的方阵队形仍然采取三阵和五阵。

方阵在防御状态下就是圆阵。圆阵将方阵中的战车首尾连成环形，拴住马匹，用土埋住车轮下部使之固定，以此作为防守的主要屏障和阵地，步卒以战车为依托在外围接敌，这就组成了防御阵形。接着在车前地面撒上带尖刺的蒺藜，作为第一道障碍。最后还要将全体作战人员组织好，配备各种兵器，依托战车进行防守。当敌人进入蒺藜地带时集中力量射杀，力求大量杀伤敌人。当敌人越过蒺藜障碍进攻战车阵地时，作战人员便依托战车先使用长兵器格斗，再靠近则选用短兵器展开厮杀；前面的人倒下了，后面的人立即补上去，顽强作战，直到将敌人的进攻完全阻止。圆阵将疏散的方阵迅速收拢为密集的防御圈，使军阵只有弧形的正面，而没有较薄弱的侧翼，免除了侧翼遭袭击的危险。没有侧翼，防御正面最小，最适于实施野战防御，在春秋战国时期被广泛使用。公元前260年，秦赵长平之战，赵军临到开战之际换帅，用赵括替换老将廉颇，赵括放弃收势，率领赵军反击秦军，但被秦军阻断退路围困，赵括多次突围失败，于是采取"车城圆阵"与秦军对峙，等待援军的到来。

当时的军阵，如果以作战姿势为标准来划分，主要分立阵和坐阵。立阵，主要采用立姿去作战的战斗方阵；坐阵，主要采用跪姿作战的方阵。立阵与坐阵大致都和步兵作战有关联，或者说步兵重新出现后的结果就是如此。立阵是攻击的方阵，而坐阵具有防御作用。在战车队形中配属的步兵，要根据不同的情况，及时变换作战姿态，所谓"立陈，所以行也；坐陈，所以止也；立坐之陈，相参进止"（《尉缭子·兵令上》）。根据《司马法》的记述，当军队进行防御时，圆阵外围的步兵要列成密集的环形防御圈，就要采取坐姿。

车战是以集结成阵的形式进行的，所以车战的战术就是方阵战术。阵地作战最具有代表性，巅峰时期的车战均切合中原地区的地理环境。从《左传》等典籍来看，当时车战的运行要通过4个程序："一次"，或称军合，即敌我两军先在开战前抢到战地，然后扎营集合整顿准备，约好作战的日期；"二致"，所谓的致师，就是采用单车或少量部队对敌方部队发起进攻；"三阵"，就是列阵，根据兵力与敌方情况，将军队部署为军阵，准备交锋；"四战"，即两军展开最后一战，以定胜负。

车战交手的形式一般分为三种：一种是我方先采取进攻，进军敌阵。

公元前 597 年，邲之战中楚军攻击晋军即采用了此法。二是固守阵形以待敌人来攻。公元前 684 年，长勺之战中鲁军的作战思路就是这样的。三是两方同时采取进攻。一般来说，当时车战对抗的时间很短，胜负一天即可得知。但是也有少数战斗当天没有分出胜负，夜间稍作休息，第二日再战，例如公元前 575 年晋楚鄢陵之战。

车战阵形在春秋时期得到发展，在作战方式上交战双方已经习惯性地采用了三军阵、五军阵，主要体现在军阵内部车步兵力的部署、战术协同、武器装备配置、操作机械动力等方面慢慢有序化。

阵形从聚拢逐渐转变为散开的方式，部队作战时的机动性增强了。这主要体现在进攻的方式上，速度和攻击力都在改变，即由传统的保持队形缓慢推进的方式向快速进军的方向前进，构成了"疾进师，车驰卒奔""车骤徒趋"的进攻场景，初步的野战防护方式就这样产生了。在这个时候，次军（军队屯驻）已经建立好了营垒。这些营垒多数都设有防护装置，可以阻挡敌方战车的攻打，即所谓"深垒固军以待之"。

随着战术观念的变化，一些灵活多变的战术纷纷产生，早期战争重视信用轻视欺诈的传统观念开始受到冲击，在对方还没有排列好作战队形时就发起进攻也是存在的。此外，战车阵地战慢慢渗入更多的作战方法，包括迂回侧后，攻其不虞；出其不意，晦日进兵；欲取先予，乱敌阵形；避实击虚，由弱及强；诱敌冒进，侧翼夹击；等等。郑卫北制之战中出现了"迂回"战术。公元前 718 年，郑庄公为报过去战败之仇而进攻卫国，卫国借南燕军与郑战。郑庄公将三军布置在正面，另外派军队迂回绕道到北制（今河南汜水西），从卫国军队的背后进行袭击，大获全胜。晋楚城濮之战中运用了"诈退诱敌、侧击、夹击"战术。公元前 632 年，晋楚两国为争夺中原霸主的地位，在城濮（今山东鄄城临濮集）拉开战幕。晋军以先轸为元帅，列上、中、下三军。楚军主将子玉也列左、中、右三军相对。先轸先派下军用虎皮蒙在马背上进攻楚右军，楚右军看到披着虎皮的马匹惊怯逃散而溃败。先轸又命上军高竖起两面主将旗向后移动，诈退诱敌。子玉果然中计，令全军出击。当楚左军追击晋上军时，先轸派中军一支主力横向侧击楚左军，同时上军也配合中军夹击，楚左军很快也溃败了。子玉见此情景，连忙收回中军退走。晋国大获全胜，从此称霸中原。公元前478年，吴越笠泽之战中又创出"两翼佯攻，中间突破"的战术。越王勾践趁吴国遭受灾荒之机发兵攻吴，沿笠泽江（今江苏境内吴淞江，又名苏州河）南岸摆下三军。吴王夫差也连忙在北部部署三军，与之夹江对阵。夜晚，勾践靠夜幕掩护，排出左右两支"句卒"小部队击鼓呐喊，佯装渡河进攻。夫差不明情况，急命左右两军迎击。勾践却集中三军悄悄渡河，突然击鼓进攻吴中军。吴中军不敌，顿时大乱败退。越军乘势追击，又接连在没（今江苏苏州南部）、郊（今江苏苏州南郊）两次击败吴军，迫使夫差退入都城姑苏（今苏州）据守。勾践筑城于胥门（西门）之外，进行长期围困，3年后终于灭吴。

第四节　车战五兵

楚国爱国诗人屈原在《楚辞·国殇》中形象描绘了当时车战的画面。

操吴戈兮被犀甲，车错毂兮短兵接。旌蔽日兮敌若云，矢交坠兮士争先。凌余阵兮躐余行，左骖殪兮右刃伤。霾两轮兮絷四马，援玉枹兮击鸣鼓。天时怼兮威灵怒，严杀尽兮弃原野。出不入兮往不反，平原忽兮路超远。带长剑兮挟秦弓，首身离兮心不惩……

译成现代的语言就是：盾牌拿在手中，身上披着犀牛甲。敌我车轮互相交错，刀剑相互砍杀。战旗一片要把天空遮盖，敌兵仿佛连绵不断的云。双方的箭相互交错，争先恐后，谁也不相让。阵势被冲乱了，左边的骖马死去了，右边的骖马被刀刃所伤。埋了两车轮，来不及解开马头缰；战鼓

盾

被擂得咚咚响。天昏地暗，鬼哭狼嚎，片甲不留，死在疆场上。刀剑有出无入，士兵有去无还。战场渺渺路遥远。身首虽异地，气概永不变，依然拿着弯弓和宝剑……

全诗形象地阐述了盾牌、犀甲、秦弓、长剑等作战兵器的运用，记述了从较远距离的对射开始，错毂格斗和成组兵器的使用过程。《周礼·夏官·司兵》中记载着"军事，建车之五兵"。历史上对车战中必备的5种兵器的解释说法不一，《考工记》中认为五兵是"戈、殳、戟、酋矛、夷矛"，《五经正义》将五兵解释为"矛、戟、剑、盾、弓"。北京昌平白浮3号西周墓出土的一组兵器，远射兵器有弓，仅存弓柲；格斗兵器有戟、钺各1件，戈9件，矛2件，斧2件；护体兵器有剑4件，匕首1件；防护装具有青铜胄、饰有铜泡的长靴和盾牌。甘肃灵台白草坡西周墓出土的器物较多，兵器有弓柲、镞、戈、戟、钺、剑等，还有形状比较特殊的啄锤，其中数量最多的是戈，达到53件。

春秋时期，车战兵器的组合逐渐规范化、制度化。兵器主要由戟、殳、戈、矛、剑及皮甲胄组成，选材、尺寸、比例、制作等都非常规范，这从国内各地墓葬发掘出土的遗物中可以得到充分证实。

安徽舒城九里墩春秋墓出土的一组青铜兵器包括远射兵器弓、矢，格斗兵器矛、戈、戟、殳，同时出土了无内的戟果。戟的刺、体用柲联装，殳的尖端有刺。格斗兵器分别放在墓内南北两侧，南侧放戈、矛、戟、殳，北侧置戈、矛，都安装了3米长的柲，柲已腐朽，仅存外表髹漆的漆皮，黑底绘制朱色的图案。出土的马车器有衔、车軎及辖、辔饰等。

湖南长沙刘城桥1号春秋墓出土了一组车战兵器和1个竹箭箙，箙内装有8支完整的箭和46枚铜镞。戈和矛保存完好，柲有0.9~1.4米长和2.8~3.1米长两类。1件朽竹柲戟，长2.8米。墓中出土的青铜剑顶端是喇叭的形状，茎部有双凸箍，带有漆鞘和木鞘，制作精细，比较有代表性。在墓中还发现了一些皮甲残片。

龙纹四穿戈

湖北随州曾侯乙墓出土了大量的兵器。弓有竹质和木质两种，分单体弓和复合弓两类，箭上安装有青铜镞。戟、殳、矛、戈多数都是积竹柲，多长3米以上，有的长4米。戟在柲上除联装戟刺和戟体之外，又联装了两个类似无内戈的戟果，成为多果戟。殳上装着带刺的球体，上面布满三棱状尖锋。墓中出土的青铜甲胄中，有的胄端伸出长而带子刺的矛尖，安装在车轴头后，可起到杀伤敌人的作用。同时出土了成套的髹漆皮甲胄，皮甲由甲领、甲身、甲裙三部分组成。墓中还出土了成套的皮马甲，作为辕马的防护装具。马甲髹漆，并有完整的皮马胄即马面帘出土。这些马甲在墓中出土的竹简简文中有记载。

湖北江陵天星观1号楚墓出土了160多件兵器，包括竹木弓7张。其中竹弓5张，弣部较宽，用三片竹片叠合，以丝线缠紧，通体髹黑漆；木弓2张，在弓弣处内里贴附木片，髹有黑漆。发现的戈为长胡三穿，柲较短，附柲全长仅1.5米。戈和戟的柲较长。矛只有2件。戟仅存戟刺和戟体，均是刺和体用柲联装的戟，也有戟上用的无内戟果。戟柲均为积竹八棱形。还有6件完整的殳，平头铜帽，装积竹柲。出土了32件剑，均附有髹漆木鞘，并出土了1件漆剑椟。天星观1号墓还出土了19件盾，长方形，中有脊，盾面两边等距离缠10条皮革，外裹麻布，髹黑漆，有的还加了彩色图案。出土了1件皮甲，亦用甲片编成，甲片后附有木胎，表面髹黑漆。

从以上4座东周墓葬的发现可以看出：春秋到战国中期，车战兵器的组合逐步完备，特别是格斗兵器的柲体长质坚，更适合在两车相交时进行拼杀。供兵将作战用的皮甲胄和供辕马披的马甲已相当完备。车战兵器和

侯戟

防护装具制作精良，技术先进，这说明当时车战已经达到空前繁荣的地步。

西周时期，为了使青铜兵器更适合车战的需要，大都对商代同类兵器加以改进。西周时期的铜镞变化不大，薄翼厚脊，双翼前聚成锋，后有倒刺。甘肃灵台白草坡西周墓出土的200多件铜镞，两翼的夹角比商代的加大，倒刺更明显并且锐利。铜戈是这个时期的主要兵器，形制上做了许多改进。直援直内戈，援和阑之间的夹角由直角逐渐扩大为100度角，援刃由平直改进成弧曲刃，短胡一穿的戈成为最常使用的形式。有的戈在阑上两侧铸出向后斜出的翼，可以固定在柲上。这种阑侧带翼的戈，是西周铜戈的特征。铜矛仍为中有凸脊的两侧扁叶形的形制，矛体较商代稍小，矛锋更加锐利。西周开始出现铜戟。河南浚县辛村出土的青铜戟，前援、后内、上刺、下胡呈"十"字形，是把戈和矛合铸成型的。这种戟有两种形制，第一种是以矛为主，旁侧加铸戈援，用銎装柲，数量极少；第二种是以戈为主，上端加铸扁刺，装柲法和戈相同，数量较多，但多数戟体轻薄，大概是仪仗用具。矛、戟等格斗兵器都装有较长的柲。西周护身兵器有较短的青铜剑，剑身似柳叶状，有中脊无剑格，剑茎扁平较剑体窄，上有穿孔，可能用来缚木柄，在陕西沣西张家坡西周墓中曾出土过。甘肃灵台白草坡西周墓中出土的1件青铜剑，剑身修长，呈锐角三角形，身后接较窄的短茎，插在带有透雕花式的铜鞘内。北京昌平白浮墓出土的青铜短剑，剑身和茎相接处左右各斜伸出一个小齿，茎头装饰兽头图案。根据陕西宝鸡的考古资料，随葬的青铜剑都出现在棺内死者腹部的右侧，大都佩鞘，鞘内以皮革或木质为衬，外部裹着铜片，有的饰透雕的动物纹饰。北京昌平白浮墓中出土的青铜匕首，前锋似矛，柄端有带锥的铜铃。

西周时期的主要防护装具是盾和甲。陕西宝鸡北首岭西周墓出土的盾牌呈梯形，高 1.1 米，上髹黑褐色漆，盾中镶嵌青铜盾饰。另一些地点出土的青铜盾饰，多呈圆形或方形，饰人面或兽面的图案，形象狰狞可怖。北京昌平白浮墓出土的 2 顶铜胄，高 23 厘米。山东西庵西周墓出土的 1 件铜铠甲，宽 37 厘米，胸甲由 3 部分组成兽面状，后部两侧各有一圆铜泡，具有防护作用。

进入春秋时期，青铜兵器的质量和产量都比商周时期有了提高，青铜冶炼技术日趋先进。此时已掌握了制作各种兵器合金比例的配方，《考工记》中做了详细的记录，兵器的性能、品种有了很大的变化。

提升兵器的作战性能就要改进传统兵器的外形。

远射兵器铜箭镞的外形首先得到改进。改进的箭镞双翼的夹角更大，血槽更为明显，原来两翼低缘平着向两侧伸出而形成倒刺，这时变成向后弧伸的两个长后锋。河南上村岭虢国墓出土的呈三棱形的新型铜镞，使箭的穿透力更强。弓的制作也更加精致、规范化、标准化。这时期使用了新型的远射兵器弩。弩是在弓的基础上产生的，为木臂铜机。东周时期的铜弩机只有悬刀、钩心和牙，没有铜郭。

西周·青铜箭镞

其次是长柲的格斗兵器的改进。春秋时期的铜戈胡更长，上面多了两个穿，援部有脊，援的上刃和下刃前后都为 135 度的内折而聚成圭状的前锋，河南上村岭虢国墓和山西长治春秋墓中出土的铜戈是典型的代表。战国时期戈援开始变窄而上昂，锋端又微向下弧，援和柲的交角更大。铜矛的骹下部做穿孔，矛头更牢固地安装在柲端。春秋以后格斗兵器戟的柲加长，刺似矛而稍小，戟体似戈而援的曲弧较大，穿多胡长，一般为三穿或四穿。湖北随州曾侯乙墓出土的多果戟，戟体下柲部装置 1~2 件无内的戟果。戟、矛的柲开始采用"积竹"的做法，就是在中间用木质做芯，外围裹一层或两层长条竹篾，每层竹篾的数量为 16~18 根，竹篾外面用丝织品紧紧缠绕，或者用多股丝线紧缠，然后在表面髹漆，器柲牢固而富有弹性。

春秋时期的剑在脊、茎、刃等方面有明显的变化，茎端有圆形剑首。长沙浏城桥 1 号墓出土的 4 件铜剑，茎部带有双凸箍，剑首为喇叭形，均带有漆鞘或木鞘，剑长 50 厘米。湖北望山 1 号墓里发现 1 件越王剑，剑锋锐利，做工精美，剑茎缠缑上保留着清晰的痕迹，剑格饰有花纹而且嵌着蓝色琉璃，剑身满布菱形暗纹，衬出 8 个错金的鸟篆铭文，为"越王鸠浅自乍用剑"（即越王勾践自作用剑）8 个字，剑全长 55.7 厘米。这把剑刃部不是平直的，最宽处约在距剑格三分之二处，呈弧线内收，至近剑锋处外凸然后再内收成尖锋，代表着春秋晚期以来铜剑的特色。其刃口两度弧曲的外形，说明剑在使用时注重的是它直刺的功能。这件剑的铸造技术也代表了吴越工匠的最高水平。

第五节　兵制雏形

夏、商、周三代的兵制构成及发展完善，是我国军事发展史中一个重要的组成部分。军事发生的源头即为战争，也是很多影响因素的中心，凡兵器、兵制、兵法、兵家等等，都是以战争的胜利为最终目的而存在的。

在中国悠长的历史中，尤其是在阶级以及国家产生和奴隶制确立之后，战争逐渐增多，规模不断扩大，而且在性质和特点上也发生了翻天覆地的变化，前期主要以简单的争夺财富和占领土地为重点，在后期演变为处理政治集团和阶级矛盾的斗争。因此，战争主要体现为缔造王朝、保护和拓展统治阶级利益的征伐。夏、商、西周三个朝代的交替以及这三朝对各领头方国的统一治理，都是以战争作为实现的手段。

原始社会末期，还不存在今天所谓的军队，而且作战的两方士兵都出自各自的部落。夏代以后，国家出现，政治制度渐渐完善，国家机器的关键构成成分——军队建立起来，主要用作维护和扩充统治。统治者主要负责组建、管理和领导军队，这些都需要一定的制度体系去维护。

主要以领土和财产作为基础的夏代是奴隶制军事制度的开始，还带有相当浓厚的原始氏族的味道，依旧存在大量以血缘为基础的氏族部落武装，但以地缘关系为主的、兵农合一的民兵制度已经慢慢显出雏形。

商代是中国奴隶制军事制度的发展时期，在夏代军队组建的模式上，出现了直接归属于商王的王国军与其他带有藩属性质的方国军两大军队体系，它们均包含由"众"组成的"师旅"和由血亲部族成员组成的族军，这种双重性是由商代政治与社会生产发展不平衡的状态决定的。

西周时期，奴隶制军事制度已经进入成熟的阶段，形成了以周天子为核心的军事指挥领导体系。周天子在对待王室军的事情上一向亲力亲为，同时牢牢掌握着诸侯国军队的组建和指挥权，当时已经建立了国家管理军事的最高行政机构——司马，统管天下军队。西周晚期，在军队和兵制上也都有很大程度的进展，建立了由伍、什、两、卒、旅、师、军等逐级组成系统的军事编制体系。周人在军队的兵源构成上，仍然奉行"国人当兵，野人不当兵""兵农合一"的民兵制度，但服兵役已经有了"正卒"与"羡卒"之分，也就是现役与预备役的区分。

随着军队的正规化和常备化，军队的训练就成了必要环节，不但在军事训练中严格要求，并且慢慢总结出了一套有效的训练方法和具体的训练内容。

为了使军队在日益复杂的战争中实施高效率的行动，并且在指挥上取得优势，西周时期已经有了一套金鼓旌旗发号施令的军事指挥系统。除此之外，在西周时期的军队中还出现了一股极为特殊的力量——禁卫军。周代天子的禁卫军名叫"虎贲"，由贵族子弟构成，他们平时主要负责王室和宫室的安全防卫，作战时由于装备的精良和训练的规整性就成为军队中的主力。西周时期，可以说奴隶制军事制度的延伸已经到了军队制度的巅峰。春秋时期，随着社会的进步，人们的需求也在发生变化，产生了新的政治制度，军队的性质、兵源、编制等都在改变，奴隶制的军事制度开始走下坡路，慢慢向封建制度转换。

在原始社会晚期和夏代，由于社会生产力水平还比较低下，石制兵器依旧占据着军队武器装备的主要地位，但相比原始社会早期的武装工具已有了明显进步，不仅武器的种类增多，更重要的是在制作水平上有了巨大的改变，普遍采用磨制，同时还掌握了给武器钻孔装柄等制作复杂复合器物的技术。到了商代和西周时期，生产力水平提高，手工业发展，制陶技术的提高促使冶金和铸造技术迅速发展，而铜是当时人们掌握的唯一能大量冶炼的金属，因此青铜兵器在商周之际风靡一时。从考古发掘获得的信息看，商代军队中已大量装备不同种类的青铜兵器及甲胄装备等，但木石兵器仍然是装备军队的主要兵器。西周时期，由于青铜冶铸技术进一步发展，出现了专门以制造武器为主的青铜手工业，青铜兵器的生产不仅数量上远远超过商代，而且制作工艺也达到更高的水平。商代的不少兵器在西周时期不断得到改进并定型，还出现了一些新的兵器种类，如剑、戟等，这些进步很大程度上提高了军队的作战性能。

史料记载，大约自夏代开始，车就已经出现在战场上。商代，车被更多用在战场上。西周时期可谓是我国战争史上车战的顶峰时期。战争中所投入的战车数量大，战车的制作比商代更为牢靠坚固，作为战车的动力，挽马也由原先的2匹增加为4匹，驱动力增强，运载能力增大。战车的出现与不断发展不单单为军队增添了新的战斗装备，而且催生了一个新的兵种——车兵，军队的编制由原来的车、步单独编组逐渐演变为以战车为中心的车、步混合编组，这些混合编组的以战车为中心的作战单元则按一定数量编为"乘""偏"等大小不同的独立作战单位。与以上编组相适应，战车的出现和发展变化还导致了作战战术的巨大变革。

　　从夏至西周，战争性质一直在发生变化，战争的规模、频率和作战方式也在一定程度上有所变化。人们在长时间军事斗争的实践中不断积累经验，就有了早期的谋略思想和作战原则，并且产生了汤灭夏鸣条之战、武王伐纣牧野之战等经典战例。随着谋略思想和作战指导的关键性越来越被大家所熟知，一些战略思想和作战指导原则被人们整理出来，并且绘制篇章。经考古发掘和留存的史料印证，当时的军事思想已经有了很大发展，并且形成了《军志》《军政》等军事著作，涌现出一些著名的军事谋略家，比如辅佐商之伊尹、辅佐周之吕尚等。他们丰富的政治、军事知识在军事实践过程中不但加深了对战争本身的认识，也加深了对与军事相关的影响因素的认识。他们学习前人，并且有创新和发明的成分存在，这些都为春秋战国时期中国古代兵法的发展奠定了基础，为中国古代军事战略思想的产生和发展做出了不可磨灭的贡献。

第七章

城池攻防

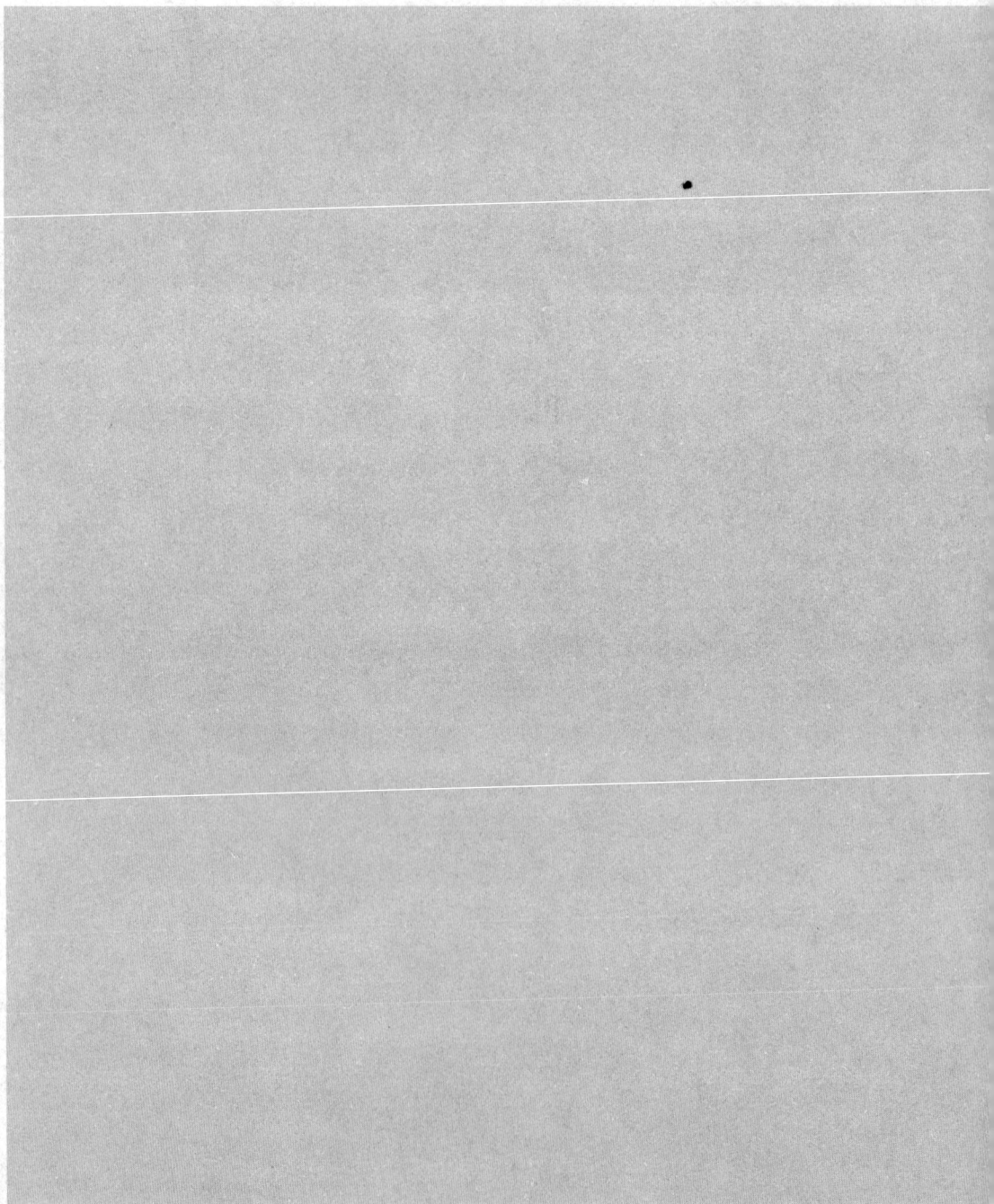

第一节　城墙春秋

城，人们常常会将其与郭并称，称为"城郭"。其实，城和郭的本义是有区别的：城原本特指内城的墙，郭则是外城的墙，城郭则是外城和内城的统称，进而演化为泛指城或城市。这表明了城墙对于城市的重要性。

正因为城墙在城市防御中的重要地位，在新石器时代就已经出现了城郭的雏形。为了保护居住地和重要的生存设施，各个部落开始在敏感区域的周围建立防御工事，如半坡遗址和姜寨遗址的外部就挖有壕沟。商代则开始大规模地出现围着城墙的城邑，一些城邑的结构与规模已经称得上"城郭"，河南偃师商城、郑州商城就是其中的代表。

一座包含内外城的城郭通常有两种形式，如下图所示。

除了位置不同，城郭的城市功能也存在着明显的差异。《吴越春秋》称："筑城以卫君，造郭以守民。"这句话明确地表明内城是服务于统治者的，外城才是让老百姓住的。外郭要么将城包围起来，要么是内城的屏障，目的都是为了保护内城，为其增加一道防御缓冲区。因而，外郭具有极其重要的军事防御作用。《礼记·礼运》曰："货力为己，大人世及以为礼，城郭沟池以为固。"表明统治者非常重视修建城防设施，甚至将其升级到"礼"的层面，并逐渐形成了具有法律效力的城郭制度，这种制度从春秋一直延续到明清。

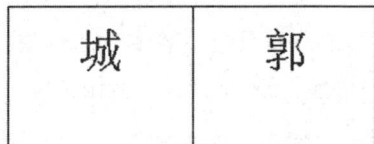

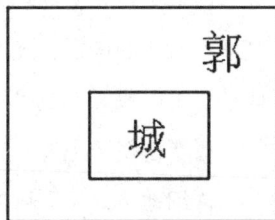

城郭

　　战国时期，较为通行的内外城比例为 3∶7，即"三里之城，七里之郭"。而在封建社会的鼎盛期与后期，皇帝所在的京城发展为三层结构：宫城（大内、紫禁城）、皇城或内城、外城（郭）。

第二节　守城与攻城

一、守城

　　作为一个区域乃至整个国家的经济、文化、政治中心或者战略要地，城市往往聚集了大量的人口，积累了巨额的财富，成为"兵家必争之地"，因此城市的主人都非常重视城市的防御，而侵略者则会想方设法攻破并占领城市。攻城与守城就像矛与盾一样，进入了一方越来越锋利、一方越来越厚重的"军备竞赛"之中。

　　战争史就是一部城市的攻防史。根据粗略统计，仅战国时期较大规模的战争就有 230 多次，其中攻城战占据三分之二以上。在冷兵器时代，攻城难度很高，攻城方经常会付出相当惨重的代价，《孙子》中便有"杀士三分之一而城不拔者，此攻之灾也"，"故上兵伐谋，其次伐交，其次伐兵，其下攻城"的说法，连"兵圣"孙子都认为攻城是"下下策"。这些都说明在那个时代守城战术和器具更为完备和发达，在攻城与守城这一矛盾中，"盾"占据了上风。与孙子同一时代的墨子甚至发展了"完美守城攻略"，详细地论述了守城的装备、战术、要点，堪称冷兵器时代守城战略的"百科全书"。他以此四处推销自己的"非攻"理念。

　　墨子的这一观念，加之筑城和城防技术的高度发达，使得"筑城防御"军事思想一直为中原统治者所钟爱，甚至一些受到中原文化熏陶的异族首领也偏爱起筑城防御，游牧民族匈奴首领赫连勃勃修筑的统万城便以坚固而著称。封建王朝历代统治者对于长城防线的高度重视，也证明了以城墙为基础的战略防御思想在我国历史上的地位，这种理念极大地影响了中国历史的走向。

中原民族的生存环境和经济特征是"被动防御"军事思想为中原统治者青睐的最基础的原因。优越的自然条件使得农耕经济成为中原地区的主导经济模式，这种模式要求居民定居，"安居乐业"，不能像游牧民族那样居无定所、游击争斗。但是适于农耕的平原对于守家卫国是不利的，如果没有坚固的城防很难防御游牧民族铁骑的骚扰。另外，城墙与城壕在防洪、防盗、防猛兽方面也能起到重要的作用。华夏民族在固若金汤的城墙保护下，屹立于世界的东方，创造了唯一一个不曾中断过的文明。

虽然在城墙、城壕的防护下，守城方在战术上有一定的优势，但是守城依旧是一项艰巨的任务，特别是在准备不足、补给匮乏、缺乏援军的情况下，失守的概率大大提高。因此，城的守卫者要时刻保持警备，做好食物与弹药的准备，经常加固城防，做好侦查与预警。

当攻城敌军逼近时，城外的居民一般会携带贵重物品以及食物和武器撤退到城内，从保护有生力量和坚壁清野的角度考虑，城主一般也会接纳这些居民。但是如果城主有打持久战的打算，通常会将无作战能力的居民拒之门外，甚至会将城内无作战能力的平民赶出城外，以保证部队的物资供应。

二、攻城

城的重要性使得它无论多么坚固、多么难于攻打，也总会有人去尝试攻打，甚至不惜代价。攻城者需要付出比守军多达数倍的兵力，还需要更为充足的兵力来控制支撑城的乡间地区，击退解围的部队。

要想攻占一座城，最直接也最简单的方法便是通过破坏城防，让己方部队攻入城中，完成对敌方有生力量的瓦解。破坏城防，最直接的方法是破坏城墙结构，比如投掷石头或者用火炮进行撞击破坏，城壕则可以选择填平。对于特别坚固的城墙，选择城门或其他薄弱部位用撞锤等武器冲击以获得突破口是不错的方法。

如果未配备大型攻城武器，则可以选择建造攻城塔和云梯进行强攻，但是往往会给进攻方带来较大的伤亡。

无论采用何种方式，攻城对于进攻方都是一项耗费人力、财力与兵力的大工程，需要周密计划，同时要与防守方在强攻与劝降之间进行博弈。

比如进攻速度，需要考虑双方的兵力、物资与后勤补给的数量和补充速度、援军的规模与行动速度、双方的士气等因素，决定是快速强攻还是通过长期包围促使对方投降。另外，进攻方在完成准备工作之后，一般还会给予防卫者最后的投降机会。

攻城战一旦开始，往往就会以惨烈的形式结束：或是城被攻破，或是攻城者因伤亡惨重被迫放弃。倘若攻城者在胜负未能分晓或者缺乏正当理由的情况下撤退，往往会被视为耻辱。

攻城战开始后，攻城方会包围城市，防止守城士兵逃走或突围，确保"连一只蚂蚁都无法溜走"。攻城者还需要收集敌方援军的信息，确保物资特别是粮食供给。因此对于攻城方来说，攻城是一项涉及多兵种、全方面配合的大工程。

在战术方面，攻城方的指挥官需要运筹帷幄，熟悉城市的地形、城防的结构、守军的配备，能够集中优势兵力选择薄弱点进行攻打，同时要善于审时度势，运用计谋，尽量以最小的代价完成攻城战。比如利用守军士气低落进行劝降，派遣"第五纵队"进城进行策反、破坏活动，等等，都可以有效地降低攻城战的难度，减少伤亡。

如果守城一方投降，攻城方还需做好战俘的管理工作，防止"诈降"与"反策反"。而攻城方一旦占领城市，便要做好守城的准备，防御敌方援军，此时攻守双方便交换了角色。如果攻城方兵力不足，难以守住被攻下的城，往往会选择掠夺贵重物资后弃城而去。

如果攻城战过于惨烈，攻城方在攻占城市后，往往会对占领的城市进行洗劫甚至屠城，这会给攻城方的名誉带来损害，也将严重影响城市的发展，有时甚至会使城市失去功能，乃至被摧毁。

第三节 攻守器械

攻城战中攻守双方会用到一些在其他战斗中不会使用的武器，这些武器便如矛与盾一样，是在"你利我固"的竞争中通过"克制与反克制"发展出来的。这一点与生物界的"红皇后假说"极为相似，一方必须不断地发展以适应对方的发展才能不被淘汰。

一般来说，在冷兵器时代的攻城战中，防守方占据了一定的优势，城墙为士兵提供了掩护与制高点，城壕则提供了屏障。进攻方为了遏制防守方的这些优势，发明了很多攻城武器；而防守方为了增强城防的优势，抵御攻城战，也发明了很多相应的遏制武器。

一、飞钩

飞钩，顾名思义，是一端系有绳索的铁钩，主要被攻城方用于攀缘城墙。飞钩可以说就是为了攻城而诞生的，它历史悠久，在《墨子·备梯》《武经总要》《练兵实纪》《兵器图说》中都有记载。令人惊讶的是，飞钩的生命力极为顽强，甚至在火器已经广泛使用的太平天国时期，乃至抗日和解放战争中，都曾建功立业。

飞钩不但可用于攻城，亦可用于守城。在攻城方以云梯冲城时，守城方可以使用飞钩将云梯拉倒或拉垮，瓦解敌人的进攻，但是需要较高的技巧与勇气。

另外，飞钩夜袭是守城者特别需要防范的一种攻城手段。在人工照明手段匮乏的古代，攻城方只需在夜间派出小股部队通过飞钩夜袭，就可以在不惊动守城方的情况下翻越城墙进入城中，从事破坏、骚扰等"第五纵队"行动。对唐代的长安城、明清时的北京城这些大城，飞钩夜袭更是难防。为此，守城者发明了狼牙拍和夜叉檑。狼牙拍是在厚木板上安装铁钩、铁钉并用粗绳拴绑，夜间挂在城上，用来杀伤攀登城墙的敌方。夜叉檑与狼牙拍相似，只是用圆木代替了木板，除了可防夜袭，还可当檑木滚木投下。

二、云梯

云梯可以说是攻城战中的必备武器，也是"元老级"武器，据记载，早在公元前11世纪的周伐崇之战中就已经应用。云梯可以说因攻城战而生，它横置可以用于过城壕，竖置可以用于攀城墙，后来还衍生出大型的云梯车，便于行军运输。

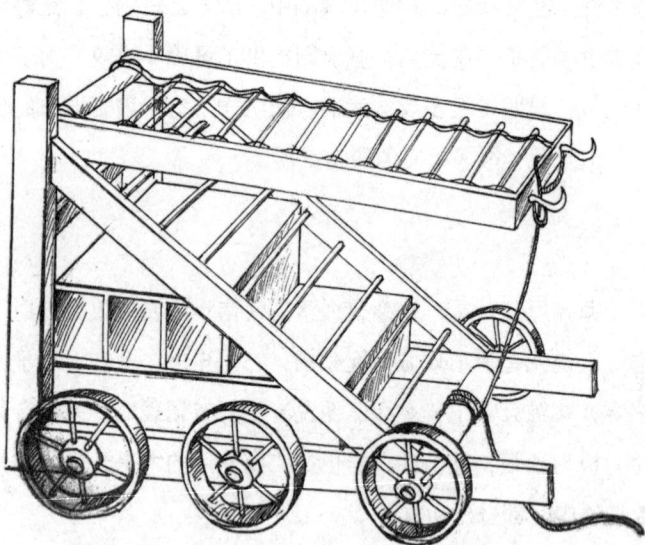

云梯

三、抛石机

抛石机，又称投石机、炮、抛车，相传发明于周代，在《范蠡兵法》中有"飞石重十二斤，为机发，行三百步"的记载。

抛石机由抛杆、抛架和机索三部分构成。抛杆是其最重要的部分，中部设一横轴，置于抛架之上，一端连有皮兜用于装石弹，另一端则是由数十至上百根绳索组成的发射装置，每根绳索需要 1~2 人拉拽。

东汉时期，炮已成为重要的攻城武器。在官渡之战中，曹军便利用一种"自行炮"——霹雳车攻破了袁军据点，为官渡之战的胜利助力。《纪效新书·卷四》中对其有记载："炮车以大木为床，下安四轮，上建双陛。陛间横括，中立独杆，首如桔槔状其杆高下长短大小，以城为准。……其旋风四脚亦随事用之。"

唐宋时期，炮的使用更为普遍，种类也多起来。按照体形可分为轻、中、重型：轻型可由两人操作，中型需数十人，重型炮则需上百人协作操作。重型炮可高达数丈，能发射重达百斤的石弹，在攻城战中足以令守军胆战心寒。

巨型投石机可以说是重型炮发展的巅峰。它不但体形巨大，形制也进行了重大革新。传统炮由一群炮手拉曳提供抛射力，但人的力量很难做到大小、方向一致，从而严重影响发射精准度；巨型投石机以重物作为抛射力的来源，从而克服了人力难以协调的缺点。

巨型投石机在装填时，投掷臂一端先被固定，炮手在投掷皮兜或者投掷碗中装上大石作为弹药。发射时松开投掷臂，投掷臂便会在另外一端重物作用下，将石弹抛射出去。石弹的弹道可以通过调节重物的位置来实现，从而提高打击的精准度，这可以看作是弹道学的雏形。另外，巨型投石机还可以用来投掷燃烧物，增加武器的打击力与杀伤力。

但是巨型投石机目标大且自身的防御能力较差，往往一出现在战场上就成为敌方的攻击目标，因此战场生存力较差。因此，巨型投石机一般会配有护卫部队，这可以看作是一次多兵种协作的尝试。

元代的蒙古人可以说将巨型投石机用到了极致，无愧于古代中国"炮兵之王"的称号。他们能够横扫欧亚大陆，建立庞大的元帝国，蒙古铁骑固然功不可没，蒙古炮兵也立下了汗马功劳，正是炮兵赋予了蒙古军队摧毁一切防御的巨大破坏力。

蒙古人的巨型投石机通常被称为蒙古炮，它是蒙古人在西征时从波斯人那里学来的。蒙古炮的威力与投射精准度都极高，按照古籍的说法："中人立毙，中地下陷三四尺。"让蒙古炮声名大噪的一次战役是襄阳保卫战，正是这种炮摧毁了襄阳城墙，促使历时3年的襄阳保卫战在蒙古炮的怒吼声中，以蒙古人的胜利告终。

虽然蒙古炮并非蒙古人发明，但是他们在运用中对其进行了性能提升。在攻打华沙时，蒙古炮兵向城内发射了大量的毒烟球，使得华沙全城都弥漫着呛人的烟雾，最终守军只得投降，这可谓"化学战"；而在攻打君士坦丁堡时，蒙古军中暴发鼠疫，蒙古炮兵将病死士兵的尸体抛入城中，导致城中疫情爆发，守军不战而败。据称，亚洲鼠疫病菌因此传入欧洲，导致令欧洲人思之色变的"黑死病"，使得当时欧洲人口锐减三分之一。

四、攻城车辆

作为攻城的对立面，为了防止敌人侵扰，城防会越来越坚固，与之相对应的攻城武器随之变得越来越强大，这就给后勤与运输带来了不便。为了解决这个困难，攻城车辆应运而生。

在古代中国，车辆的发明可追溯到商代之前。1972年，河南安阳发现了一个商代车马坑，其中车辆的设计、制造技术相当成熟，已经具备车厢、车轴、车辕，且制作精良，说明在商代之前，车辆已经发展了很长时间。

几乎从诞生之日起，车辆就与战争联系在一起。在马鞍发明之前、骑术尚未完善之时，战车是战场上的主力军。而在骑兵成为战场主力之后，车辆则暂时退出了主力战场，成为运输工具，服务于后勤，攻城车辆也应运而生。

1.巢车

孙子云："能临敌变化者，谓之神。"这表明从古至今对信息权的掌握都是取得战争胜利的重要保证。

城墙作为军事屏障，不但阻碍了军队的前进，也阻挡了攻城方对守城方战略部署的侦察。为此，古人便设计制造了巢车，使得攻城方可以在高处侦察敌军的部署。巢车的名字来自《左传》"高悬望楼，如鸟之巢"，

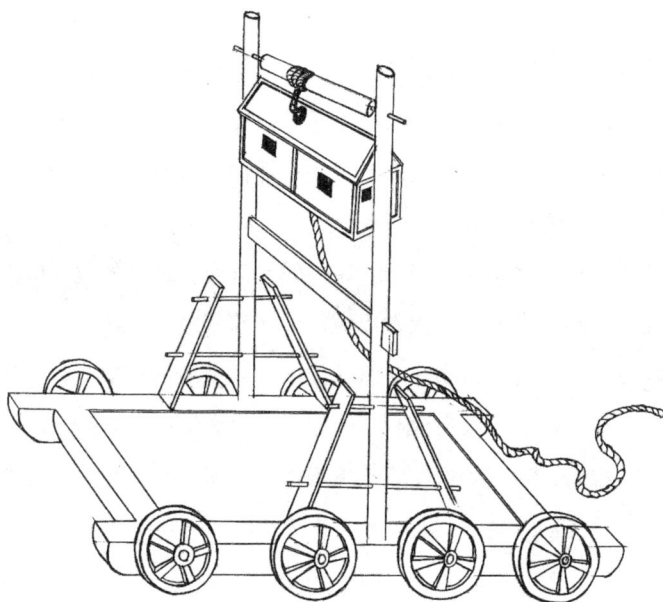

巢车

又名望楼车。其构造为在四轮车底座上竖一根望竿，竿上设瞭望台，瞭望台外面蒙上牛皮作为防护，牛皮上设瞭望孔，用于观察敌人行动。因此，巢车可以看作是移动瞭望塔。

古籍中曾经记载过一款巢车的尺寸：其车辕高度为一丈五尺（4.7米），轮子的直径为三尺五寸（1.1米），望竿的高度为四十五尺（14.08米），由于望竿上必须支撑瞭望台，需要有足够的强度，它使用了上部直径八寸（约0.27米）下部直径一尺二寸（0.38米）的木料，这样的木材较为难得，有时也可以用多木接合的方式达到要求的强度与高度。

有史可稽的、最早的巢车出现在公元前575年的鄢陵之战中，据记载，楚共王在太宰伯州犁陪同下亲登巢车观阵。

巢车不但可以用于侦察，如果有足够的数量，配以弓箭手，也可以作为进攻武器使用。公元200年的官渡之战中，袁绍就曾经利用大量巢车居高临下进逼曹营，利用弓箭使曹军不敢现身。这样的巢车后来发展成为攻城塔。

2. 攻城塔

攻城塔可以看作是原始的装甲运兵车。它体形巨大，外面覆盖着湿润的兽皮作为装甲，保护车内士兵免受弓箭以及火焰攻击。由于重量庞大，它的移动速度缓慢，机动性较差。移动时往往还需要在前方铺设厚木板作为路面，防止车辆陷入泥中。

攻城塔在靠近城墙的过程中，塔内的弓兵会在塔顶的战斗区内向城内发射弓箭，压制敌人火力，保护攻城塔以及移动攻城塔的士兵；一旦靠近城墙，攻城士兵会将一道梯板从塔顶放下搭在城墙的顶端，好让塔里的士兵从梯板冲出与防卫者做肉搏战。但是由于攻城塔移动缓慢，守城方会有很长时间做准备，他们会设法阻止梯板放下。城一旦被攻破，就会有大量的攻城方士兵登上城墙，一场惨烈的肉搏战将不可避免。

3. 壕桥

古代的城除了高耸的城墙之外，城墙外一般还会挖掘护城河或者壕沟，所以要想攻城首先需要渡河或过壕，用土石填埋是最直接有效的方法，但是效率较低，因此"可移动便携式桥梁"——壕桥便出现了。

壕桥最早的使用记录出现在战国时期，称为"飞江"或"飞桥"。《六韬·虎韬·军用》记载："渡沟堑飞桥，一间广一丈五尺（4.7米），

壕桥

长二丈（6.26 米）以上，着转关、辘轳、八具，以环利通索张之"。

到了宋代，壕桥已普遍装上轮子，做成车形，以便移动。为了渡过较宽阔的城壕，同时为了便于运输与制造，后来又出现了结构较为复杂的折叠桥。

折叠桥，顾名思义，就是桥面可以折叠的壕桥。为了能够折叠，这类桥都配有转关（销轴）和辘轳（绞车），转关是用来连接桥面的，辘轳则用来控制延伸桥面的俯仰角度。

4. 轒辒车（尖头轳、木牛车）及头车

攻城战中，攻城方经常会采用破坏城墙、城门，挖掘地道等战术；守城方则会重点关注从事这些作业的敌军，会用最猛烈的箭、石等武器招呼他们，因此对于进攻方来说，这项作业十分危险。为了保护这些士兵，攻城方往往会使用轒辒车。

轒辒车可以看作是"装甲工程车"，它的两侧与顶部都用木板做防护，还蒙有坚硬的生牛皮革；车内可容 10 人。作业时，人在车内将车推到城下，然后在车内作业，可有效地防护车内人员免受箭、石的伤害。

根据外形的不同，平顶的轒辒车称为"木牛车"，尖顶的则称为"尖

轒辒车

头轳"（或者"尖头木驴"）。

宋代出现了一种专门用于挖掘地道的攻城车辆，称为"头车"。头车其实是一种组合战车，由屏风牌、头车及绪棚三部分构成。屏风牌在车辆的最前端，顾名思义，它主要用于防御守城者的攻击，像屏风一样保护头车及车内军士，因此装甲厚重，车头与两侧都设有防护。车顶在木制顶盖上又加了一层皮笆，皮笆用竹编成，再铺上生牛皮，然后再覆上一尺多厚的穰藁（穰、藁都是麦秆、软草之类），最后再盖一层皮笆。在屏风牌的遮掩下，部队迅速挖掘地道，待地道挖通后，攻城部队自车内鱼贯而出进行攻击。

位于中间的头车，典型的尺寸长宽高都在 2 米以上，车顶设有出入口，供军士出入。绪棚连接在头车之后，棚里备有泥浆、麻搭、水袋等，用于防火。

5. 冲撞车

冲撞车是直接用于破坏城墙或者城门的攻城车辆。它的主体是一根前端嵌有铁头的巨大木桩，可以在遮盖物内前后摆动，利用自身巨大的动能所产生的冲力撞击城门或城墙，同时可以利用惯性反复冲撞，直至破开城门或城墙，为攻城部队打开一个可进入城中的缺口。

为了防止守城部队的攻击，冲撞车的顶部会装备厚重的装甲与湿润的兽皮。然而，冲撞车的操作手依然十分危险，往往会全军覆没。

古代阿拉伯人曾发明了一种类似飞钩的守城武器专门对抗冲撞车，可以较为轻易地摧毁冲撞车。

6. 钩撞车

除了直接用于攻城的车辆以外，攻城部队往往还会配备防御冲出城的守军的车辆钩撞车。它的形制类似尖头木驴，在车子的顶部安装了一些长兵器，防御突击的敌军，减缓敌军突围的速度，以便全歼敌军。

五、守城车辆

在攻城战中，守城方由于占有城壕与城墙，具有战略优势，加之城墙空间狭小，因此大型车辆几乎无用武之地。但是为了防止敌人攀登城墙，或者由城防薄弱处（如城门）攻入城内，出现了一些小型的阻挡性守城车辆，如撞车和塞门刀车。

撞车是专门用来对付云梯的一种车辆，其主要结构是一根可前后推动的撞杆，杆的前端装有铁质叶片，当敌人使用云梯攻城时，守城士兵推动撞杆，可将云梯撞倒或撞毁。

塞门刀车则是在城门被攻破或者城墙出现缺口时，用于堵塞城门或者城墙缺口的应急车辆。塞门刀车结构坚固，为了便于迅速移动及有效防御，一般为轻便的两轮车，车体则与城门等宽。车的前端为前刀壁，装备有数十把钢刀，使用时将车推至城门缺口处，可以有效地防御敌人，阻挡敌方的远程武器，为守城方提供临时的防御工事，为增援部队提供宝贵的时间。

六、远程武器

无论对于攻城方还是守城方，远程武器（如弓箭、弩、原始火器）都是有效杀伤敌人、压制敌人火力、掩护前方部队、降低自身伤亡的有效武器。

1. 弓箭

在我国，弓箭最晚在旧石器时代晚期就出现了。在山西朔州的一个遗址中曾发现一枚用燧石加工成的石质箭头，虽已历经近3万年时光，但依旧锋利。

对于弓箭的发展历程，在《吴越春秋》中是这样记载的："弩生于弓，弓生于弹。"其中的弹就是弹弓，也就是说弓箭起源于弹弓。

最初的弓箭结构十分简单，有"弦木为弧，剡木为矢"的说法，将一根竹子或者木头弯成弧形即可作为弓，将另外一根木条或者竹条削尖就成为箭，其射程与杀伤力自然不会太好。

直到商周时期，弓箭才趋于成熟，弓基本上具备了后世弓的形制，箭也开始使用金属箭头。春秋战国时期，弓箭的制造工艺已经成熟，而如果想制造一张性能卓越的弓，从选材到工序都需要极为用心，制造周期往往历时数年，这样的良弓常常被武士将军乃至达官显贵视为珍品。正是由于制造不易，这样的良弓多为成批制造，各项工艺依次进行，具备流水线作业的雏形。批量生产由于规模、耗资较大，多为国家行为，促进了一个国家生产力与管理水平的提高。

西汉以后，随着铁器时代的到来，性能更好、造价低廉的铁箭头逐渐代替铜箭头，但弓的形制并未发生根本性的变化。火器出现初期，弓箭由于轻便易带、使用方便、维护简单，存在了很久，直到鸦片战争之后，才从中国军队的装备名单中删除。

在长达数千载的军事装备史上，弓箭赢得了无上的荣光，甚至曾经位列兵器之首。它还曾经走下战场，变身为达官显贵社交的手段，成为"六艺"之一。

无论是攻城者还是守城者，弓箭在攻城战中都是压制敌人的利器，特别是对守城方，由于大型作战武器难以施展威力，弓箭的作用就更加明显，因此几乎所有城墙都修筑有专门服务于弓箭兵的垛口，使他们可以在有掩护的情况下从容射击；对攻城方来说，虽然有大型攻城武器可用，但是由于运输、发射速度等因素的限制，弓箭依旧是攻城部队特别是突击部队可以依赖的掩护武器。

2. 弩

弩可以看作是一种装了弩机的弓，是弓的升级版本。相传黄帝时代弩便已出现，但确切的文字记载出现在战国时期的《孙膑兵法》，不过根据记载那时已普遍装备，并已形成制式。因此虽然尚未有直接证据，但可以推测弩应该是商周青铜器时代的发明。

在弩的早期历史上，大放光彩的一幕出现在公元前121年，李广率部抗击匈奴时，为十倍之敌包围，使用一种称为"大黄"的强弩，远距离射杀了匈奴将领，从而扭转了战局。

弩的关键部件是弩机，其构造与现代枪械的击发装置原理基本相同。

与弓相比，弩具有两个明显的优势：首先，由于装有弩机，拉弓、瞄准、发射这三个操作步骤可分开进行，因此提供了充裕的瞄准时间，命中率高，此外还降低了操作难度，甚至可以"朝学而暮成"；其次，可以将弓做大，由于拉弓可以借助腿脚乃至绞车，因此可以大幅度提升其射程与威力。虽然弩有这些优点，但是它在灵活性与发射速度上不及弓，因此主要用作防守武器，这恰好成就了它在守城战中的地位。

3. 火器

火器的发明与使用是军事史上的一次大变革，它将人类从冷兵器时代带到了热兵器时代，继而引发了战争模式乃至战术与战略的彻底变革。

火球是装有火药的燃烧性球形火器，也被称为"火炮""霹雳炮"等，可以看作是手榴弹或者燃烧弹的鼻祖。根据明代出版的《武备志》记载："霹雳炮，以径寸之毛竹，取干者二三节，外附铁片，火药，裹竹为球，两端各留寸许，一端为柄，一端装引药。其响若霹雳，故曰霹雳火球。"更为常见的火球以火药为球心，布或纸为壳体，壳外涂抹油脂防潮。使用时点燃火绳，抛向敌方，球体爆炸并生成烈焰。火球用于作战的一个著名实例发生在宋钦宗靖康元年（公元1126年）汴梁保卫战中，宋军利用霹雳炮重创金军。受此启发，金人创制了世界上最早的金属火球——震天雷，在日后对蒙古军作战中得到了广泛的应用。

霹雳火球

火箭是一种带有推进器的弓箭，它利用火药燃烧时所释放的高热气体作为助推力，提高弓箭的射程与杀伤力。

宋仁宗时期（公元1023—1063年），火箭正式成为军队的标准装备。明代后期发明的"火龙出水"可谓火箭发展的顶峰。它是一种二级火箭。"火龙"的主体装有两组助推器，每组4个火箭筒，应用了现代火箭技术中的并联(4个火药筒)与串联(两级火箭接力)原理。据称它可在水面上飞行数公里。此外，当时还出现过3种可返还回收的二级火箭"飞空沙筒"，这些发明为近代火箭的研制开启了思路。

　　火铳是元明时期对金属身
管射击火器的通称，又称"火
筒"。元末明初是火铳发展的
巅峰时期，种类多、装备量大。
根据史料分析，朱元璋能够战
胜敌军建立明朝，火器居功至
伟。公元 1363 年的鄱阳湖水

铜火铳

战，明军利用火铳远攻，在开战初期便摧毁敌船 20 余艘，以 20 万水军对
战 60 万大军，最终获得决战的胜利，这不但是火铳第一次大规模用于水
战，也拉开了火器左右战争胜负的序幕。明朝建立之后，洪武十三年（公
元 1380 年），政府规定，全国卫所驻军按编制数的 10% 装备火铳；永乐
年间（公元 1403—1424 年），明成祖朱棣设立"神机营"，成为世界上第
一个火器部队。

　　红夷炮，也称红衣大炮，主要特点是炮管长、管壁厚，可有效增加炮
弹的射程。据考察，最早引进的一批红夷炮，有效射程为 500 米左右，最
大射程可达 1500 米。后来经过不断改进，有效射程可达到 1500 米，最大
射程达 2500 米。

　　使红夷炮名声大噪的一次战役是宁远大捷。明将袁崇焕依靠所装备的
11 门红夷炮，在敌众我寡且士气不振的情况下，率不足 2 万人的明军，创
造了一场"辽东十年未有之大胜利"，努尔哈赤被迫退军，并郁愤而亡。
明政府为此特意加封 1 门红夷炮为"安国全军平辽靖虏大将军"。

　　地雷是中国古代军事重要发明之一，有据可查的最早的地雷出现在明
朝嘉靖年间（公元 1522—1566 年）。早期的地雷结构简单，将石头凿空，
装上火药与引信既可。明朝中期，地雷得到迅速发展，《武备志》记载有
10 种以上。引爆方式也有了长足发展，除了最普通的燃发之外，拉发、绊
发和机发也相继出现，其中机发对地雷的发展最具意义。中国最早的机发
装置是戚家军创制的"钢轮发火"。它的原理是在机匣中安装一套传动装
置，在触动机索后，匣中钢轮转动，急剧摩擦火石发火，引爆地雷。这种

装置解决了燃发时机难测、拉发雷需要人工看护的问题，使其具有了现代地雷的样式。

水雷是地雷的"表亲"，它也由戚家军发明，主要用于防范倭寇。由于倭寇行动分散，以侵扰为主，既难以全歼，又难以用军队全面防范，而水雷能够有效地封锁港口，保护海岸的居民与军事装备。中国古代水雷最具代表性的是"水底龙王炮"，重 2~3 公斤，外壳为熟铁，内装火药作为战斗部，以香头为引信，长度视目标远近而定，是世界上最早的定时爆炸水雷。

礌

第八章

骑兵突驰

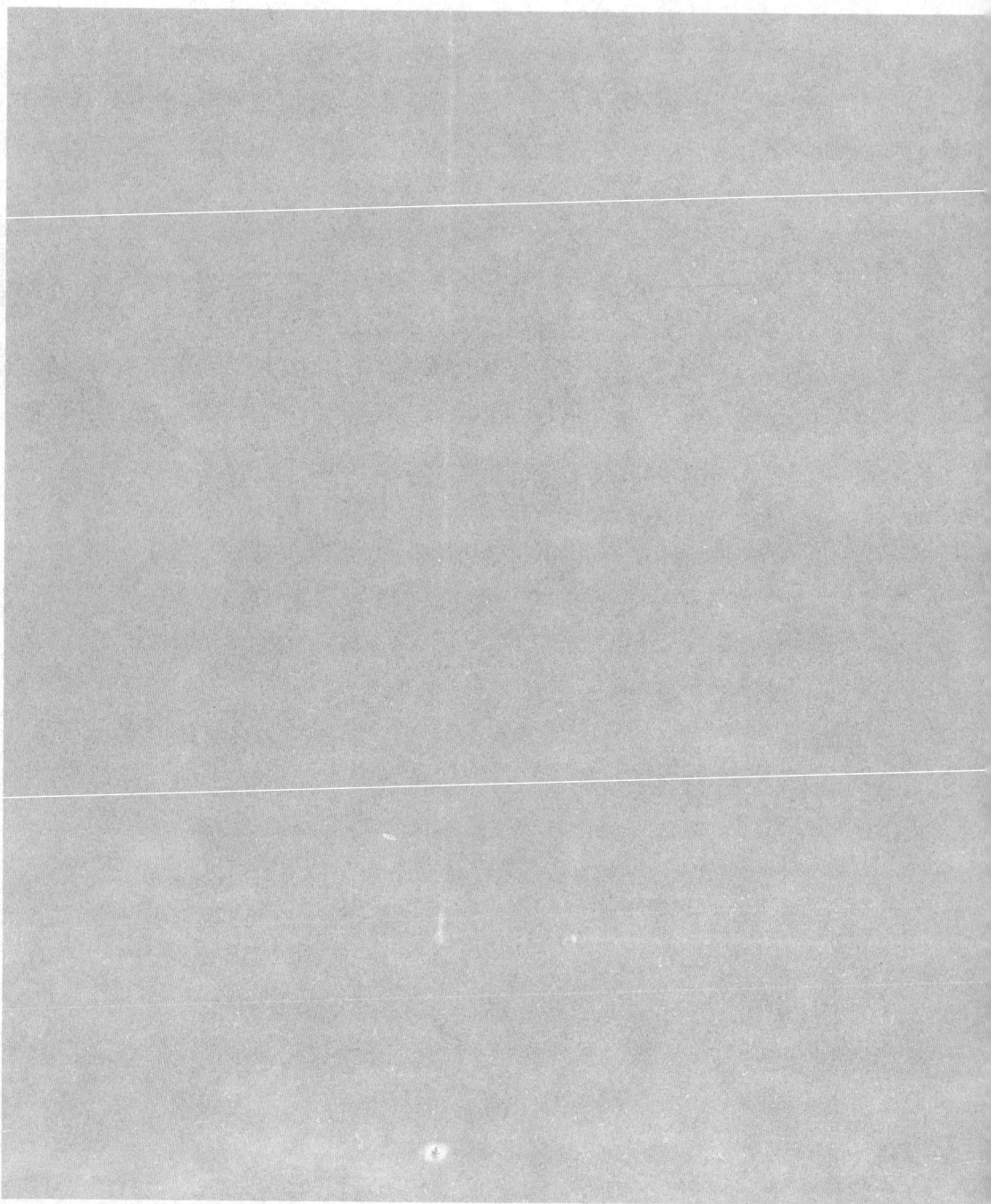

第一节　骑兵发轫

骑兵作为一个独立兵种出现在中国古代军队构成中，时间大致可以追溯到春秋战国之交。春秋时期的史料中有对中原地区各个国家骑兵的记载，如《韩非子·十过篇》记载在秦穆公二十四年（公元前 636 年），秦穆公为了拥立晋流亡公子重耳，以"革车五百乘，畴骑二千，步卒五万，辅重耳人之于晋，立为晋君"。此处所述"畴骑"一词，当今学者们理解为骑兵。历史上的晋文公在派兵攻打郱地时使用过骑兵，史料中这样记载："赏其末则骑乘者存，赏其本则臣闻之郤虎。"这里的"骑乘"，并不是单纯的"骑马的人"的意思，其真正的意思应为作战的骑兵。早期的秦人善于养马，并以此著称，司马迁《史记·秦本纪》中记载："费昌当夏桀之时，去夏归商，为汤御。"又说："孟戏、中衍，鸟身人言，帝太戊闻而卜之使御。"之后，"造父以善御幸于周缪王，得骥、温骊、骅绥、騄耳之驷"。到了西周孝王时期，"非子居犬丘，好马及畜"。秦人偏居西陲，由于特殊的地缘结构，长期与周边的戎狄杂居交流，这也为秦人骑兵的产生创造了一定的条件。从秦仲在位时期开始，由于对生产生活范围的争夺，秦人与戎狄的战争一直未中断，甚至连秦人首领秦仲都在往来不断的冲突和战争中被戎狄所杀。周室东迁以后，由于周人势力在关中地区的大幅度削弱，戎狄乘虚大批迁徙到位于关中的西周故地，这使得陕西关中一带从此成为汉戎杂居区。秦国长期在此地区对戎狄进行战争，致使戎狄人和汉人不断交融，秦国也得以率先开始发展骑兵。晋国也同样因为与戎狄相邻的地缘关系，为了对付戎狄侵扰，组建了骑兵。

骑兵在战国时期开始大规模发展。频繁的野战和围城战的发生，促进了骑兵的迅速发展。1995 年，在陕西咸阳出土了两件战国时期的骑马俑，这两件骑马俑是我国中原地区出土的最早的古代骑马俑形象，成为我们研究秦国骑兵发展史的最直接资料。这两件陶俑是在一位低级军官墓中发现的，它们不能完全体现当年秦国骑兵的实际发展状况，但我们能从中初步推断出一些当年的情况。

东周赧王十年（公元前 305 年），赵武灵王赵雍为了在对匈奴和秦国的战争中取得胜利，推行了一系列改革，内容包括改穿胡人的短装、学习胡人的骑射技艺，除去中原人穿宽袍大袖、重甲循兵、只善车战的弊端，从而更加便利，可以像少数民族一样纵马扬鞭。这种对北方游牧民族军服的模仿，在很大程度上便利了骑兵的骑射，并大幅度提升了骑兵的作战能力。胡人的窄袖短袍、皮靴革带既能防寒，又使得骑兵动作敏捷。为了推行这一史无前例的大胆改革，赵武灵王与周围的贵族臣僚进行了顽强的斗争，最终克服种种阻挠，取得预期的效果，扩大了骑兵队伍，并在边境设置"骑邑"，即训练与驻屯骑兵之所，这些大刀阔斧的改革措施很快在赵国的一系列对外战争中取得了成效。

在战国后期，各国纷纷仿效赵国，建立或扩大骑兵队伍。据《史记》所载，秦国"地半天下，兵敌四国……虎贲之士百余万，车千乘，骑万匹"；燕国"地方二千余里，带甲数十万，车六百乘，骑六千匹"；赵国"地方二千余里，带甲数十万，车千乘，骑万匹"；魏国"武士二十万，苍头二十万，奋击二十万，厮徒十万，车六百乘，骑五千匹"；楚国"地方五千余里，带甲百万，车千乘，骑万匹"。以上这些数字出自纵横家苏秦、张仪之口，当然不会很准确，从数字比例来看，骑兵和车兵、步兵比较起来所占的份额也只是一个很小的比例，但起码可以看出，一支支规模不等的骑兵队伍终于在中原大地上出现了。不仅如此，有些将帅也能够直接骑马指挥作战，如赵国名将廉颇就善骑射，年迈时仍能"被（披）甲上马"，这对以前的乘车将帅形成了冲击。当时的部分军事论著就骑兵的作战特点做了总结，如《孙膑兵法·八阵》说"易（地形平坦）则多其车，险则多其骑"。《六韬》中对骑兵的论述就更多了，《六韬·犬韬》中的"武骑士第五十七""战骑第五十九"均有集中论述。

在秦统一六国的兼并战争中，虽然传统的车战依旧占有重要的地位，步兵也仍然是各国军队的主体，骑兵在各国总兵力中所占比例依然很少，大约百分之一，但其地位却日益重要。他们常常担任突击、迂回、断粮、追击等任务，将车骑编组在一起，使"轻车锐骑"互相配合，在战斗中发挥快速突击的作用。骑兵部队在此期间主要从属于全军主力的战车部队，负责保护战车部队的侧翼安全。在楚汉战争中，骑兵发挥了更大的作用，并促使部队开始设立专门指挥骑兵的各级指挥官。例如，此时刘邦的军队构成依然是以车兵、步兵为中坚力量，但"郎中骑兵"即由大将灌婴率领的骑兵部队在楚汉战争中表现抢眼，"破军十六，降城四十六"，屡建战功，其中包括在垓下之战中追杀项羽的重大胜利，"追项藉（即项羽）至东城，破之，所将卒五人共斩项藉，皆赐爵列侯"。

西汉王朝建立初期，国力衰弱，经济凋敝，而北方的匈奴强大起来，不断南侵，给汉王朝的北部边防造成巨大威胁。公元前 200 年的冬天，匈奴突然发兵，包围了汉朝北部边郡并州的马匹交易地马邑，紧接着南侵太原郡。为了反击匈奴，刘邦亲率 32 万汉军北上，一直攻到平城（今山西大同）。但是由于汉军基本上由步兵构成，对机动性很高的骑战完全不适应，当时匈奴拥有"控弦之士三十余万"（《史记·刘敬传》），在一夜之间将汉高祖及其精锐部队围困在白登山，使其数天难以突围。最后汉王朝只好以和亲为条件，订下了城下之盟以求和，此为汉匈之间的第一次大规模军事冲突。此后汉王朝因建立初始，百废待兴，无力也无心对匈奴采取强硬政策，所以只能在军事上采取守势，力求以和亲和财物供奉的方式维持双方边境极具屈辱色彩的短暂和平。

白登之围以后，汉王朝历经文帝、景帝时期的励精图治，休养生息，发展生产，同时有针对性地调整军队的兵种结构，开始仿效游牧民族大力建设骑兵部队。汉文帝时规定，每一农户要养马一匹，以资军需。随着汉王朝国力的逐步恢复，面对匈奴肆无忌惮的侵扰，汉朝逐步改变原先的软弱态势，对匈奴政策逐渐转为强硬，对于匈奴南侵所造成的边境冲突，汉军也开始有限度地进行坚决的反击。

汉武帝即位后，继续扩充骑兵部队，积极为反击匈奴做准备。自元光六年（公元前 129 年）开始，汉武帝先后发起了大规模反击匈奴的军事行动，主要的战役有漠南之战、河西之战、漠北之战。汉军通过漠南、河西两次作战，攻占了河西走廊，收复了"河南"地区。元狩四年（公元前 119 年）春，汉军决心深入漠北，寻歼匈奴主力，遂发动漠北之战。由大将军卫青和骠骑将军霍去病各率骑兵 5 万，步兵后勤和支援部队数十万人分两路进击漠北。卫青部出定襄，深入匈奴境内 1000 余里，击溃了匈奴军主力，斩杀 2 万余人，兵至杭爱山南麓而还。霍去病部出代郡，北进2000 余里，破匈奴左贤王部，尽歼其精锐 7 万余人，兵锋一直逼至贝加尔湖畔。

　　漠北之战是汉军实施的规模最大的远距离骑兵集团作战，充分显示了汉军骑兵的独立作战水平和后勤支援能力。此战虽然沉重打击了匈奴的有生力量，迫使匈奴放弃漠南，向西北方远遁，但汉军损失也十分惨重，无力对匈奴继续展开大规模远距离追击作战。直至公元前 114 年，汉王朝派遣将军公孙贺率 1.5 万骑兵从九原出塞，行军 2000 余里，竟然看不见一个匈奴人。后来又派将军赵破奴率领汉军骑兵从令居出塞，直至匈奴河（杭爱山南麓），也看不到一个匈奴人。

　　汉武帝太初元年（公元前 104 年），汉军再次攻击匈奴右部，爆发了楼兰之战。此后接近 30 年的时间里，汉匈之间不断展开针对西域的争夺战。直至汉宣帝五凤四年（公元前 54 年），匈奴由于不堪汉王朝长期的军事打击，内部发生分裂，南匈奴降汉回归漠南，北匈奴应康居（在咸海与巴尔喀什湖之间）国王之邀西

汉代·骑兵（选自《中国传统兵器图鉴》）

迁至都赖水（恒罗斯河）上游。至此，匈奴势力终于不再对中原地区构成威胁。匈奴人先是西迁至康居，之后又离开康居，绕过咸海，一直向西游走到伏尔加河流域定居下来，成为 4 世纪时伏尔加河流域匈人的祖先。

汉匈战争使传统的中原作战方式发生了前所未有的改变。在汉朝对匈奴的战争中，原先作为军队"耳目"的骑兵俨然变成了战场角逐的主力，同时发生改变的还有步兵。步兵不只对敌方步兵作战，而是变成了完全具备抗击敌方骑兵集团冲锋攻击能力的新步兵，这就使得弓弩兵被人们重视起来。武帝时的名将李陵任骑都尉时，曾受命在酒泉、张掖训练 5000 名步兵弓箭手，他在以步兵抗击敌人优势骑兵的进攻时，便是令步兵利用地形用弓弩给敌骑兵以重大杀伤的。战车在战争中则更多地用于防御，而不是攻击，如在对匈奴的漠北之战时，卫青令士兵将武刚车环绕成营，防止敌人的骑兵来犯。匈奴的骑兵出没无常，于是汉军在塞外长途行军中采取了防范措施，如采用较为疏散的队列、较远距离地派遣侦察兵，以便第一时间发现敌人来袭。在对匈奴长期作战中，汉朝改变了长久以来以步兵为主的作战方式，开启了骑战新时代。

第二节　戟矟更替

西汉时期，骑兵队伍不断发展壮大，成为军队中的主力军，这就需要制造适用于骑兵格斗的长柄兵器。在以车战为主要战争形式的时代，青铜戟以钩斫为主要功能，以适应两车错毂时格斗。战国末期，随着冶铁技术的发展，钢铁戟已开始应用；但当骑兵发展以后，为适应骑兵格斗的需要，戟在改变质料后，又改变了形状。当双方的骑兵相对驰马冲击时，需要借助快速冲刺的力量来加强兵器的效能，才能更有力地杀伤对方，于是戟的功能由钩斫为主改为前刺为主，因此，战国末期钢铁戟出现时已使用"卜"字形。汉代，戟刺加长，刺锋更加尖锐。从此，格斗兵器钢铁戟成为古代骑兵的主要兵器装备。钢铁戟从战国末期开始出现，历经西汉、东汉、魏晋近 8 个世纪，曾被西晋名将周处誉为"五兵之雄"。《史记·平原君列传》中记述毛遂游说楚王时说："今楚地方五千里，持戟百万，此霸王之资也。"《史记·项羽本纪》中记载，西楚霸王项羽曾"被甲持戟"，向汉王刘邦挑战。在青海大通上孙家寨出土的第 132 号简文中出现了"马戟"的名称。浙江杭州古荡汉墓和江苏盱眙东阳汉墓出土的长柲钢铁戟，全长 226～250 厘米，步兵使用过长，这可能是汉简中所指骑兵使用的马戟。从山东滕州西户口出土的画像石中，我们可以看到用戟钩斫敌人脖颈的战斗画面。

东汉以后，为了适应骑兵和步兵在战场上拼杀的需要，钢铁戟的形制有了新的变化，戟旁侧的戟枝前翘成钩刺，增强了向前扎刺的功能，而丧失了向后钩斫的功能。1959 年江苏泰州新庄东汉晚期墓中出土的一件铁戟，残长 18 厘米，刺、枝垂直相交成"卜"字形。1972 年，江西省南昌市东汉早期墓出土的一件铁戟，刺与枝垂直相交，长胡四穿，穿均置于有枝的一侧，另一侧有刃向上与刺刃相接，二者相接处稍向弧处凸起，原应有鞘，鞘端的铜镖现仍锈和在刺锋端，枝锋已残。1976 年，湖南省郴州市郊东汉墓出土了两件铁戟，一件刺锋已残，刺有中脊，两侧有刃，断面呈菱形，旁伸的戟枝上翘，在刺、胡相交处有铜柲帽；另一件较小，旁侧伸出的戟枝也是尖端上翘，形成向前的钩刺。在汉代画像石中有两幅描绘骑兵用戟战斗的画面，分别发现于山东孝堂山和汶上孙家村，不过描绘的都是从后追击敌人时采用传统的回拉钩斫的手法；在面对面同敌人搏击时，则是用戟刺和前翘的戟枝插敌人的胸部。《后汉书·虞延传》也有"陛戟郎以戟刺延"的说法，说明当时戟的用法主要是插和刺。

汉末和三国时期，长矛、马矟多盛行于西北和东北边陲一带。《三国志·魏书·郑浑传》注引张璠《汉记》载，在西北边陲，关西诸郡因"数与胡战"，连妇女都"戴戟挟矛，弦弓负矢"。因此，马矟的盛行大概与地域和民族有着密切的关系。南北朝时期，马矟取代了汉末至三国时期盛行的马戟，成为重甲骑兵使用的长柄格斗兵器。

在十六国时期的冬寿墓壁画中，墓主人冬寿统军出行时乘坐牛车，车前的士兵手拿双叉形戟和盾，而在牛车两翼行进的重甲骑兵手中所执的兵器是长柄的矟。这幅壁画表明了当时重甲骑兵已淘汰传统的马戟，其主要的兵器是马矟，但步兵还装备着传统的戟和盾。冬寿墓壁画还表明，晋朝铁戟已制成双叉形，在战斗中主要向前叉刺，开始向矛类兵器靠近，不再具有传统的钩斫功能。双叉状戟的改进主要是为了穿透骑兵的铠甲和战马的装铠，但双叉状戟刺与枝都较窄，在穿透能力上远不如长身阔体的两刃矟，就制造工艺来说，锻制在刺旁加前折小枝的戟也远比锻制矟复杂；因此制作工艺简便的马矟更适合战争的需要。十六国到南北朝时期，骑兵的主要长柄格斗兵器由汉魏时的马戟改为马矟，特别是建立北魏王朝的鲜卑族更是以善用矟而著称于世，这也是当时以矟代戟的原因之一。

为了适应骑兵征战的需要，在汉代已有马矟。《释名》中载，汉代的矟长一丈八尺（6 米），南北朝时矟柄加长，南朝梁时马矟已长二丈四尺（8 米），同时刃部也做了相应的修改，由单刃增至两刃，这些改进增强了矟的杀伤力，可以引"折树矟"的故事为例。梁大同三年（公元 537 年），少府新制的两刃矟长二丈四尺（8 米），当时让羊侃试矟，"侃提矟上马，左右击刺，特尽其妙"。观看他使矟的人很多，有的人爬上树去看，"梁主曰：'此树必为侍中折矣。'俄而果折，因号此矟为'折树矟'"。当时北魏禁卫皇室的步兵所用的矟为乌黑色的矟，并在其上缀接黑蛙蟆幡作为装饰。

直到唐代，马矟仍然是骑兵使用的主要的长柄击杀兵器，唐太宗李世民麾下的一些将领都善于使用马矟，特别是尉迟恭，不但善于躲避敌人的矟，还可以空手夺矟来刺敌人。据说李元吉（唐高祖李渊第四子、李世民之弟，受封齐王，玄武门之变中被杀）也是善于用矟的，他曾经和尉迟恭比武，但被尉迟恭接连三次夺去了矟，因此对尉迟恭大为佩服。

作为汉魏时期主要兵器的长戟，到唐代已经从实战中淘汰了，但摆在王宫官僚的门前，即所谓"列戟"。发现于西安的唐代墓壁画中常可看见陈放门戟的架子。其中年代最早的是淮安郡王李寿墓，画中列戟 2 架，每架各 7 支戟，共 14 支戟。至于级别最高的懿德太子李重润墓，因葬制"号墓为陵"，画中列戟 2 架，每架上各放门戟 12 支，共 24 支戟，和当时皇帝宫殿外的列戟数目相同。门戟制度到宋代仍在沿袭，并规定戟刃改为木制，完全失去了兵器的功能，仅为仪仗品。

除了矟，南北朝时军中使用的另一种主要格斗兵器是刀。我们从画像石上看到过手执刀、盾的骑兵形象，例如山东沂南汉墓门楣石上的征战图中的人物，从其面相上看，似乎是古代少数民族的骑兵，他们所执的刀比较短。南北朝时期则使用较长的刀，如"七尺大刀"，勇敢善战的骑兵甚至可以一手使矟，一手用刀，《陇上歌》里称颂的陈安，就是刀矟并举的。从三国到南北朝，主要沿用汉代以来传统的柄首带有扁圆大环的直体刀，刀环制作精美，在南北朝时常饰以各种鸟兽形象。如北周皇宫警卫所用的刀，有龙环、凤环、麟环、狮子环、象环、兕环、熊环等多种刀环。从东晋开始，刀的外形有所改进。将刀锋段进行适当的加阔，这样刀尖会微微上翘。改变刀头的形状，将斜方刀头改装为前锐后斜的刀头。在改装刀头的同时对刀柄也进行适当的改变，将刀柄的形状改为圆銎状，这样便于装插长度不同的刀。江苏省镇江市的东晋墓中出土过上述改装过的铁刀。这些改装过的刀在唐代后被广泛应用，一直到明清时期。

南北朝时期骑兵装备的主要远射兵器是弓和弩。敦煌莫高窟第 285 窟西魏壁画所绘重甲骑兵都佩带着弓囊和箭箙。箭镞普遍使用钢铁箭镞，其形状有三棱形和扁平状两种。在辽宁的北燕墓中出土的各种形制的铁镞有 130 多件，基本都是中间有脊、剖面为菱形的扁平状铁镞。有较长的铁铤接于镞的后尾处，在铤上又缠绕着一段银丝，然后在竹箭杆中插入铁镞。该墓还出土了 8 枚鸣镝，其形状皆为前端装有三翼状铁镞，在铁镞下面的箭杆上皆穿有一枚骨哨，骨哨上穿有小孔，这使得其在发射后会产生鸣响。铁镞也曾在北魏文明皇太后冯氏墓中被发现，出土的 10 枚镞中有 3 枚三棱形的镞，另外 7 枚镞的镞体扁平而镞锋呈平头的铲形。在吉林集安高句丽族的石墓中也有类似的扁体铲形镞出土，这从一定程度上说明北方和东北地区流行这种平头铲形的铁镞。这时骑兵使用的弩还是臂张弩。

第三节　马镫源流

　　历史进入西汉时期，军队的编制虽然包括战车兵、骑兵和步兵等兵种，但骑兵已成长为军队的主力。

　　从考古发掘中获得的具有一定数量且成队列的骑兵形象，时代最早的还要属秦始皇陵侧陶俑坑出土的和真人大小相差无几的陶骑兵和陶马。骑兵队列主要出土于2号俑坑，该坑大约放置有116件骑兵俑，发掘出土的32件骑兵俑高约1.8米。这些骑兵俑站立在战马的左前侧，左手牵马，右手拿着战斗的兵器。陶俑出土时手中的兵器多已失落，少数骑兵俑的身边遗有残铜剑、铜弩机和残朽的木弓。骑兵俑头戴赭色的巾帻，用带系在颌下，身披铠甲，长仅到腰部，没有披膊，脚上着靴，这身装束便于在马上格斗。在2号俑坑中还挖掘出土了29匹陶战马，高约1.72米，剪鬃，长尾梳成辫形，马背铺鞯，鞯上放有鞍垫，鞍垫的中间微凹，饰有红、白、赭、蓝4种颜色，并且有排列整齐的小圆钉，周缘缀有垂缨和短带，肚带放在鞍垫下缘的中部，勒过马腹后用带扣在左侧，使鞍垫固定在马背上。然后在鞍垫后放置鞦带套结马臀，以使鞍垫牢固。陶马上套有衔镳，马衔是铜质，衔端装有"S"形的铜镳。镳和缰绳都佩有青铜饰件。从陶俑坑中出土的模拟各类兵种的兵马俑数量及其排列的位置来看，当时的军队是以战车兵和步兵为主力，骑兵的数量还不多，马具的装备也不够完善。

　　陕西咸阳杨家湾4号汉墓的俑群为我们提供了有关西汉初年骑兵军阵的资料，显示兵车在古代军队中仍然处于重要的地位，因为在4号汉墓中兵车坑的位置居于中间，说明当时依旧采用着传统的军队制度。该墓俑坑中的骑兵俑不多，但呈现出四个值得注意的点：第一点是集中排列，自成方阵；第二点是骑兵的比例不太大；第三点是大量骑兵不披铠甲，披铠甲的只占总数的8%左右；第四点是马具还未出现马鞍和马镫，仅头有镳、胸有鞅、尾有鞧、背置鞯，马上的骑士也统一穿着马鞋，并不穿骑兵靴。通过上述四点可见，当时的骑兵是一个独立的且有战斗力的兵种，但从其着装上可以看出这一兵种还处在一个发展阶段，有待完善。马具的完善是骑兵战斗胜利的保证，要想控制战马必须有马鞍和马镫。据目前所知的考古资料，真正的高马鞍出现于西汉晚期。在河北定县出土的一件错金银铜车饰的图案中，有一名弯弓回射的骑士，他的战马已经装备马鞍。稍晚些的东汉墓考古资料，如武威雷台汉墓出土的铜铸骑士俑，可以发现当时马鞍的制作技艺趋向成熟。马镫的出现比马鞍晚。马镫的雏形发现于湖南长沙西晋墓中出土的陶马上，只是在马鞍的左侧靠前鞍桥处垂有一个三角形状的镫，其作用仅供骑兵上马时作为踏使用，一上马就不再使用了。目前我国发现年代最早的马镫出土于河南安阳孝民屯154号墓。马镫挂在马鞍的左前方，马镫的上部是长柄，长柄的上端有横穿，下端为扁圆形的镫环。这是一座西晋末年至东晋初年的墓葬。墓中还出土了一整套鎏金铜马具，包括前鞍桥、后鞍桥、当卢和辔饰、镳和衔、胸带、鞧带等饰物。辽宁朝阳袁台子东晋墓出土的一副马镫比孝民屯出土的马镫年代稍晚一些，墓里发现了一套马具，有鞍桥、镳衔、辔饰、胸带和鞧带等饰件。马镫为木芯外包皮革，表面涂漆，饰朱绘云纹图案，长柄，上端有横穿，下部为近似三角形的镫环，环壁内宽外窄，横截面呈梯形，镫芯由藤条合成，环的上端有一个三角形木楔。马镫从单只到双只的发展，证实马镫在实际应用中的变革，只有使用双镫，骑士在马上才能够得到稳固的依托，有效地控制战马。双镫的出现促进了骑兵的发展。同时在今吉林集安地区的高句丽族也已受到中原马具的影响，使用了马镫。例如在吉林集安万宝汀78号墓出土了两副马镫，木芯外包鎏金铜皮，包裹时先在木镫的内侧镶上窄条的鎏金铜片，用细小的铜钉固定，踏足部分由里向外加5颗鎏金铜铆钉，再往两面夹镶镫形的鎏金铜片，在里沿和外沿分别用小钉加固，其边缘稍折向侧面，裹住侧面窄条铜片，柄的上部有横穿，下部环呈横椭圆形。在吉林集安七星山96号墓出土的另一副马镫，木芯外包鎏金铜皮，用细长的铆钉加固，铆钉的长短与马镫的厚薄相宜，镫柄上端有一横穿，横穿的内侧残留着干朽的皮条，皮条可能是穿系于马鞍上的。十六国时期，马具更加完备。辽宁北票北燕贵族冯素弗墓（冯素弗死于北燕太平七年，即公元 415 年）出土的一副马镫，桑木芯外包鎏金铜片。制法是用断面做截顶三角形的木条，顶尖向外揉成圆三角形的镫身，两端上合为镫柄，分叉处填三角形木楔，使踏足承重而不致变形。柄的上端有横穿，镫环的内面钉薄铁片，上面涂黑漆。镫体与金属薄片均有残损。袁台子墓、冯素弗墓、万宝汀 78 号墓、七星山 96 号墓出土的马镫都是双镫，这些马镫都是用藤木等材料为芯，外面包铜、铁和皮革等材料，制作精细。吉林集安禹山下 41 号墓中发现的一副马镫，木芯外裹铁皮，现存的铁皮侧有一凸起的钉痕，在马镫的内外侧面的夹隙处镶嵌顺势弯转的窄长铁片，镫柄的上端有横穿，在踏足的部位从里侧钉上 6 枚厚实的方帽小钉，制作更趋细致。

此后，马镫继续改进，宁夏固原北魏墓出土的一副铁马镫，柄端为长方形，上有一方形孔，其下为镫柄，镫柄较短，再下是椭圆形的镫环。这副铁马镫虽然锈损严重，但还能看出柄顶带穿孔的部分宽于柄，环的底部比两侧要宽，马镫柄端用来穿孔的部位加宽以便使穿孔加大，能用较粗的皮条拴系。镫环底部平直加宽，使骑士的足部与镫环底的接触面增大，用起来舒适、稳定。固原北魏墓出土的这副马镫较前期发现的马镫在制作技术上有了很大的提高，骑士能够依靠脚下所踏的马镫保持身体的平衡和稳固。至此，骑兵马具的发展已达到颇为完备的阶段，骑兵从而能顺利跨骑战马，在疆场上奋力拼杀。

第四节　重甲骑兵

南北朝时期，北方王朝军队的主力是骑兵，骑兵部队的核心是骑兵和战马，都披裹着护甲，称为"甲骑具装"。"具装"就是战马所披的铠甲的名称，或称为"具装铠"。

从考古发掘获得的该时期的陶俑、壁画和画像砖里，经常可以看到头戴兜鍪、身披两当铠，骑着披有具装铠的重甲骑兵的形象，其中最典型的代表是敦煌莫高窟第285号西魏窟，此窟描绘的是"五百群贼成佛"的故事。壁画的内容为群贼被官兵捕获后遭受剜眼之刑，后因皈依佛法获得宽恕，重见光明。画中的骑兵头戴兜鍪，身披带有披膊的两当铠，手执长柄马矟。骑士胯下的战马全身披裹着具装，在具装的保护遮盖下，只露出眼睛、耳朵、口鼻、尾巴、四肢。壁画生动地描绘出了北周时期骑兵身披铠甲、战马身裹具装铠的形象，真实地反映出北朝重装骑兵的面貌。

"射人先射马"，丧失了战马，骑兵就难以驰骋疆场征战杀敌，因此对战马施加防护装具十分重要。

西汉时期，虽有少数骑兵身披铠甲，但是战马都没有防护装具。东汉时期，战马防护装具开始使用，仅是皮革制成的"当胸"。直到曹魏时期，骑兵才使用了较完善的马铠，但数量有限，例如曹操与袁绍作战时，军中装备的马铠就相当少。曹操在《军策令》中曾讲述他的军队和袁绍军队的对比情况，"袁本初铠万领，吾大铠二十领；本初马铠三百具，吾不能有十具。见其少遂不施也，吾遂出奇破之，是时士卒精练，不与今时等也"。当时袁绍有马铠300具，而曹操军队的马铠不足10具。官渡之战时，袁绍的骑兵有2万人之多，但是马铠只有几百具，披马铠的骑兵为3%左右，可见马铠的数量极少。

东晋时期，出现了结构完善的战马铠，战场上出现的披有马铠的骑兵数以百计、千计甚至万计。例如石勒俘获段末柸的战斗中，就夺得铠马5000匹；石勒大败姬澹的战斗中，更俘获上万匹铠马，可见马铠当时已经是骑兵部队普遍拥有的装备。在冯素弗墓中发现的铁铠甲片里，可以看到一些较大型的甲片，可能是用来编制具装铠的。至于具装铠的全貌，借助陶俑和壁画等考古资料可以看出它是由6个部分组成的，有保护马头部的"面帘"、保护马脖颈的"鸡颈"、保护马前胸的"当胸"、保护马身躯的"马身甲"、保护马尻臀的"搭后"，还有竖立在马尻部的"寄生"，它是用于保护乘骑战士的后背的。

我国目前发现最早的甲骑具装壁画是云南昭通后海子东晋霍承嗣墓室内的壁画，壁画绘制了早期重装骑兵的形象。在河南邓州市画像砖墓里有一块画像砖上描绘出一匹雄健的黑马，马的全身披裹着白色的具装铠。这件具装铠包括了上面所述的几个部分，除了面帘和寄生之外，其余几个部分都是由长方形的甲片编制而成；除了搭后所用的甲片较小以外，其余的甲片都相当大。在当胸、马身甲和搭后底部都有较宽的垂缘，这种宽软的垂缘在战马跑动时来回荡动，可以起到保护战马四腿膝关节以上部位的作用。面帘是用整片的铁板制成的，在马的双目处开有孔洞，在两耳中间还竖起一朵漂亮的缨饰。寄生像一个巨大的扇面，高高树立在马尻上，涂满绿彩。寄生除了扇面形状的，还有做成类似树枝或竹枝形状的。马的尾巴露在后面，是结扎起来的。马披系这种具装铠，除了眼睛、鼻子、嘴巴、耳朵、四肢和尾巴，其余的部分全部被铠甲保护起来。在南北朝时期，保护战马头部的面帘铠甲片有两种类型：一种是整体套在马的头上，只露出马的双眼、鼻子、嘴巴和耳朵；另外一种是半套在马的头上，除了露出眼睛、鼻子、嘴巴、耳朵之外，还露出下颏。具装铠主要由钢铁和皮革两种材料制作。南北朝时具装铠的大量出现反映出骑兵发展的新阶段。当时骑兵装备的铠甲主要是两当铠和明光铠。铠甲的质料也是以钢铁和皮革为主。一般铠甲和马铠装备配套，颜色一致，质料相同，以利于骑兵的编组和作战，达到保护自己、消灭敌人的作用。直到隋朝时期，重甲骑兵的装备还在大量使用。

第五节　铁铠轻骑

重骑兵在中国古代的战争中占据着重要的地位，从东晋十六国一直到隋朝，这种局面从未改变过，但到了唐朝，重骑兵逐渐退出历史舞台。唐朝时兴起人披铠甲而马却不披铠甲的轻骑兵，同时，随着唐朝经济的迅速发展，用布和锦织成的战袍大受士兵的欢迎。但是这并不意味着重甲骑兵的消失，在北方众多游牧民族中，重甲骑兵一直存在，例如辽金西夏时期有把重甲骑兵和轻骑兵进行混编的现象，重甲骑兵甚至一度成为战争胜败的决定因素。

契丹的骑兵按照规定应当自己准备铁甲（包括人披铁甲和马披铁甲），这是为了防止契丹骑兵遭到敌方伤害，但是契丹骑兵的装甲通常为了减轻重量只做前后可保护心脏的甲胄，并不会使用笨重的全装型甲胄。而在战术方面，契丹在对阵宋军步兵时经常使用三生阵（即利用骑兵进行两侧包抄的战术）、楔形阵，这样的阵形可以更好地发挥骑兵的优势，利用战马的速度冲入敌方阵营，使其自乱阵脚，军心不稳。在北宋靖康元年（公元 1126 年），就有 17 名金兵在不损一兵一卒的情况下，利用楔形阵大败 2000 名宋军的例子。对阵配备精干弓箭手的步兵队列时，轻骑兵无法直接奏效，这时就采用重骑兵与轻骑兵混编的部队来压制敌方，即"每五十人为一队，前二十人全装重甲，持棍枪，后三十人轻甲操弓矢。每遇敌必有一二人跃马而出，先观阵之虚实，或向其左右前后结队驰击之"（《三朝北盟会编》卷 3）。

根据史籍记载和考古资料显示，完全的重甲骑兵部队也是存在过的，辽、金、西夏都曾经有过这种编制的部队，例如辽朝皇帝的"鹰军"（一支由辽朝皇帝亲自统率的御林军），近年在内蒙古发现的一幅《鹰军图》描绘了这支重甲骑兵部队当年的英姿。当地的辽墓中还出土了一种大型的铁甲片（长约10厘米，上宽下窄），应当是重甲骑兵的马甲甲片。当时的重甲骑兵也被人称为"铁浮屠"或"铁塔兵"，该军士兵"被两重铁兜牟，周匝皆缀长檐，其下乃有毡枕。三人为伍，以皮索相连，后用拒马子（一种木架结构的军用障碍物）。人进一步，移马子一步，示不反顾"（《三朝北盟会编》卷102）。西夏的重甲骑兵通常与步兵结合起来使用，史称西夏"用兵多立虚寨，设伏兵包敌，以铁骑为前军，乘善马、重甲，刺砍不入，用钩索绞联，虽死马上，不坠。遇战，则先铁骑突阵，阵乱则冲击之，步兵挟骑以进。战则大将居后，或据高险"（《宋史·夏国传下》）。

宋朝在与辽、金、西夏骑兵的交战中屡屡受挫，开始寻求新的对战方法，除了大量地构筑城池、打阵地战外，还专门研发出在山地平原野战中对阵敌方骑兵的战术，并取得了一定的成效。例如吴玠在西北地区采取了"以分队制骑兵""休番迭战""垒阵法"等战法，主要是利用西北特殊的地理地形条件（黄土高原上沟壑纵横且土质松软，金兵难以开展集团冲击）。"以分队制骑兵"战术是派遣小分队从四面八方向金军的骑兵发起攻击，使金兵无法集中兵力，被迫应战，这就大大削弱了金军的战斗能力。"休番迭战"战术类似于游击战"十六字方针"（即"敌进我退，敌驻我扰，敌疲我打，敌退我追"），这就使得金军只能疲于作战，无法得到充足的休息和供给。"垒阵法"战术则是改变部队的编制，在野外行军时步兵居中，骑兵为左右翼，长枪、弓弩依次排列，敌人开始进攻时采取步步削弱的方法，先以劲弩射之，再辅以强弓，最后近身格斗，层层削减敌方力量。

南宋高宗绍兴三年（公元1133年），在宋金对峙的西线战场（川陕战场），宋将吴玠率数千宋军坚守今陕西省石泉县境内饶凤关，先以强弓劲弩射击金兵，后又滚下巨石砸压。处于仰攻的金军因披戴重甲动作缓慢，躲避不及，死伤极大。激战6个昼夜后，金兵改变了策略，顺小路绕道山后夺取制高点，从而两面夹击，终于将宋军击退，吴玠被迫率领军队退守今陕西省凤县西南仙人关。金军在进攻两个月后，未见成效，同时粮草不接，于是引兵向凤翔方向退去，吴玠趁机率军追击，而金兵早已无心恋战，退兵途中践踏坠涧死者达数千人。

南宋高宗绍兴四年（公元 1134 年），金军元帅完颜宗弼亲率 10 万大军再次攻击仙人关，宋军在苦战之后退守第二道防线。完颜宗弼以为此战大捷在望，遂派出精兵，身穿重甲，铁索相连，鱼贯而上。宋军则以密集箭矢迎击金兵。金兵尸体堆积如山，宋军防线却岿然不动，难以突破。双方激战至傍晚，宋军将领吴玠派遣部将田晟率军突击金军，以大刀、大斧左右冲杀，入夜时分又派兵突入敌营，使得金兵虽苦战却终难取胜。经过几次恶战，金军大败，只得暂时退守凤翔。

在宋金中线襄汉战场的平原地区，抗金名将岳飞依靠步兵与骑兵协同作战，在对刘豫伪齐军李成部的战斗中获得胜利。当时李成率兵 10 万迎战宋军，以骑兵列于长江两岸，以步兵列于平地之上。岳飞命宋军中持长枪的步兵攻击李成的骑兵，命牛皋率领的骑兵冲击李成的步兵。交战不久，李成部队中骑兵的战马大都被长枪刺死，剩下的骑兵则自相践踏被逼到江中；而李成的步兵则在岳飞骑兵的冲击和包围下死伤枕藉。其后，在宋金大仪镇之战、顺昌之战、郾城之战、柘皋之战中，宋军将士手提麻扎刀、提刀、大斧入阵，专砍马足，而金军重装骑兵则因装备笨重、行动迟缓、躲闪不灵便，不断地遭受重创。此后，北方游牧民族重甲骑兵逐渐退出战争舞台，为行动更为迅速灵活的轻骑兵所取代。

13 世纪初，从北方斡难河一带草原崛起的蒙古军队，主要由携带轻便的环刀、斧、长短枪，披挂轻甲的轻骑兵组成。他们按照万户、千户、百户的编制组建，通常每个骑兵同时拥有多匹从马，可以轮换骑乘，而且方便携带随身的辎重，因此，他们的冲击力和长途奔袭的快速机动能力都要大大超过其他军队，其战术乃至战略运用都与之前各个时期的游牧民族骑兵有很大的区别。

在具体的战术上，蒙古骑兵很注重发挥骑兵的速度优势，喜用高速突破敌防线的战术，短暂地和敌方交锋，并迅速转换攻防。

以下列举蒙古骑兵比较经典的六种战术。

"更迭驰突"战术。此种战术类似于用凿子凿木的原理，将部队分成若干批，轮番进攻敌军，层层深入敌军，每一批部队进攻完需将攻击点让出，方便下一批部队进行攻击，直至完全突破敌军为止。

"两翼包抄"战术。这种战术是用部分小股力量吸引敌方主力，佯攻敌方，同时声东击西，从两侧进行包抄，逐渐缩小包围圈至口袋状，将其一网打尽。如敌方依然负隅顽抗，则网开一面，待其四散奔逃之时，将其掩杀。

"追如鸷鸟"战术。当对方已经溃败时，要像鸷鸟扑食一样紧追不放，力求全歼。

"疲敌"战术。其原理类似于游击战"十六字方针"，当敌方出现阻挡骑兵的障碍时，需派骑兵对敌方进行骚扰，并派遣骑兵扰乱敌方的队列。时时骚扰会消耗敌军的战斗力，时日一长，敌人出现疲态，在敌方最为疲劳之时发起攻击。

"诱伏"战术。在与敌人正面交锋时，使用暗度陈仓之计，表面上避免与其正面大范围交锋且示弱败退，诱敌深入，骗取敌方轻视。队列队形上采用圆弧形，主力军队列于弧形阵列之后。等待敌人深入己方之时，用主力从正面发起进攻。弧形队列两边的部队可融入主力中进行集中攻击。

"鸦兵撒星"战术。是蒙古骑兵的一种野战进攻及防御战术，即将骑兵分为三五一群，十骑一队，互成掎角之势，以防被敌人骑兵包围。他们并不完全散开，而是能够视马鞭所指之地或听到喊声即刻迅速聚在一处，由防御转为进攻模式。以轻骑兵为主体的蒙古军队在这种战术的辅助下，可以在局部战场上展现快速机动的优势，同时也实现了以寡击众，节省了大量资源，保存了实力，来去自如的蒙古骑兵因此得到"来如天坠，去如闪电"的赞誉。这样的战术优点是行动敏捷，来去自如，且无后勤的负担，无须大部队的供给，作战效率较高。但其也有需要克服的困难，即需要蒙古骑兵拥有肯吃苦的精神，疲劳度较大。

迂回战略的大规模实行起源于成吉思汗，最早是成吉思汗在西征时用于对布哈拉和撒马尔罕城的攻击。成吉思汗临终时嘱咐蒙古军将领假道于南宋，兵出商、虢，攻取唐、邓二州，对金朝都城汴梁实施战略大迂回，结果成效显著。

蒙哥汗在位时，派忽必烈率军10万，避开宋军的主要防线，越过川西草地，跨过岷江、大渡河，爬过岷山，攻克地势险要的大理。接着，又命令他由云南、四川向南宋腹地进行战略迂回。这次战争以失败告终，是选择错了战略方向，属于决策失误。

蒙古骑兵有不停顿的战略追击思想，这是蒙古骑兵穷追逃敌、除之必尽的战略思想的体现，其中最典型的战役要数成吉思汗追击花剌子模摩柯末一役。公元1219年，蒙古大军先后攻破花剌子模军队据守的各地城堡，次年兵锋直指该国新都撒马尔罕。这时花剌子模摩柯末已先期逃走，为了防止他卷土重来，成吉思汗派大将速不台、哲别率精骑3万穷追不舍，最终摩柯末逃亡到里海的一个岛屿上病死。其后，成吉思汗率军继续翻越大雪山（今兴都库什山），穷追猛打花剌子模残余势力至申河（今印度河），甚至派兵到今天的印度境内索捕继位的摩柯末之子扎兰丁，这都是出于同样的战略考虑。

第六节　骑战战术

当骑兵成为军队的主力之后，古代作战方式以及战术运用也随之发生了改变，突出的特点有速度快、纵深线长。古代战争也逐渐向大规模战役转变，战争不再仅仅局限于小块的区域、较少的军队，而是向着地形复杂且广阔的阵地、大量的军队、较长时间的战役转化。我国古代战争发生巨大变革是在战国时期。战国时期对于战争的描绘是"疾如锥矢，战如雷电，解如风雨"（《战国策·齐策一》）。后人对骑战的总结是"驰骤便捷，利于邀击奔趋，而不宜于正守老顿"（《阵纪》卷4）。这种总结比较准确。恩格斯曾对古代的战争颇有一番研究，在谈到骑兵的特点时说：

"骑兵的全部力量集中表现在冲锋上。"（《骑兵》，《马克思恩格斯全集》第14卷）这也是很深刻而精辟的见解。

骑兵的特点是速度快，因此在战争中应当尽其所能发挥速度优势，不应拖泥带水，可采取正面突击，或侧翼包抄，或远袭敌后，或断其粮道等战略。孙膑曾经指出："用骑有十利：一曰迎敌始至；二曰乘虚背敌；三曰追散击乱；四曰迎敌击后，使敌奔走；五曰遮其粮食，绝其军道；六曰败其关津，发其桥梁；七曰掩其不备，卒击其未振旅；八曰攻其懈怠，出其不意；九曰烧其积聚，虚其市里；十曰掠其田野，系累其子弟。此十者，骑战利也。夫骑者，能离能合，能散能集，百里为期，千里而赴，出入无间，故名离合之兵也。"（《通典》卷149）这一段文字，把骑兵的显著特点与在战争中的特殊作用都分析到了。古代各种兵书中所总结的"十胜"（《六韬·犬韬·战骑》，今本仅存八胜）、"十利"（《武经总要》卷4）等等，绝大多数也都是这样总结的。骑兵由于具备上述优势，故而有"古之善骑者，无阵不摧"之誉。

骑兵最擅突袭，尤其是在对方的阵地不稳固之时，往往可取得意想不到的战果。如李世民在夺取天下的战争中，"选精锐千余骑为奇兵，皆皂衣黑甲，分为左右队，队建大旗，令骑将秦琼、程咬金、尉迟恭、翟长孙等分统之。每临寇，太宗躬被黑甲，先锋率之，候机而进，所向摧靡，常以少击众"（《武经总要后集》卷5）。如果敌方阵脚稳固，则可派武艺高强、勇往直前

明末关宁铁骑及装备（选自《中国传统兵器图鉴》）

的猛将或突击队骑马高喊"冲阵"，先将敌阵冲乱，再合力进攻。如东汉末年军阀混战时，吕布与张燕军作战，"燕精兵万余，骑数千匹。布常御良马，号曰赤兔，能驰城飞堑，与其健将成廉、魏越等数十骑驰突燕阵，一日或至三四，皆斩首而出"（《后汉书·吕布传》）。更典型的是北宋真宗咸平二年（公元999年）的宋辽战争中，"宋将范廷召列方阵而待。时皇弟隆庆为先锋，问诸将佐谁敢当者，柳（辽军侍卫肖柳）曰：'若得骏马，则愿为之先。'隆庆授以甲骑。柳揽辔，谓诸将曰：'阵若动，诸君急攻。'遂驰而前，敌少却。隆庆席势攻之，南军遂乱"（《辽史·肖柳传》）。从这种"冲阵"的记述中，可以看出速度快在古代战争中所起到的重要作用。

由于骑兵的速度快，在战争中往往可以调用骑兵穿过双方对峙的战线，长途奔袭，直捣敌巢，从而避实就虚，取得决定性的胜利。著名的"李愬雪夜下蔡州"用的就是这一战术。

唐宪宗元和十一年（公元816年），李愬为了平定吴元济的叛乱，率领3000名训练有素的骑兵，在雨雪交加的天气中长途奔袭，直捣蔡州，活捉吴元济，取得了我国古代有名的一次奇袭大捷。

利用骑兵机动灵活的特点，在战场上出其不意地包抄敌军，阻断其后路，断绝其粮道，扰乱其后方，使敌军不战自溃或一触即溃，也是发挥骑兵作用的长策。在一些著名的战役中，很多军事家都采用过这种战术。如秦赵长平（在今山西省高平西北）之战，秦将白起就曾派"一万五千骑"迂回敌后，"绝赵壁间"，断其粮道；楚汉相争中，刘邦、韩信曾派卢绾、刘贾等以"骑数百人楚地，佐彭越烧楚积聚"；西汉初，周亚夫平定吴楚七国之乱，也曾"使轻骑绝吴楚兵后粮道"；三国初期的官渡之战中，曹操为破袁绍，也曾亲自率骑兵"用袁氏旗帜，夜衔枚，缚马口，从间道出，人负束薪"，烧了袁绍在乌巢所囤积的辎重粮草，使得袁军军心大乱，最终溃败。

由上述可知，要想在战争中发挥骑兵的长处，最好是"用骑以出奇，取其神速也"（《草庐经略》卷5）。用现代的战争术语，就是要在运动战中消灭敌人，要打运动战，不能打阵地战。骑兵不可能如步兵那样步步抗争，涉艰据险。如果骑兵轻便敏捷、快速冲击的长处发挥不出来，主将就应扬长避短。例如公元 910 年，割据河东的晋王李存勖（即后来的后唐庄宗）率军与后梁作战。晋军主将周德威所率的是骑兵，可是后梁军队在柏乡隔河扎营，"闭垒不出"。周德威分析说，"吾所恃者骑兵，利于平原广野，可以驰突。今压贼垒门，骑无所展其足"，乃决定退兵，并以"精骑三千压梁垒门而诟之"，将后梁军队诱出。一直等到"梁兵走矣"，才"大噪争进"，"梁兵互相惊怖，遂大溃"，"河朔大震"（《资政通鉴·后梁太祖乾化元年》）。这一胜仗的取得，关键就在于周德威设法避开了骑兵不利于攻坚的短处，而发挥了善于驰突的长处，在"走"中与敌方作战而取胜。

　　骑兵在古代战争中也有自己的短处。《六韬·犬韬·战骑》在总结骑战具有"十胜"的同时，就总结过骑战"九败"的因素。在《武经总要》卷 4 中，既总结了骑战的"十利"，也总结了骑战的"八害"。所谓"九败""八害"，有两点中心内容：一是骑兵作战受地形的限制很大，如果在沼泽难行之地、林木丛茂之地、沟坑坎坷之地、涧谷山阜之地等，均是骑兵的"败地""死地"；二是骑兵速度快，向敌人发动冲击时，容易远离大本营或脱离后续部队，难免遭受到敌人的背后阻截，陷入有进无退或易入难出的窘迫境地。在以上两个不利因素中，最重要的明显又是地形，也就是说，骑兵部队必须要有高速冲杀的场所，失去了这个环境，骑兵自身的优势就不能发挥，困顿的地形会使骑兵进退失据。《六韬·犬韬·均兵》在分析骑兵与其他兵种的关系时说，如果到了开阔之地，"一骑当步卒八人"；如果到了险峻之地，"一骑当步卒四人"；如果骑兵不能驰逐，"则一骑不能当步卒一人"。所以，作为一位骑兵将领，必须认真考察地形，掌握时机，尽量避免上述困境。正如《六韬》在分析了"九败"之后所说的，"此九者，骑之死地也。明将之所以远避，暗将之所以陷敌也"。

第九章

舟师纵横

第一节 先秦舟师

我们的祖先在远古时期就制造出了木筏，据考证，距今 7000 年前就已经有了独木舟。《易传·象传》记载："利涉大川，乘木有功也。"《庄子·天运》记载："夫水行莫如用舟，而陆行莫如用车。"《诗经·邶风》亦有"泛彼柏舟，亦泛其流""二子乘舟，泛泛其景"等乘舟的记载。

舟船不仅用于载人载物，也用于渡运军队车马。《今本竹书纪年·夏纪》载："（帝相）二十七年，浇伐斟寻，大战于潍，覆其舟，灭之。"大意是说，夏朝帝相统治时，寒浞为夺取夏政，命其子浇灭斟寻。双方动用船只在潍河上大战，浇依仗其勇力荡覆了斟寻的船只，灭掉了斟寻。商朝末期武王伐纣时，曾以船渡孟津。《太平御览》载："武王伐殷，乘舟济河，兵车出，坏船于河中。太公曰：'太子为父报仇，今死无生。'所过津梁，皆悉烧之。"大意是说，武王伐纣，坐船渡黄河。兵车运过河后，就把船全部毁坏在河里。太公说："太子去为他父亲报仇，大家应和敌人拼死奋战，不应存侥幸生还之心！"所过的渡口和桥梁，也都叫人全部烧掉。这都是我国早期舟船用于军事行动的记载。

《帝王世纪》记载："昭王德衰，南征，济于汉，船人恶之，以胶船进王，王御船至中流，胶液船解，王及祭公俱没于水中而崩。"大意是说，周昭王在南征渡汉江时，当地的船夫很憎恶他，向他进献用胶粘接而成的船，昭王乘船到河流中间时，胶液溶解，船只解体，昭王和祭公等沉没于汉水。

春秋战国时期，南方的吴、越、楚等国长期争战，战船在战争中得到广泛的运用，舟师作为正式兵种之一开始登上历史舞台。《左传·襄公二十四年》记载："楚子为舟师以伐吴，不为军政，无功而还。"大意是说，公元前 549 年，楚出动水兵攻打吴国，由于军队管理工作做得不好，

战国铜鉴上的水战纹图案（选自《中国古代海军史》）

没有取得成功而返还。这是舟师第一次见于史书记载。公元前525年，吴国起舟师伐楚，楚"大败吴师，获其乘舟余皇"。在这次战斗中，楚国缴获吴王的座船余皇，吴公子又乘夜夺回了该船。春秋末期，吴国与越国长期争霸，据《左传·哀公十七年》记载，双方在笠泽江一带进行决战，越师乘夜渡江，击败吴军，成为越灭吴之战的关键战役。吴王阖闾为运输伐楚所用粮食，命伍子胥开挖运河，东通太湖，西入长江，胥河由此开凿。吴王夫差为讨伐齐国，开凿了邗沟，沟通长江和淮河，并另派舟师入海，自海上进攻齐国，与齐国争霸天下。胥河和邗沟是我国历史记载最早的运河，均以军事目的而开凿，说明春秋时水上军事行动已足具规模。

春秋战国时期，吴国将军伍子胥曾于太湖训练水师，战船中已有楼船。据文献记载，吴越的战船有大翼、中翼、小翼、楼船、桥船、余皇、突冒、戈船等，另据伍子胥《水战兵法》记载，大翼长十丈、中翼长九丈六尺、小翼长九丈。据《越绝书》记载，大翼"广丈六尺，长十二丈，容战士二十六人，櫂五十人，舳舻三人，操长钩矛斧者四，吏仆射长各一人，凡九十一人"，是一种大型主力战船。楼船因船上建楼而分上下两层，下层为操舟者，划桨而行；上层为战斗者，操戈射箭。

突冒则是一种快船，利于冲突。戈船是一种置戈戟的船，但戈戟置于船上还是船底仍不详。1978年河北平山战国中山王墓出土的木船遗迹中发现了铁箍，由此推测，战国造船时已使用铁条扎绕的方式连接固定船身。《墨子·鲁问》记载："公输子自鲁南游楚焉，始为舟战之器，作为钩强之备，退者钩之，进者强之。"即设计出了在敌船退却时钩住敌船，敌船进攻时阻挡敌船的武器。《越绝书》曾记载大翼船的武器装备："当用长钩矛长斧各四，弩各三十二，矢三千三百，甲兜鍪各三十二。"河南汲县三彪镇出土的战国水陆攻战纹鉴显示，战船以划桨方式推进，水战方式为近船接舷战，使用的武器有戈、矛、戟、盾、弓矢等。

第二节　秦汉舟师

经过春秋战国的长期争持，秦国终一统天下。公元前220年，秦始皇为征服百越，发兵50万南下，"使尉屠睢将楼船之士攻越"，为解决军队及粮草转运问题，开凿了灵渠，沟通湘江和漓江，使长江水系和珠江水系连通。并遣任嚣、赵佗等率军平定岭南，设桂林、南海、象郡。

汉代取代秦后，水军得到进一步的发展。汉代时期楼船规模巨大，橹、舵、帆等已广泛应用于船舶，使船舶具有更强的机动性。造船技术也更为先进，已经用铁钉造船，居于世界领先地位。

汉武帝时期，在长安附近建昆明池，作为水军的训练基地。池周围四十里，广三百三十二顷。《史记·平准书》载，汉武帝以"越欲与汉用船战逐，乃大修昆明池，列观环之。治楼船，高十余丈，旗帜加其上，甚壮"。汉武帝在《秋风辞》中写道："泛楼船兮济汾河，横中流兮扬素波。"杜甫《秋兴》诗云："昆明池水汉时功，武帝旌旗在眼中。"楼船已成为帝王威势和军事实力的重要象征。《汉书·西南夷传》载："越巂、昆明国，有滇池，方三百里。汉使求身毒国，而为昆明所闭。今欲伐之，故作昆明池象之，以习水战，在长安西南，周回四十里。"据此，汉武帝已知昆明国有滇池，欲讨伐之，故作昆明池模拟练习水战。

在汉武帝统一南方疆域的过程中，水军发挥了关键作用。秦末天下大乱，秦南海郡尉赵佗趁机自立为南越王，其子孙遂割据于今广东、广西及越南北部一带。公元前119年，汉武帝发楼船军10万，以路博德为伏波将军，以杨仆为楼船将军，分兵出击，开始平南越战争。公元前111年，二军围攻番禺，破之。南越灭亡，汉将南越属地分设九郡。灭亡南越后，楼船将军杨仆、横海将军韩说从海陆两路出兵，平定福建一带的割据势力闽越，公元前110年，破闽越。东汉时，原南越属地所设之交趾郡雒越贵族征侧、征贰姊妹自立为王，割据岭南。公元42年，汉光武帝刘秀以伏波将军马援、楼船将军段志等率军南征交趾，在今越南北部仙山一带歼征侧军数千人。公元43年，败征侧军，杀征侧、征贰，又率战船2000艘进军，陆续歼灭征侧军余部。

秦汉时期造船业有了很大的发展。秦军在番禺建有造船工场。汉时除昆明池外，还在豫章、庐江、会稽等地建有多个水军基地，其中庐江郡基

楼船

地（今江西九江）是汉代最大的战船建造中心，设有"楼船官"，负责战船督造。楼船将军杨仆即曾从豫章发水军南下讨伐南越。

两汉时期战船见之于文献记载的有楼船、艨艟、赤马、斥侯、突冒、露桡、先登、走舸等，种类众多。楼船自春秋时已有之，兴于两汉时期。《史记·南越列传》中提到南越王尉佗令人带"楼船十万师"征讨反叛，应劭对这一句的注释是"时欲击越，非水不至，故作大船。船上施楼，故号曰楼船也。"大意是说，当时想攻越，不经过水路就无法到达，因此制作大船，船上建楼，称作楼船。楼船体形巨大，居高临下，战场指挥和攻击能力很强，成为重要的水上移动堡垒。由于楼船地位重要，成为水师的代称，水师统帅或将领被命名为"楼船将军"。艨艟是一种外形狭长、机动性好，多用于突袭和快速攻击的船只。赤马舟是一种色如赤马，用于快速冲锋的船只。斥侯为甲板上建有小舱的舟船，其内士兵可隐蔽观察敌情，"视敌进退"。突冒，可能是一种有坚硬冲角可冲撞敌舰的战船。先登，《释名·释船》载："军行在前曰先登，登之向敌阵也。"走舸是一种小型快船。

秦汉时期，战船的宽度一般不超过 5 米，一些大船可达 8 米左右，大型楼船可达 3 层，普遍采用榫接法，并已使用铁钉固定，1951—1952 年长沙西汉墓中出土的木船模型即有规则的钉眼。桨、橹、舵、桅、篙等已用于船只，尤其是帆的使用，使人类得以利用风能，与桨橹配合，提高了战船的机动性。

秦汉时期，水军的海上活动也达到了新的高峰。公元前 210 年，秦始皇命方士徐福率童男童女千人东渡。他还曾多次巡海，南至钱塘，北至渤海沿岸一带，于最后一次巡海归途中染病而亡。汉武帝曾命水军从海路出兵，平定福建一带的割据势力。公元前 109 年，因朝鲜卫氏王朝拒不归顺，还出兵攻打辽东郡，汉武帝遂兵分两路攻朝。"遣楼船将军杨仆从齐浮渤海，兵五万人"，其中水师由楼船将军杨仆率领，自山东半岛渡渤海，登陆朝鲜。公元前 108 年，在汉军的进攻下，朝鲜投降。汉武帝在其地设置真番、临屯、乐浪、玄菟四郡。杨仆入朝作战是我国历史上首次大规模渡海作战，体现了水军的强大实力。汉武帝还热衷于浮海寻仙，史载曾"数巡狩海上"。

《汉书·地理志》记载，汉使者自雷州半岛出发，沿海岸航行，跨洋远航至今印度、斯里兰卡一带，航程达数万公里，这是汉水军海上活动的最远距离，表明已具备了高超的远洋航海水平。因该航线起点为我国徐闻、合浦，又称为"徐闻合浦南海道"，为海上丝绸之路之先声。历史长河中，海上丝路曾长期连接着东西方。随着近年我国"一带一路"倡议的实施，海上丝路又焕发新的生机。

第三节　魏晋水军

我国自东汉末分裂至隋代统一，历经三国两晋南北朝，这是我国历史上的大分裂时期和战乱时期。在长期的战争中，水战仍是重要的组成部分，造船及航海业继续发展。这一时期的南北方各国及各割据势力均建立水军，东吴、西晋、东晋、南朝各国水师都很强大。下文将这一时期的水军统称为"魏晋水军"。

赤壁之战是历史上江河大型水战的著名战例。东汉末期，群雄并起。公元 208 年，曹操率兵出荆州，荆州军阀刘琮投降，荆州水军尽归曹操所有，依附刘表的刘备败退至樊口（今湖北鄂城）。曹操占领樊城、襄阳、江陵等要地，企图一举击败东吴、刘备势力，一统天下。曹军多为北方士卒，不能适应风浪颠簸。曹操便将战船以铁索相连，组成水上营垒。东吴将领黄盖遂向周瑜献计火攻，并由黄盖向曹操诈降。取得曹操信任后，黄盖率轻型快艇艨艟、斗舰 10 艘，载以易燃之干柴、油脂，直驶曹军营寨。曹军以为黄盖来降，毫无防备。黄盖船接近曹营后"中江举帆"，并乘风举火，船只凭风力快速突入曹军船队。一时烟炎张天，尽烧北船。孙刘联军乘机横渡长江，大败曹军，曹操率败军退回北方。赤壁之战是一次以少

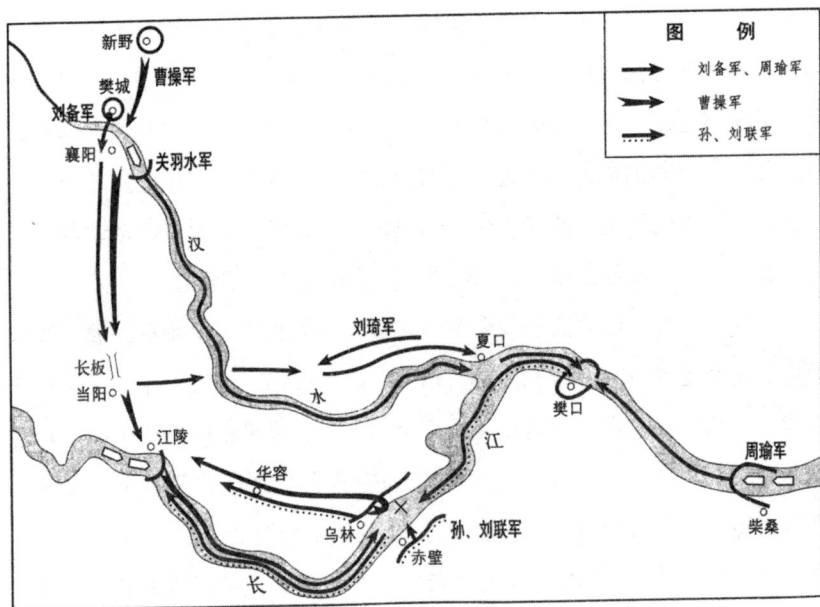

赤壁之战形势图（选自《中国古代海军史》）

胜多的著名战役，也是大型江河作战的著名战例。这次战争后，曹操退回北方，三国鼎足之势开始形成，曹操统一天下的步伐被迫停顿。

三国之中，东吴据长江中下游及广大南方地区，水道纵横，濒临大海。吴国的造船及航海业极为发达，《太平御览》载："舟楫为舆马，巨海为夷庚。"《三国志·周瑜传》也说："泛舟举帆，朝发夕到，士风劲勇，所向无敌。"吴国的船种除楼船、斗舰、艨艟、赤马等外，还有棹夫划行、往来如飞的走舸等，《三国会要》记载吴国的楼船"载坐直之士三千人"，充分说明船只形制巨大。

公元 219 年，吴国将领吕蒙曾以战士冒充商贩驾船，内藏甲士，突袭荆州守军成功。公元 230 年，孙权遣将军卫温浮海至夷洲（即今台湾），"得夷洲数千人还"，这是目前所知的台湾与大陆通航的首次记载。公元 232 年，孙权为联络割据辽东的军阀公孙渊，遣将军周贺等率船百艘，渡海至辽东。曹魏自忖水军难敌吴军，其将军田豫料吴军返程必在成山避风，遂列兵屯守待之。当年九月，吴军返程途中果在成山水域遇风靠岸，魏军出其不意，发动突袭，全歼吴军，斩周贺于成山。此后，孙权还曾与公孙渊数次通过海上联络，吴军以战船百艘、将士万人渡东海、黄海，北上数千里至辽东半岛，虽未实现联合公孙氏共抗曹魏的战略目的，但充分展示了吴国水师的强大远航能力。公元 242 年，孙权遣将军聂友、校尉陆凯领兵 3 万讨伐珠崖、儋耳（今海南境内）。我国大规模航海活动首创于吴，著名历史学家范文澜评价孙权为"大规模航海的倡导者"。

三国末，晋代魏灭蜀，仅余东南之吴国凭据长江天险割据一隅。晋武帝拜王浚为龙骧将军，命王浚在益州（今四川成都）训练水军。王浚在蜀地造船，削下的碎木片浮满江面，顺流漂下，吴建平太守吾彦见后，知晋将发兵顺流而下，请求增强建平守备，但吴主孙皓认为吴有长江天险，难以攻破。公元 279 年，晋军自巴（今重庆）沿江而下，过瞿塘峡、巫峡，破丹阳（今湖北秭归）。至西陵峡，晋军遇到吴军设置的拦江铁索和铁锥，以木筏开路，木筏扎上铁锥后，因水力冲击，将铁锥带走。王浚又以大火炬及麻油将铁索熔断，突破西陵天险，顺江东下，先后克江陵、夏口、武昌，吴江南各郡纷纷请降。王浚军在长江上中游获胜之后，便顺流

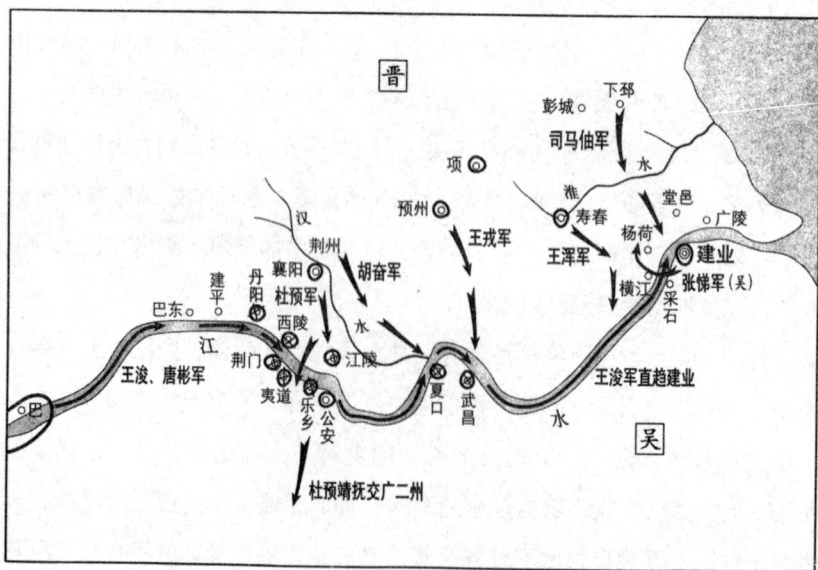

晋灭吴战争形势图（选自《中国古代海军史》）

而下。进至建业附近时，吴主孙皓派遣将军张象率水军1万迎击，但吴军此时已成惊弓之鸟，大批逃散，一望见晋军的旌旗便不战而降。王浚的兵甲布满长江，声势盛大，继续向前推进。三月十五日，王浚统率水陆8万之众，方舟百里，进入建业，吴主孙皓投降。至此，吴国灭亡，三国归晋。"王浚楼船下益州，金陵王气黯然收。千寻铁锁沉江底，一片降幡出石头"正是对这一战役的生动描述。晋灭吴之战中，晋国充分吸取当年曹军败于长江天堑的教训，面对以舟为马、水师强大的吴国，晋军经过长期准备，自益州练水师，造舟楫，出巴东，过三峡，破拦江铁索，突破西陵险，顺流而下，长途奔袭数千公里，直克建业，表现了强大的江河作战能力。

三国两晋南北朝时期，造船业进一步发展，突出表现是战船的大型化。史书记载已出现"万斛舟"，《晋书·王浚传》载："浚乃作大船连舫，方百二十步，受二千余人。以木为城，起楼橹，开四出门，其上皆得驰马来往。又画鹢首怪兽于船首，以惧江神。舟楫之盛，自古未有。"大意是说，王浚造连舫大船，方一百二十步，每艘可装载2000余人。大船周边以木栅为城，修城楼望台，有4道门出入，船上可以来往驰马。又在船头画上鹢首怪兽，以恐吓江神。船舰规模之大、数量之多，自古未有。东晋孙恩、卢循起义时，其军中有"起四层、高十余丈"的大船"八槽舰"。大船虽便于指挥和冲击，"可张形势"，但机动性和灵活性不足，因此在实战中往往与各种"轻利斗舰"结合使用。水战中已使用弩，提高了作战的杀伤力。魏晋时期舟船上已安置抛石机，可致被抛中的船只碎裂沉没。依形制考虑，能安排抛石机的战船必定相当宽大。这一时期，拍竿作为一种大型水战武器，也得到了使用。《太平御览》记载，西晋建兴九年（公元321年），将领周访、赵诱征讨杜弢率领的流民起义军，被起义军以"桔槔"击破打沉20余艘船，"人皆没水"。由于拍竿自汲水"桔槔"改进而来，故也称"桔槔"。其利用杠杆原理，在支柱上设一横竿，横竿前端系石块等重物伸向船外，后端系绳索以操控。在战斗时，牵拉绳索压下后端，前端翘起；靠近敌船后，放松后端绳索，前端石块等重物利用重力下坠，击打敌船，往往可以达到"当者皆碎"的效果。据史书记载，南北朝时，在水战中曾有过多次利用水涨时以战舰接近城池，以拍竿攻城，击碎城楼的记录。冷兵器时代，水战以近战、接舷战为主，拍竿成为具有强大威力的超级重武器。赤壁之战后，火攻也被广泛运用于水战中。

南北朝时，车船成为另一重要发明。车船又称"轮桨船"或"人力明轮船"，在船两侧设置带叶片的转轮，以转轴相连，轴上装踏板，兵士脚踩踏板，带动转轮转动，叶片划水前行。车船的发明可能是受到了脚踏汲水的水车启发，它的出现标志着船舶动力技术更加先进，消除了桨、橹等出水空划的不足，使人力得到更充分的利用，航速得以大幅提高，战舰的机动性更强。

第四节　隋唐水军

经过了三国两晋南北朝长达 300 余年的大分裂，公元 581 年，杨坚废北周皇帝，建立隋朝。在隋统一全国的过程中，水军发挥了重要作用。公元 589 年，隋军分八路攻灭南方的陈，其中三路为水军。杨素率水军自三峡东下，荆州刺史刘仁恩出江陵与杨素会合，蕲州刺史王世积率水师攻九江，青州总管燕荣率水师出东海，沿海南下入太湖。杨素军出三峡时，在狼尾滩水陆夹击，破陈军青龙战船百余艘。陈南康内史吕忠肃死守西陵峡口之岐亭，并以三条铁索横江阻断隋军东出三峡。这年正月隋军击破陈军，占领西陵峡口，毁铁索，船队顺利出江口。在长江下游，隋陆师分多路渡江，隋军韩擒虎部攻入南京，后主陈叔宝为隋军所俘，陈灭亡。杨素军顺长江而下，毁铁索，出江口，与当年晋灭吴的路线如出一辙。后来的唐将李孝恭、李靖灭萧铣政权，也是出三峡，攻江陵，采用顺流而下的战法。隋灭陈之战是继晋灭吴之后又一次大规模的江河作战。杨素率领的水军出三峡，据长江上游，牵制了陈军水师，使其无法东下勤王。在长江中下游地区，王世积和燕荣两路水军则进行战略迂回，从两翼阻断陈军援

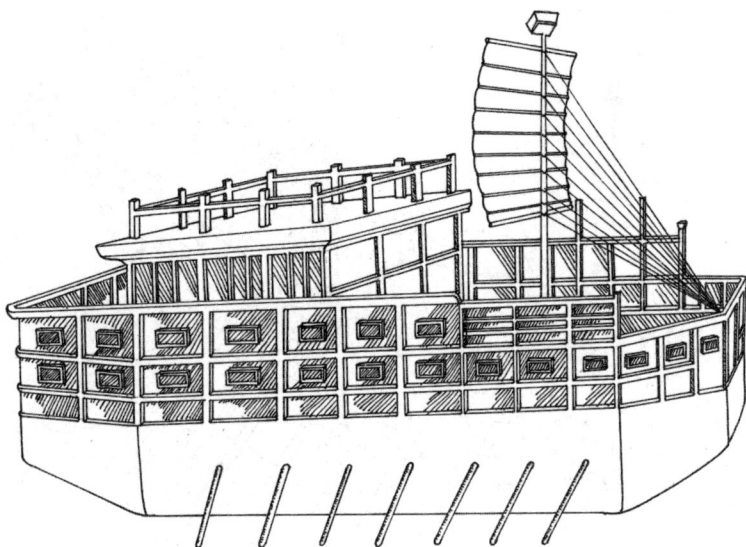

斗舰

军，并掩护渡江主力，发挥了重要的作用。

　　公元 598 年，高句丽侵犯辽西。隋炀帝发兵 30 万，分水陆两路讨伐高句丽。水路军自山东半岛东莱郡渡海至朝鲜半岛，遇强风，战船损毁，以失败而告终。公元 612 年，隋炀帝复率军攻高句丽。其中水路军自东莱、江淮出发渡海作战。隋军在平壤战役中失败，第二次征高句丽又以失败告终。公元 614 年，隋炀帝再次发兵攻高句丽，水军仍自东莱渡海，抵平壤后，高句丽求和，隋军获胜。隋炀帝对高句丽发动三次征战使数十万人丧生，耗尽国力，也使隋政权丧失民心。隋末发生大规模农民起义，隋朝统治崩溃。唐太宗时期也曾征伐朝鲜半岛，平壤道行军大总管张亮率水军自山东莱州一带出发，渡海至旅顺口一带登陆，后因天气寒冷班师。显庆五年（公元 660 年），唐高宗遣名将苏定方率军 10 万，自山东成山一带渡海伐百济，与新罗军共破百济。公元 663 年，唐军在熊津江口击败援助百济的日本水军，焚毁日军舰船 400 艘。公元 668 年，唐军攻克平壤，彻底平定高句丽，设安东都护府。数次征伐朝鲜半岛均有大规模的渡海作战，展现了隋唐水军强大的航海能力。

走舸

隋唐时期，我国的造船技术又迈上了新台阶，船只大型化趋势进一步发展。史载，隋灭陈时，杨素在四川奉节造战船，"造大舰，名曰五牙，上起楼五层，高百余尺，左右前后置六拍竿，并高五十尺，容战士八百人"，足可见其船型之大、攻击力之强。唐代船只形制高大，质量也超过前代。唐代的战舰主要有楼船、艨艟、斗舰、走舸、海鹘等，楼船仍保持形制巨大的传统，史载"船上建楼三重，列女墙、战格，树幡帜，开弩窗、矛穴，置抛车、垒石、铁汁，状如城垒"。这一时期的舟师作战兵器包括枪、刀、剑、弓、弩等冷兵器。唐代李皋曾对车船进行改进，制造出两轮车船，"翔风鼓浪，疾若挂帆席"。1973年江苏如皋出土的唐代早期木船，残长17.32米，船面宽1.3~2.58米，单棹，船体由3块木料搭接榫合而成，分隔为9舱，船舷和船底都以铁钉作"人"字形固定，缝隙均以石灰和桐油填塞。可见唐时船舶已用黏合物粘封缝隙，并已将船只分隔为多个水密舱，一舱二舱漏水，不致沉船，提高了船舶的安全性。据史书记载，唐时已使用油漆漆涂船只，不仅可减少水的阻力，而且能够降低锈蚀，延长船只使用寿命。唐时还采用加浮板的方式增强船只安全性。海鹘船在舷下左右加置防倾覆的浮板，形如鹘鸟双翅，故名海鹘，"虽风浪涨天，无有倾侧"，后代船只多仿效，在船只两侧加设"船傍板"。

第五节　宋元水军

由于早期攻灭南方割据政权的需要，宋代自建立起就重视战船建造。宋太祖赵匡胤多次巡视水军，在开封附近建金明池，"周围约九里三十步"，作为水军训练基地。北宋曾在开封设置造船务，并先后在全国 20 余州县设造船场。南宋凭借南方河网对抗金军入侵，亦大力发展水军。辽、金、元在南侵后，均根据需要建立了水军，元水军发展迅猛，并成为可与南宋水军抗衡的力量。元代造船能力很强。公元 1291 年，元世祖忽

艨艟

必烈命马可·波罗护送公主远嫁波斯，即以 13 艘船组成船队，均为四桅十二帆的大海船。元代海上漕运发达，航海业也超过前代。在襄樊战役时忽必烈令建造战船 4000 艘，并投入了 16 万水军。在崖山之战中，元水军最终打败南宋水军，灭亡了南宋。元朝还先后派舰队进攻日本、安南、爪哇等国。

宋元时期的战船，主要包括楼船、艨艟、斗舰、走舸、游艇、海鹘、无底船等数十种。宋代时楼船已在前代基础上有所改进。据《武经总要》记载，宋代楼船建 3 层楼室，两舷建有女墙，并配备有拍竿、砲车、礌石等武器。拍竿用于拍击敌船；砲车即抛石车，可抛石攻敌；一些楼船还配有烧灼敌人的铁汁。值得一提的是，南宋时期还创造出了无底船，《宋史》载，"以三舟为一舫，中一舟装载，左右舟则虚其底而掩覆之"。作战时，士兵立于船侧板上，诱敌跃上船，攻其坠入水中。宋时，创制于南朝时的车船得到了普遍的使用。钟相、杨幺起义期间，农民军与官军均普遍使用了车船。杨幺使用的车船长十余丈，载数百人至千人不等，可建楼二三层，底层为水手踩动车轮之处，上面则是水兵战士作战之处，两侧设有射孔，既便于士兵进攻，又可保障士兵的安全。据史书载，杨幺的座舰"和州载"号车船，长 36 丈，宽 4 丈，建楼 5 层，共有 24 轮，形制巨大，"以轮激水，其行如飞"。

宋元时期，指南针已用于舟师航行。指南针是我国古代四大发明之一，是我国古代人民智慧的结晶。史书记载指南针用于舟师导航，最早见于北宋朱彧在 1119 年所撰之《萍洲可谈》："舟师识地理，夜则观星，昼则观日，阴晦观指南针。"据史载，北宋宣和五年（公元 1123 年），出使高丽的船队已使用指南针导航。当时的船只白天观察太阳辨别方向，夜间观察星斗辨别方向，"若晦冥，则用指南浮针"。指南针用于航海克服了既往通过辨别日月星辰来确定方向，遇到阴晦天气便无从辨别的弊端，具有重要的意义。12 世纪以后，指南针传入西方，为最终到来的大航海时代奠定了基础。

宋元时期，造船技术进一步提高。1974 年泉州湾发掘出土的宋代沉船，船板缝隙间涂以桐油、麻绒和石灰制成的黏合物，船体采用木板榫合技术，并已采用水密隔舱技术。此时，船只已采用多桅张帆技术，即立有多根桅杆，最多 10 余根。桅多则张帆数量亦多，最多可达数十张帆，以最大限度地利用风力；并可调整风帆角度，利用不同方向的风力推动船只前进。随着战船形制变大，船锚也不断变大，这一时期船锚多为铁锚，重达数百斤，为快速便捷地升锚和抛锚，设置铰车进行操作。船只上已使用了防侧风流的披水板。据史书记载，北宋时已在金明池设置了修船的船坞，即将船坞水与池水相通，待船进入船坞位于梁上后，将船坞与池水隔开，抽出船坞内之水，船只便坐落于梁上，进行维修作业；修好后，复引水入坞，船只上浮驶出船坞。这是世界上第一个用于修造船只的船坞，比西方早了 400 年。

北宋在灭南唐之战中，在长江上搭建浮桥突破长江天险，成为海军工程史上的一次重要创举。北宋灭后蜀后，据长江割据的南唐就成为宋统一天下的重要障碍。宋太祖赵匡胤遂编练水军，在荆湖一带造船，以做准备，并造龙船、竹筏，备粗绳，以备搭建浮桥之用。公元 974 年，宋太祖发战船千艘、大军 10 万进攻南唐。宋军攻占芜湖、当涂后，在弃唐归宋的樊若水的指导下，于石牌口试搭浮桥，取得成功。十一月，宋军在采石矶以舟船架设跨江浮桥，南唐军认为在长江上架设跨江浮桥自古未闻，因而并未全力阻击。此时正值长江枯水期，宋军浮桥顺利建成，"三日而成，不差尺寸"。浮桥架设后，北岸宋军如履平地，顺利过江，直逼金陵城下，南唐后主李煜急调湖口守军东援。南唐军行至皖口，遇宋军阻击，以火攻宋军，因风向突变，火焰反烧，南唐军大败。十一月二十七日，南唐后主李煜出降，南唐灭亡。在宽阔的长江江面上搭建浮桥，是宋军军事工程的创造性成果，为宋军突破长江天险、消灭南唐提供了保证。

南宋钟相、杨幺起义中，车船大规模用于战争。公元 1130 年，钟相率众于鼎州起义，队伍迅速发展，据武陵一带，号称拥众 40 万。后钟相在一次作战中被俘牺牲，杨幺成为起义军新的领导人。起义军水师强大，拥有战船 1000 余艘，其主要作战船只为车船。公元 1132 年，起义军败南宋鼎澧镇抚使程昌寓。公元 1133 年，南宋军兵分水陆两路进攻起义军。杨幺派出 8 艘车船伪装成空船顺流而下，宋军未加防备，起义军突然发起进攻，宋军仓促应战，损失数百艘战船及万余人。公元 1135 年，南宋政府调岳飞、张俊等将领剿灭起义军。岳飞在湖面放置大量枯树杂草、木排等物，又利用洞庭湖低水位的时机发动进攻，杨幺在指挥出击时，车船轮子被杂草缠住，机动性受阻，宋军以巨木撞沉车船，杨幺被俘牺牲，起义失败。

黄天荡水战是南宋与金之间的一次重要水战。公元 1129 年，金军攻南宋，破建康，逼临安。次年，宋高宗赵构入海逃避，金军入海 200 里穷追不舍。后金军北撤，南宋名将韩世忠于镇江一带截击。韩世忠堵塞运河江口，断金军入运河北撤之路。宋金双方舟师在金山脚下展开激战，韩世忠乘艨艟指挥水师迎战金军，其妻梁氏亲自擂鼓助战，败金军，歼其 200 余人。金军将领完颜宗弼向韩世忠表示，愿尽还所掠人畜、财物，并献名马，以求借道渡江北归，被严词拒绝。金军被迫沿长江而上，进入黄天荡，进退受阻，困于此地，接应其北渡的金军也被宋军阻滞。韩世忠军虽人数少，但船体庞大，交战后，宋军居高临下，以大铁钩拖翻金军小船，先后困金军于黄天荡达 40 余天。完颜宗弼采纳一福建王姓人的意见，开渠道连通江口，又在小船上装土，增加其稳定性，在两侧置桨，增加其机动性，并趁无风时出击。四月二十日，金军出击，宋军大船因无风难以行驶，金军以小船火攻，宋军大败。金军趁机渡江北归。此战宋军虽先胜后败，金军得以北归，但韩世忠以 8000 人困金军 10 万人达 48 天，沉重打击了金军气焰，金军自此不敢轻易渡江。完颜宗弼能根据需要改造舟船、挖通河道，并充分利用有利天气实施火攻，最终突围成功，体现了对水战中军事工程技术的成功运用。

公元 1161 年，金主完颜亮发兵 60 万，分四路攻宋。其中一路以工部尚书苏保衡为浙东道水军都统制，完颜郑家奴为副将，率战船数百艘，拟由海路径趋临安。十月，船队停泊于山东胶州湾一带。八月十四日，南宋浙西副总管兼海船副提督李宝侦知金兵动向后，率战船 120 艘、兵士 3000

人，计划渡海北上，消灭金国水军。李宝军由海州出发，解救被金军围攻的海州义军后，继续北上，到达薛家岛西部海面，接近金军船队。这时金军中的汉族逃兵发现南宋船队，于是来投，李宝从来卒口中得知金军共有战船600艘，兵力7万。金兵虽众，但不识水性，水手多由汉人担任，金人官兵多在舱内休息。金军不谙海道，不敢冒进，李宝遂决定突袭金军。十月二十七日拂晓，风向转为南风，李宝率船队全速向金军扑去。金军中的汉族水手见到南宋船队，便将金军官兵骗入舱中。宋军突入金军泊地，金军大惊，仓促迎战。李宝下令采用火攻。金军船帆以油布做成，一遇火箭顿作火海，"宝亟命火箭环射。箭所中，烟焰旋起，延烧数百艘"。此时南风正疾，风助火威，金军船只变成一片火海。对于火所不及，犹自抵抗者，李宝命军士跳上未燃金军船只，展开肉搏，斩金副都统完颜郑家奴，缴获统军符印、武器、盔甲、粮食甚多，"余物不能举者，悉焚之，火四昼夜不灭"。李宝以3000人自海上长途奔袭，一举击败金水军7万主力，取得了水战大捷。在陈家岛之战后3个月，完颜亮率一路水军抵达采石，企图渡江攻建康。此时，采石宋军仅18000人，且无主帅，奉朝廷命令犒师的虞允文遂组织宋军抗敌。作战开始后，完颜亮亲率数百艘战船进攻，其中70艘战船冲抵南岸，虞允文即命埋伏在中流的宋军以车轮式战船冲击金军战船，船上发霹雳炮，炮中填石灰，射中后石灰飞扬，金军士兵眼睛被眯，纷纷落水。宋军取得了采石之战的胜利。在这两次水战中，火箭和火炮发挥了重要作用，标志着火器在水战中逐步和冷兵器结合，成为水战的重要武器。

蒙古人自草原起家，迅速崛起，先后灭金攻宋。随着蒙古人的扩张，其水军迅速发展，航运发达。据马可·波罗记载，元代的船"具四桅，可张十二帆"，可见造船技术已相当先进。襄樊战役是元灭南宋战争中的一次关键性战役。襄樊据汉水，控长江，北接豫陕，南衔荆湖，为兵家必争之地。公元1268年，元军对襄樊进行长期围困，并在汉水上造船数千艘，编练水军。1270年，宋将范文虎以战船2000艘援襄阳，为元军所败。公元1271年6月，范文虎又以水师10万人增援襄阳，为元军所败。1272年，宋将张顺、张贵率战船百艘，携带物资，趁夜突破封锁线。史载，船上"置火枪、火炮、炽炭、巨斧、劲弩"。张顺战死，但数千民军终到达襄阳，不仅为久困于元军的襄阳带来救援物资，且充实了守军力量。张贵与范文虎联系，意图打通襄樊与武汉的联系，突破元军封锁。临期张贵如约率民军出击，范文虎却擅自退兵，致张贵被俘，民军战败，襄樊之围终未解。襄阳与樊城以浮桥相连，互为掎角。元军久攻不下，遂于1273年先攻樊城，并锯断浮桥木桩，断浮桥。元军切断襄阳与樊城的联系，集中兵力攻樊城，破樊城后，襄阳已成孤城，襄阳守将吕文焕投降，持续多年的襄樊战役以宋军失败而告终。襄樊战役是宋元之间的一次水陆结合攻防持久的战役，在这场战役中，火器与冷兵器并用，此战的失败使南宋失去江汉门户，蒙古军可趁流而下攻宋，南宋的灭亡已不可避免。

公元1276年，元军攻破临安，南宋残余抵抗势力继续抵抗。1279年，元将张弘范率军大举进攻南宋临时朝廷所在地崖山，宋将张世杰率军抵抗。元军浩浩荡荡陆续抵达崖山，对南宋军形成三面包围之势。张世杰拒绝了先占领海湾出口，保护向西方的撤退路线的建议，下令将宋军千余艘船只用大绳索一字形连贯在海湾内。开战后，元军以小船载茅草和膏脂等易燃物品，趁风纵火冲向宋军船只。但宋军船只皆涂泥，并在每条船上横放一根长木，以抵御元军的火攻。二月六日，张弘范率军进攻宋军北翼失败。元军奏乐，宋军听后以为元军正在宴饮，稍微松懈。正午时段，张弘范的水师于正面发起进攻，用布遮蔽埋下伏兵的楼船，驶近宋军船只。由于其行动隐蔽，攻击突然，交战后宋师大败。张世杰带领余部斩断大索突围而去，陆秀夫背负8岁的皇帝赵昺投海。崖山海战标志着南宋的灭亡，元朝开始全面统治中国。

元朝是伴随着蒙古人对外扩张的步伐建立的，其陆上扩张自不待述，在海上，元朝也曾对日本和东南亚多次用兵。元世祖忽必烈多次以外交方式与日本通好均未成功。公元1274年，元军自高丽发兵，攻占对马岛、壹岐岛后，于博多湾一带分两路登陆。在百道原登陆的元军大败日军。同日军作战一天后，元军撤回船上。是夜，风雨大作，大批船舶触礁，元军损失万余人，统帅忻都撤军。第一次征日以元军失败而告终。公元1281年，元军对日本发动了第二次攻击。东路军自朝鲜出发，过对马海峡；将领范文虎率江南军渡海攻日。两军将于壹岐会师。东路军攻占对马、壹岐岛后，在博多湾遇日军抵抗，遂撤往壹岐岛，意图与江南军会师。而江南军因出发前主帅阿剌罕病死，继任者未到位，遂出发延迟，且受到日军阻击后，于八月一日遇台风，船毁人亡，损失过半。范文虎收拾残兵回师。第二次攻日又以失败而告终。由于元军两次攻日均毁于狂风之手，日本民众认为这是"神风"所赐。元征日失败，充分说明在水战尤其是海战中，气候条件十分重要，甚至成为左右战争结果的关键因素。《孙膑兵法》载："天时、地利、人和，三者不得，虽胜有殃。"说明我国古人早已认识到"天时"的重要性，而"天时"即包括气候条件。元军除东征日本外，其水师还曾远征占城（今越南中南部地区）、安南（今越南）、爪哇（今印度尼西亚）。

元末红巾军起义爆发后，天下大乱。在今南方地区形成了朱元璋、陈友谅、方国珍、张士诚等领导的多支力量。朱元璋经过多年征战，逐渐开始统一江南地区。公元1363年，陈友谅以60万大军围攻洪都。七月，朱元璋以20万舟师救洪都。双方遭遇于鄱阳湖。陈友谅军船大势猛，朱元璋军奋勇向前。作战中，朱元璋采纳部将郭兴的建议，避己方船小的劣势，以7艘船满载火药，逼近并延烧敌船。一时烈焰腾空，陈军损失惨重。二十四日，双方继续激战，至中午，陈军不支败退。朱元璋移师湖口，封锁出江通道。陈友谅军退归无路，于二十六日实施突围，企图退入长江。行至湖口，遭朱军猛攻阻击。陈友谅战死，5万余众投降。陈友谅主力基本扫清。鄱阳湖水战是我国历史上江南地区一次大规模的水战，持续月余，参战兵力众多，陈军号称60万，朱军20万。朱元璋以少敌多，以火攻克服船小势弱的劣势。相反，陈友谅战略不当，将数十万大军入湖展开，却没有扼守入江通道湖口要地，致使后路被断，进退无据，最终失败。朱元璋在此战后重视水师，并吸收了陈军及江南地区的造船技术，为明初下西洋奠定了基础。

第六节 明清水军

　　明代的战船建造业非常发达，仅工部统辖的就有龙江造船厂、清江造船厂、卫河造船厂等多家中央造船厂。龙江造船厂位于南京，规模宏大，可称为"中央的战略造船基地"；因郑和下西洋时所乘宝船在此制造，亦称"宝船厂"。明代船只的种类更加丰富，除楼船、艨艟、斗舰等传统战船外，常见的船舶还有战船、巡船、哨船等，其中，战船有大小多种形制，巡船、哨船多用于侦探与巡视，也可用于战斗。明代外海战船主要包括广东船、福船、沙船、蜈蚣船、车轮舸、火龙船、赤龙舟等。广东船是广东沿海出现的一种大型战船，以铁力木或荔枝木建造，高大结实，有风则张帆，无风则摇橹划桨而行。广东船撞击力巨大，在与倭寇作战时，曾

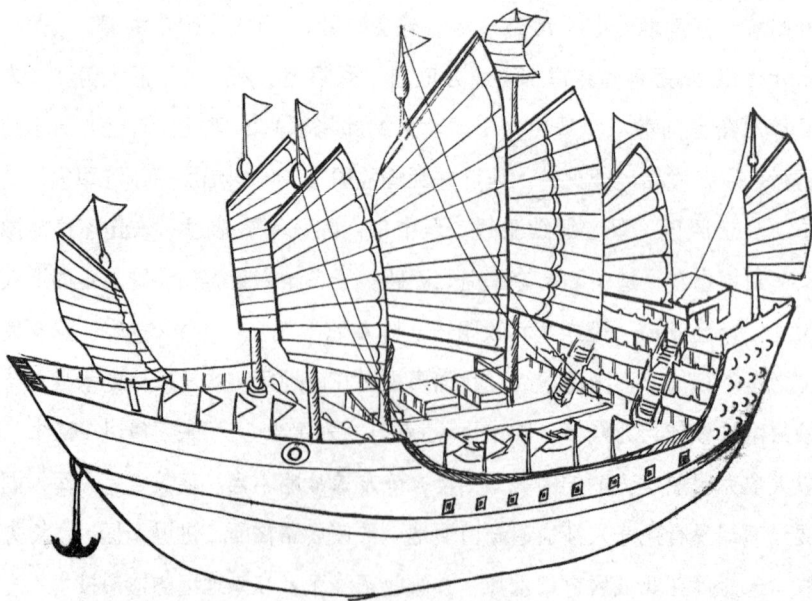

福船

撞沉大量倭寇船只。福船为福建沿海一带使用，底部尖，首尾高耸，适于深海航行。福船根据形制不同，还有海沧船、冬船、鸟船、哨船等不同称呼，是戚继光抗倭时使用的重要战船。沙船为平底船，多用于北方沿海，稳定性好，吃水浅，适于浅水，防搁浅能力好，但因其平底，难以对抗深水大浪，不能做深水远洋的战船。蜈蚣船是一种多桨战船，因多对桨从船体两侧伸出划行，状如蜈蚣而得名。蜈蚣船航行快，机动性强。车轮舸则属车船的一种。

明朝时期，火器的使用较前代更为普遍，战船已装备大发贡（舰首炮）、佛郎机、碗口炮、鸟铳、喷筒、火箭、火球、飞弩、标枪等武器，体现出热兵器与冷兵器共用的特点。武器有远近搭配，大发贡置于舰首，射程远，用于远距离攻击敌军；佛郎机置于两舷侧，碗口炮则在较近的距离攻击敌军；近战时，则以鸟铳、火箭、火球、喷筒、标枪攻敌，焚毁敌船；两船相接时，则登船砍杀搏斗。

公元1405—1433年，郑和曾七下西洋，最远航程达6000海里以上，跨太平洋、印度洋，到达东南亚、南亚、中东、东非等地区，与30余个国家进行交往，是古代大型舰队远航的典范，被称为"地理大发现的前导"，成为世界航海史上的壮举。郑和下西洋比达·伽马到达印度早92年，比哥伦布到达美洲早87年，其航海舰队的规模也远非地理大发现时的航海舰队可比。郑和的水师由两万余名官兵组成，各种舰船百余艘，最大的船只在千吨以上。郑和船队冬季借东北季风出发，夏季则借西南季风返航，对海上季风规律已熟练掌握。郑和下西洋的船只可分为宝船、座船、马船、战船、粮船等种类。宝船是专为下西洋而制作的大型船只，史载郑和所乘的宝船长44丈、宽18丈，可乘千人，是当时世界之最。座船船体长28丈，宽9丈。战船是官兵乘坐的船只，长16丈，宽6丈，主要承担护航和战斗任务。马船和粮船主要用于运送军马、粮食等物资。

露梁海战是明水军的一次大规模海战。明朝万历年间，日本权臣丰臣秀吉发动了侵朝战争，并企图以朝鲜为踏板侵略中国，我国历史称这次战争为"壬辰战争"。日军先后占领了汉城、平壤，朝鲜遣使向中国求援，明军入朝参战，先后收复平壤、开城、汉城等地。公元 1598 年，丰臣秀吉病死，遗命令日军从朝鲜撤军。明军水师提督陈璘以水军布各海口，截击日军。驻顺天之第二军在撤退中行至光阳湾口一带时，受到中朝联军的拦击，退路被截，屡次突围均不能逃脱，只能求援。日军第五军接到第二军求援信后，当即靠近露梁海峡，企图进入光阳湾解救第二军。中朝联军获悉后，决心阻击、包围和歼灭日援军。十一月十九日凌晨，日军第五军主力大部进至露梁以西海面。此时，中朝联军突然发起攻击，一时火光冲天，双方激战。明将邓子龙部被日船包围，"子龙素慷慨，年逾七十，意气弥厉，欲得首功，急携壮士二百，跃上朝鲜船，直前奋击，贼死伤无数"。由于众寡悬殊，邓子龙战死。中朝联军左右两路分别从南北两个方向，对大岛以东海面之日船队主力展开了猛烈的攻击。经过一番激战，日军大部分士兵被歼，弃船上岸的日军也为陆军歼灭。露梁海战损毁日军战船约 400 艘，歼灭人数万余，给侵朝日军以重大打击，扼制了日军侵朝的野心。此次战役中朝鲜将军李舜臣使用了"龟船"，长 35 米，宽 11.8 米，高 5.2 米，船左右各有 10 支橹。龟船上有 70 多个空洞，可以发射火器或射箭，背甲坚固，耐火力攻击，有很密的刀子和锥子形铁签。龟船结构轻巧，简易而坚固，船速快，火力大，机动和防守性能均较好，是当时先进的军舰。

女真兴起后，其军队长于陆战尤其是骑兵作战，但随着水上作战的需要，也逐渐建立起了水师。在明清对抗中，水师曾发挥重要作用。在清军入关前，即有明东江镇总兵毛文龙以朝鲜近海的皮岛为中心，不断袭扰清军统治地区。公元 1629 年，明督军袁崇焕杀毛文龙。明军的内部倾轧削弱了自身力量，毛文龙被杀后，其部将孙有德、耿仲明、尚可喜等相继率水军降清。清朝水师开始发展。公元 1645 年，清军渡江攻占南京时，趁夜将空筏置入江中，吸引明军炮击，然后乘明军不备，趁雾渡江，攻占南京。清朝建立了八旗水师和绿营水师，并在山东、江苏、浙江、福建、广东等地建立造船场。

郑成功是我国历史上著名的民族英雄，也是我国历史上一名杰出的水师统帅。他率领水师北抗清军，东下台湾，驱赶荷兰殖民者，为维护国家统一立下了赫赫战功。清军进入福建一带时，郑成功先后率军在福建等东南沿海地区抗清。公元 1646 年，郑成功于沿海各地招兵买马，多次奉命进出闽、赣与清军作战。公元 1624 年，荷兰殖民者入侵台湾，对台湾各族人民进行殖民统治。公元 1661 年三月，郑成功亲率将士 25000 人、战船数百艘，自金门出发，横渡台湾海峡，开始了收复台湾的壮举。郑军船队主要包括大贡船、水船、犁缯船、沙船、铳船、快哨等种类，其中，大贡船、水船为主力战舰，仿福船而造，形制巨大，冲击力强。三月二十四日，大军进入澎湖。郑成功传令大军连夜迎着狂风暴雨破浪前进。四月初一，郑军经由鹿耳门水道于禾寮港登陆。随后郑军在台江海域与荷兰军舰展开海战，击沉荷军舰"赫克特号"。荷兰侵略军惨败，回防赤嵌城和台湾城等据点。荷兰一面求援，一面求和，企图以 10 万两白银换取郑军退出台湾，遭郑成功拒绝。赤嵌城被围困了 7 个多月，敌军官兵死伤 1600多人后，赤嵌城的荷军出降。盘踞台湾城的侵略军企图顽抗，等待救兵。1661 年七月，荷兰从巴达维亚调来援军。七月中旬，荷兰援军遭遇强风侵袭。八月中旬，荷、郑两军于台江内海展开激烈海战，郑军大获全胜，击沉一艘荷兰军舰，并夺取船只数艘，自此荷军丧失主动出击的能力。1662年二月六日，荷兰驻台湾长官揆一签字投降。荷军交出了所有城堡、武器、物资，乘船撤离台湾，沦陷了 38 年的台湾从此回到祖国的怀抱。郑成功率水军击败西方殖民者，收复台湾，维护了中华民族的利益，捍卫了中国的主权和领土的完整，是中国人民反侵略斗争中光辉的一页。"叱咤天风镇海涛，指挥若定阵云高"正是对郑成功一生光辉业绩的真实写照。

1683 年，原郑氏集团降将施琅率清军水师与郑克塽主政下的台湾水军展开澎湖海战。清军水师共 2 万余人，战船包括赶缯船 103 艘、大鸟船 70艘、艍船 65 艘。经过数日激战，歼郑氏水军舰船百余艘。澎湖失守后，郑氏迫于压力投降。清政府将台湾纳入版图，设台湾府。

清朝水师的主要战船有赶缯船、艍船、同安船、红单船、唬船、米艇船、哨船、巡船等数十种类型。赶缯船是东南沿海一带渔民改造而成的主力战船，分大中小多种形制，大赶缯船长 36 米，宽 7 米，可载百人。艍船是东南沿海一带的运输船，后改造为战船，大型艍船长可达 29 米，宽 7 米，可载兵士 35 人。同安船是由福建的一种商船改造而成的战舰，呈梭形，行驶快捷。红单船长 30 米，宽 6 米，可载兵士 80 人，是广东水师的一种大型战船。哨船是外海和内河均可使用的一种战船，外海使用的大型哨船长可达 20 余米。米艇船是由运米船改建而成的一种主力战船。巡船和哨船都是轻便快捷的中小型战船。清代相当部分战船甚至是主力战船均由民船改造，其造船水平逊于明代。其水战武器仍为冷兵器与火器的结合。火器有红夷炮、碗口炮、鸟铳、火箭、喷筒等。清王朝在早期与明朝的战争中，积极学习造炮技术，瓦解了明军的火炮优势，但入主中原后，由于国内和周边的军事对手均军事技术落后，自大的清政府实行闭关锁国和海禁政策，关上了学习西方先进火器的大门，致使我国的武器创新长期停滞，逐渐落后于西方。清朝的水军已无法担负保卫海疆的任务，中国的帆桨木船和以冷兵器为主的海战模式已落后于时代的步伐，不是"船坚炮利"的西方列强的对手。鸦片战争中，英国舰队已开始使用蒸汽动力船，舰炮射程远、威力大、射击准度高、杀伤力强；而清军战船航速慢、木板坚度差，"遇击即破"，火炮准度差，且多为实心弹，威力有限，在整个鸦片战争中始终未能击沉一艘英舰。曾经强大的中国水军在一次次败于西方列强后，终于开始艰难地转变。从组建北洋水师到设立福州船政局，中国逐渐开始了海军现代化的艰难蜕变，直至中华人民共和国成立，中国海军终于成为一支现代化的强大之师。

第十章

火器轟隆

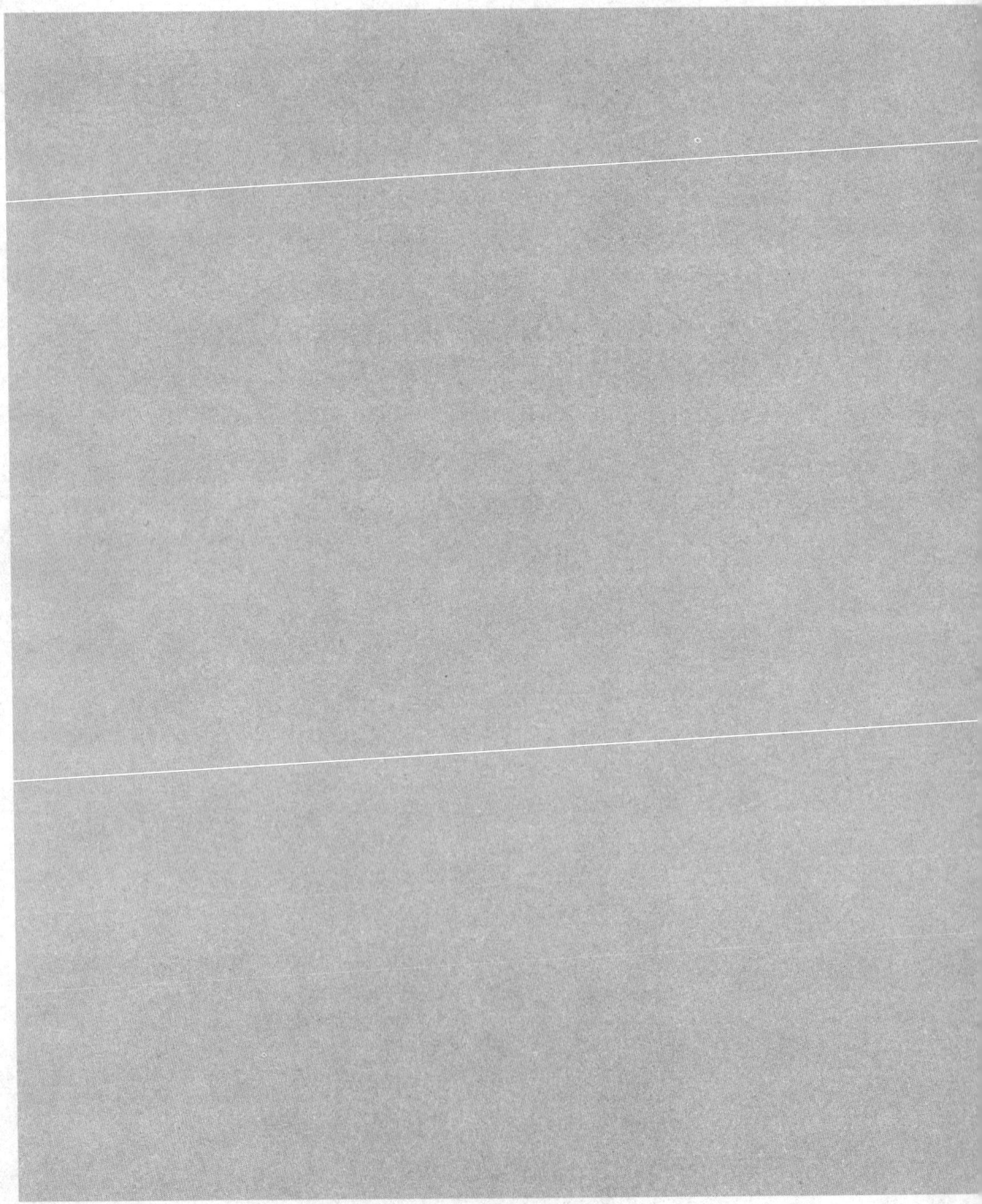

第一节 火器发端

人类掌握的第一种爆炸物便是火药，也称黑火药（指燃烧有烟的火药，与无烟的黄火药做区分）。中国古代的火药主要成分是硝石、硫磺、木炭，是一种点燃后可以迅猛燃烧产生爆炸的物质。之所以称为火药，是因为其中硫磺、硝石等成分在我国古代是作以药用的，点燃后可以剧烈燃烧并产生爆炸。火药是中国古代四大发明之一，是中华民族智慧的结晶，对世界经济、政治、文化和科技的发展起到了重大作用。

一、火药出现

火药的发明可以说是一个意外。黑火药的爆炸原理简单来说就是一个剧烈的氧化还原反应，当然，我们的老祖宗发明火药必然不是从此原理出发的。大约在 1600 年前，帝王贵族们追求一种神丹妙药，服用后可长生不老。东晋葛洪在《抱朴子》中就记载有用硝石、武当山雄黄、松脂和猪大肠脂肪等原料炼制成浑圆雪白的丹药，并且评价道"服之皆令长生，百病除"。由此可知，最初的火药其实是中国的术士为了炼制长生不老药而得到的副产品，具有相当大的偶然性。

硝石因其很大的药用价值被炼丹家列入制药的行列。有人也许会提出疑问，硝石、硫磺这些制作火药的原料不都有毒吗，那些术士为什么敢用这些制作丹药？其实，对硫磺、砒霜等具有猛毒的金石药，聪明的先人们早已想出了应对之策。古代炼丹者在使用这些有毒的材料前，会用一种特殊的处理方法将这些有毒材料中的毒性降低，这种方法后来被称为"伏火"。我们发现，古人伏火所采用的方子中都含有碳素，而且伏硫磺的时候要加硝石，伏硝石的时候要加硫磺。这说明炼丹家想要使药物引起燃烧，通过燃烧去掉它们所含的毒性。

去除毒性的过程非常危险。当时因药物伏火导致丹房失火的事故时有发生，即便炼丹家知道硫、硝、炭混合燃烧后会发生激烈的反应，也尽力控制反应速度，危险还是无法避免。《太平广记》中有一个故事，说隋朝初年，有一个叫杜子春的人去拜访一位炼丹老人，当晚住在那里。半夜杜子春从梦中惊醒，看见炼丹炉内有"紫烟穿屋上"，顿时屋子燃烧起来。这可能是炼丹家配置易燃药物时疏忽而引起火灾。中唐以后的郑思远所著炼丹书《真元妙道要略》在"黜假验真镜第一"中，有关于硝石伏火法的一条记载：有人"以硫磺、雄黄合硝石，并蜜烧之，焰起，烧手面，及烬屋舍者"。这一条记载讲的是用硫磺、硝石、雄黄和蜂蜜一起炼丹失火的事，火把人的脸和手烧坏了，还直冲屋顶，把房子也烧了。这说明唐代的炼丹者已经掌握了一个很重要的配方，就是硫、硝、碳三种物质可以构成一种极易燃烧的药，这种药被称为"着火的药"，即火药。再后来火药的配方不再作为炼丹家的专属，传入了军中，用于军事，就成为中国古代四大发明之一的火药。

二、军事应用

最初，火药应用于军事，主要因为其燃烧性能；随着火药和火药武器的发展，逐步过渡到利用火药的爆炸性能。火药在燃烧时会产生剧烈的化学反应，并产生大量的气体和热量，原来很小的固体火药体积猛增几千倍，这使容器的容量不足以容纳这些体积的增加，就发生爆炸。这就是火药的爆炸性能。经过不断的发展，古人利用火药燃烧和爆炸的性能可以制造各种各样的火器。

到目前为止，在所有可知的火药史资料中，宋仁宗赵祯朝编纂的《武经总要》中所记载的火球火药方、蒺藜火球火药方和毒药烟球火药方是世界上最早公布的火药配方。从火药配方的组配比率看，同近代黑火药相近，具有爆破、燃烧、烟幕等作用。这三个火药配方和三种火药配置技术与工艺的问世，标志着我国军用火药的研究已经走过了发明阶段。《武经总要》还记载了我国制成的第一批军用火器，主要是火球类和火箭类。火球类火器有火球、引火球、蒺藜火球、霹雳火球、烟球、毒药烟球、铁嘴火鹞、竹火鹞等8种；火箭类火器有普通火箭和火药鞭箭两种。尽管《武经总要》所记载的火器和火药的应用仅仅停留在初级阶段，但它却成为世界上很多兵器研究者和历史研究者的珍贵资料，是最早将火药应用于军事领域的重大理论和实践指导。

蒺藜火球

在军事领域，火药的使用导致了大量火药武器的出现，使得战争不再由大刀、长矛、弓箭等冷兵器主宰，也使后来的作战方法发生了重大变革，是世界兵器史上一个划时代的进步。但是，火药在战争中也给人类带来了巨大的灾难。

第二节　初现峥嵘

一、初级火器

中国发明了火药，不久之后便将其运用于军事，并发明了世界上第一支火箭。据宋代路振的《九国志·郑璠传》记载，唐哀帝时（10世纪），郑璠率军攻打豫章（今江西南昌），以"所部发机飞火，烧龙沙门"，带领壮士突火先登入城，焦灼被体。这里出现的飞火，就是指火炮、火箭之类的武器，是目前有关用火药攻城的最早记载。

北宋时期创制的初级火器，主要有火药箭与火球两大类。火药箭与火球在使用上有一个共同的特点，就是都要借助弓、弩、抛石机和弹射装置把它们发射出去以达到作战目的。由此可见，兵器研制者在北宋初期就已经把具有远射作用的轻重型射远冷兵器与火器巧妙地结合在一起，创造出既比射远冷兵器更具有杀伤力和破坏力，又能使火器的作战距离大大增加的新式兵器。火药箭与火球的使用，是火药用于军事的第一步，使数千年运用冷兵器作战的方式开始发生变化，是古代兵器发展的重要分水岭。

南宋时期，火器发展的重要标志是竹火枪与铁火炮的创制。竹火枪的诞生摆脱了当时火器对弓、弩和抛石机的依赖，扩大了火器的使用范围。铁火炮表明爆炸性的火器已经从纸壳发展为铁壳，从而增大了杀伤和摧毁的威力，并为后世创制铁壳爆炸弹提供了宝贵的经验。在此期间，火药的性能大大提升，在战争中发挥了前所未有的优势。

火器产生并应用于战争大约是在唐代后期，这一时期是火器的产生阶段，主要是以燃烧、爆炸性火器为主，包括唐宋时期的火炮以及由此延伸出的其他火药武器和宋金时期管型火器的雏形两大类。

1. 燃烧性为主的火炮

火炮是一种固有弹体，用抛石机发射，类似于今天的导弹，只不过是把发射器换成了使用弹力或杠杆原理的远射兵器，炮弹则换成了固有弹体，我们可以大胆猜测它可能是木块、石块儿或者混合材料的块状。

"炮"字最早出现在魏晋三国时期，魏明帝曹叡《善哉行》中云"发炮若雷"。炮最初用来称所发弹体，后逐渐演变为一整套发射战具的统称。隋唐以及辽宋金元研究文献中也用炮称呼抛投战具，其中以火药弹为投弹的抛石机称为火炮。

南北朝时期，有一种叫拍的抛石机，除了抛射石弹外还发射燃烧物攻击敌船，《陈书·侯瑱传》称其为"施拍纵火"，《南史·王琳传》则说投掷的是火燧。拍盛放弹头的弹窝由软质织物或软皮制成。直接抛掷火球必定行不通，而火燧被抛出去后还应继续燃烧才能达到目的，因此只有陶罐这种隔火而易碎的器物才能行得通，由此大约在唐代，陶罐开始用于填充火药被抛石机发射，这种战具一般被用来攻陷敌城或敌营。

火炮的使用在《宋史》中有许多记载。《宋史·士晫传》载，北宋末年靖康之变中，宋大臣士晫率军守城，金兵团团围困，用各种战具攻打，士晊率部死守，一时"飞火炮碎其攻具"。宋靖康元年（公元 1126 年），金军围攻开封城宣化门，史书称"火炮如雨"。在当时一些重要的战役中，火炮的使用往往取得关键性胜利。

火炮自产生起总共有 4 种分类，分别是唐青黄釉陶火蒺藜、半施釉火药陶弹、辽陶蒺藜弹罐和宋陶火蒺藜。这 4 种火药陶弹是现存最早的火药武器实物，从形态到施釉以及蒺藜分布成一定的规律，呈现出从早到晚的历史分期，逐渐由简到繁，其祖型可能是唐代的半施釉陶罐。

2. 由火炮衍生出来的其他火器

宋元时期是中国火器的初级形成时期。这一时期文献中所载的多是抛石机、火炮以及弓弩施放的燃烧爆炸性火器。由于战争频发，两宋、金、元各朝统治者都注重火器的发明与创造。宋代统治者开始主导大力发展军需火炮等战具，成立有关部门专司军器的生产，并且鼓励民间战具的发明与创造。仁宗宝元三年（公元 1040 年）组织编写《武经总要》一书，该书内容广博，收录此前历代战例、军事思想、军制等，同时也以较多篇幅记载了各种兵器、机械，其中包括一定数量的火药武器和一些相关的火药配方。

在火炮等燃烧性火器的基础上衍生出一大批各种各样的火器，例如火球、火砖、火箭等。

火球，也称火毬，或大如斗，或小如蛋；使用时先将之点燃（最初是用烧红的铁锥将壳体烙透引燃内部发火，后来经过改进，采用点燃引线发火），再用檑或人力将点燃的火球抛至敌方，利用球体爆破生成的烈焰攻击敌方；还可通过改变内部药物配比，或掺杂铁蒺藜、有毒和发烟物质等，取得施毒、布障、发烟、鸣响等多种效应。火球主要用来焚烧敌方城垒车船，杀伤和惊扰敌军，是主要攻守火器之一。

南宋军民在抗击金朝的作战中充分利用了火球这一火器。蒙古人使用的火球主要是毒药烟球，据史籍所载，蒙古军在围攻南京（今开封）、蔡州以及西征波兰华沙等战役中，都使用过这种有毒的火器。

铁火炮是金人在陶火罐的基础上发明的一种爆炸性火器，是世界上最早的金属炸弹，后来金人将它加以改造，成为威力更大的震天雷。蒙古人在灭金后大量制造和广泛使用了这种火器。南宋赵与所写的《辛巳泣蕲录》中最早记载了金人用铁火炮攻打南宋蕲州时的惨状，一位宋兵被金人"铁火炮所伤，头目面霹碎，不见一半"。根据日本有坂绍藏的《兵器考·火炮篇》记载，蒙古军在两次东征日本时利用这种铁火炮袭击日军，使日军"茫然不知所措"。

火砖被称为"火器多面手"，在爱国名将戚继光于东南沿海抗击倭寇的作战中屡立战功，威震四方。火砖用药线点燃后投掷到敌营中，用以纵火和惊扰、杀伤敌人。火砖在明清时期被大量使用，作战时往往以数百只火砖一齐发射，伤敌数倍，敌营顷刻间化为火海。明代《武备志》中记载了两种火砖：一种是长一尺、宽四寸、厚二寸的火砖，内装20个名叫"飞燕"的小型火器和30个铁蒺藜；另一种火砖体积更大，内有地老鼠等小型火器三节，重叠多层，威力更大。

"火箭"一词最早出现在《三国志·魏明帝纪》注引《魏略》中，诸葛亮攻打陈仓，魏将郝昭"以火箭逆射其云梯，梯燃，梯上人皆死"。真正意义上的古代火箭产生于宋代，宋神宗元丰六年（公元1083年），政府为抵御外敌，一次所用火箭就达25万支之多。宋元两朝用烙锥点火，明朝用引线点火，如弓射火石榴箭。北宋末期创造出许多新式火箭，如火药箭、火药鞭箭等。

3. 管型射击火器

两宋之际，尤其是南宋时期，管型射击火器大量发明，包括产生于南宋的长竹竿火枪和突火枪，以及产生于金的飞火枪。

长竹竿火枪。有一种说法认为，我国管型火器的发明人是宋朝人陈规，他早年攻读过《孙子兵法》，并谙熟公输班"九设攻进之机，墨子九拒之"的典故。绍兴二年（公元1132年）四月，襄、邓镇抚使桑仲的亲信副都统制李横围攻德安，陈规亲自上阵率领军民抵御敌军。在这次战斗中，陈规发明了名为"长竹竿火枪"的射击性管型火器，他以"火炮药造下长竿枪二十余条，撞枪钩镰各数条，皆用两人共持一条，准备天桥近城，于战棚上下使用"。这种长竹竿火枪用粗毛竹筒制成，一头开口，内装火药以发"子窠"（即子弹）。这是世界上最早的管型火器。

突火筒。《宋史·兵志》记载，南宋开庆元年（公元 1259 年），寿春府（今安徽寿县）有人"以巨竹为筒，内安子窠，如燃放，焰绝然后子窠突发，如炮声，远闻百五十余步"。这就是后世所说的突火筒。突火筒又被称为突火枪，开创了管状火器发射弹丸的先河。

飞火枪。金军攻陷汴梁后获得了北宋的重要遗产——火药和火器制造作坊、制造火药的汉人工匠和泽州、大名等硝石产地，从此，金军便大量仿制和使用火器，宋人再也不是那些火器的独立拥有者了。飞火枪就是金人的优秀作品之一。陈规发明的长竹竿火枪虽然威力强大，但并不成熟，使用起来既麻烦又笨重，不适合单兵作战。百年之后，金人便发明了更适合骑兵单兵作战的飞火枪。飞火枪是我国最早的单兵使用的管型火器，也是最早使用的一种单兵两用兵器，标志着我国单兵火枪的正式诞生。

二、元代火铳

元朝人在总结唐宋火药的基础上，将火药性能又做了很大的提升。元代火铳的出现，标志着世界战争史由冷兵器时代走向火器时代，我国火器发展更是由此进入一个崭新的时期。尽管此后的明清两朝，中国在兵器的发展方面被欧洲国家超越，但是元代金属火铳的发明被公认为是现代枪炮的萌芽。

元朝建立后，为了巩固统治和对外扩张，朝廷对于火器的制造格外重视。元朝对全国各地的兵器制造管理严格，元大都建立有军器管理机构，并多次升格。不仅如此，元朝还将各地制造火炮的工匠集中在大都，不仅是为了方便管理，也是为研制新型火器做准备。

13 世纪后半叶，元朝对原有的突火枪进行改造，制成一种金属制管筒，更加耐用，装填火药更多，威力更大，这种金属管型火器就是火铳，又称"火筒"。起初火铳用铜铸造而成，所以又叫"铜火铳"；后来改用生铁铸造，称为"铁火铳"。这是中国最早的金属管型射击火器。

　　火铳自发明开始，大量用于攻城守城战和水战之中。在攻城战中比较著名的应用案例是元至正十九年（公元 1359 年）朱元璋攻打张士诚的都城平江（今苏州）。朱元璋部将徐达率部 20 万困张士诚于城内，其作战部署是"架木塔与城中浮图等，筑台三层，下瞰城中，名曰敌楼，每层施弓弩火铳于其上，又设襄阳砲击之，城中震恐"。在守城战中，火铳常配合冷兵器使用。在朱元璋统一全国的征战中，火铳的使用越来越频繁，且延伸到了水战中。

　　元至正二十三年（公元 1363 年）七月，朱元璋率 20 万舟师，同陈友谅号称 60 万的主力军进行决战。战前，朱元璋研究了陈友谅以巨舟相连的水阵，认为其结构笨重，不利进退，所以将自己的水军战船分成 20 队，在船上装备"火器弓弩，以次鳞列"，并且教士兵如何使用它们攻伐敌军："近寇舟，先发火器，次弓弩，近其舟则短兵击之。"作战开始后，朱军即按部署攻击陈军水阵，将舰船上装备的"火炮、火铳、火箭、火蒺藜、大小火枪、大小将军炮"等火器，一股脑地向陈军舰船发射，当即焚毁 20 余艘，陈军将士也因此死伤无数。之后，双方又经过多次激战，最后以陈友谅部溃败告终，陈友谅于八月初九日在九江口中箭身死。朱陈双方在鄱阳湖的决战，是中国战争史上第一次使用火铳（即最早的舰炮）进行的水战。其所用火器已从燃烧敌船跃变至用火铳击杀敌船将士、摧毁和焚烧敌船的阶段，创造了一种由火铳与冷兵器相结合的全新水战战术，朱元璋是首先指导部队采用这种战术的统帅。元末火铳特有的优越性已经在攻城守城战和水战中初步显现，成为战争中火铳与冷兵器相结合的基础，并为明初火铳的扩大制造和使用提供了重要的经验。

　　元代火铳作为元代火器发展的最高成

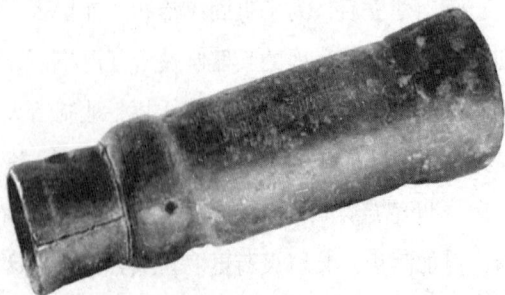

"元大德二年"火铳

就，完成了管型火器从竹火枪向金属火枪的过渡，在管型火器发展史上产生了一次质的飞跃，将我国火器发展推向了一个崭新时期。火铳很快被应用于战争，除了被国家正规军队大量配备外，在农民起义军中的使用也十分频繁。由于史料缺乏，元代火铳的初创年代已无法考证。现出土的元代火铳初创时期的制品有 7 类，分别是阿城铳、西安铳、黑城铳、通县铳、至正辛卯铳、天佑丙申铜手铳和至顺三年铜盏口铳。

第三节　鼎盛时期

当元朝统治者坐拥他们用火器打下的江山时，朱元璋使用当年让元军所向披靡的火器打败元王朝，接管他们的领土，建立了辉煌的大明王朝。明的胜利缔造了一个新的时代，也将火器的制造和使用推进了新的阶段。

一、明代火铳

对火器的重视延续到了明朝，火器成为明军的常备作战武器，且在实战中屡建奇功。频繁的实践推动了明代火铳的发展，其过程大致可以分为两个阶段：第一个阶段是洪武至建文时期；第二个阶段是朱棣称帝（永乐）到正德末年佛郎机传入为止。

1. 洪武至建文时期火铳的发展

明朝建立之初，政权并不稳定，面对着各种各样的内忧外患，北方的北元、云南的梁王、四川的夏都对刚刚建立的明王朝有着不可忽视的威胁。因此，了解火器威力的朱元璋不敢掉以轻心，他在手工业和矿业发展的前提下，大力推动兵器制造的发展，将元代所有的火器进行规范和统一，又根据实战需要发展成包括大中小三种类型在内的系列火铳。

洪武的火铳有三大类。第一类便是单兵作战时使用的手铳。相对于元代的手铳，洪武手铳的构造更加规范和统一：前膛较长，占全铳的三分之二左右，火药从铳口装入药室，弹丸也由铳口装在铳膛内；前膛后面是药室，像灯笼罩一样的罩形，里面装着火药，药室壁比前膛壁略厚，上方开一小孔，用来点火；药室后面是尾銎。手铳在铳口、前膛后、药室前后和尾端等处各有一横箍，一般手铳都有四五道横箍，用来加固铳身。洪武手铳一般长 420~445 毫米，口径 20~23 毫米，重 2.5~4.4 公斤。

第二类火铳是装备战船和守备关隘用的中型碗口铳。这是一种相对于手铳体形显得有些粗短的中型火铳，因铳口部分形似大碗而得名，与元代盏口铳的构造和用途相似。铳身由大碗形

英字铜手铳

口部、前膛、药室和尾銎四部分构成。碗形口部主要用来安置较大的石制或铁制弹丸，口径大约有 100~109 毫米；火药从铳口装入药室，药室的形态与手铳基本相同，都是呈灯笼罩状隆起，上留火门；尾部比较宽大，便于安装在战船或关隘的固定架上。从前至后也有几道加固铳身的横箍。总长大约在 315~520 毫米，重约 8.35~26.35 公斤。

第三类火铳是专用于城防要塞的大型铳（筒）炮。大型铳炮又可以分为两种类型：第一类是在山东蓬莱出土的洪武八年（公元 1375 年）制造的大铜炮。这种炮属于碗口铳系列构造的大型铳炮，长 630 毫米，口径为 230 毫米，重达 73.5 公斤。第二类是山西省博物馆收藏的洪武十年（公元 1377 年）制的大铁炮。这种炮与众不同的地方是它们的尾部封闭如半球面，而代替尾部炮架的是后部两侧各横出的两根提柄，可以提运炮身。这些炮全长 1000 毫米，口径 210 毫米，尾长 100 毫米，两侧提柄各长 260 毫米。

火铳制造技术的革新和广泛应用也催生了战略战术的革新，明洪武十年（公元 1377 年）平定云南叛乱的战争就是一典型战例。

2. 永乐至正德时期火铳的发展

燕王朱棣当上皇帝后，也十分注重火药武器的配备和使用。永乐时

期，火铳进一步得到改进，以手铳尤为突出，除了产品更加精细以外，构造和配件都有所改变。

首先是外形和结构的改造。制造者们对火铳的形态进行了革新，在前膛内径保持不变的情况下，外径由铳口与药室的连接处逐渐增大，形成一个圆台，上底是膛口，下底是与药室的交界处。这样就使靠近药室的膛壁增厚，使之能承受更多的压强，而铳口所受的压强最小，因此膛壁也最薄。

除此之外，设计者还在药室的火门外增加了一个长方形的曲面活动盖，盖的一端固定在铳上，可以翻旋。这种火门盖可以阻挡外界的水和杂质对火药的侵蚀，保持火药的质量；同时增加的还有装药匙，是专供手铳装填火药的，匙柄上一般刻有装药匙所能装入的药物的重量，如"神字二十一号"手铳的装药匙上就刻有"中二两五钱"等字样。使用装药匙可以固定手铳内装填的药量，既避免了装药过少而发射无力，也不会出现装药过多而导致的意外事故。使用装药匙也说明当时所用的火药是粉状或粒状的。

明代火铳不但在技术上有了极大提高，而且产量也十分可观。根据现已搜集到的火铳的编号可推断，当时制造的火铳在160106件以上，而且在有重大军事需要的年份，火铳的产量会相应提高。火铳数量的增加和质量的提升改变了明军的军队编制装备制度。以前明军是不定量地使用火铳，后来发展为按各地军队编制总数的一定比例装备火铳。

二、清代火器

1644年，清军占领北京，并将北京定为国都，随后又统一了中国。虽然清朝中期以后，由于清政府的保守和腐败，清军在近代的几场战争中面对洋人的火器显得毫无还手之力，但在清中期之前，由于镇压各种叛乱的需要，火器的制造和设计也曾达到过较高水平。

1. 清初火器

明清之交，各方势力此消彼长。火器穿过层层幕布，又一次来到了历史舞台的中央。与前朝不同的是，经过了长时间的普及，火器的重要性已经深入人心。明清之际的各方军队普遍装备有火器，即便是农民军也会在战斗中使用缴获的火器，更不用提明清之间"声震天地""铅子如雹"的战斗。史籍的记载固然有夸张的成分，但我们仍然能从字里行间看出当时火器使用规模之大、威力之壮观。

皇太极称帝后，立即组织了一批制造火器的专家进行火器研发，在锦州生产了各种样式的神威将军炮，有效地利用了铜铁的不同物理性能，增加了炮体的抗压强度，使火炮更加坚固耐用。清军入关后，对火药的制造产业进行了严格的规划和管理，将火药的制作和加工集中在京师和内地，制作出的火药更加精细，在数量上也有大幅度提升。

2. 康熙时期火器

康熙时期，由于统一全国和平定三藩等军事行动的需求，曾经大量制造火器，自康熙十四年至六十年（公元 1675—1721 年），清政府制造各类火炮达 905 门之多。此时在传统火器的创新方面和引进外来技术方面，以及造炮的规模、数量和技术，都达到了清代火炮发展的最高水平。

康熙时期有一位火器明星——传教士南怀仁，生于比利时布鲁塞尔，来华后先是在陕西传教，后入钦天监协助大名鼎鼎的汤若望从事历算工作。相比戴梓，南怀仁对清代火器制造的影响和作用要大得多。由史料记载可知，南怀仁在 1674—1676 年间至少制造了 566 门火炮。《钦定大清会典》中记载了南怀仁设计的火炮有三种：其一是"神威将军炮"，其二是"武成永固大将军炮"，其三是"神功将军炮"。

康熙十二年（公元 1673 年），吴三桂起兵反清，引发了历史上有名的"三藩之乱"。康熙皇帝在积极组织军队平叛的同时，命南怀仁这样的火器专家大量制造和改良火炮，以求在军备上胜过对方。次年，皇帝传谕南怀仁制造"轻利以便登涉"的火炮，用于在地形复杂的战区使用。南怀仁根据皇帝的要求，制造了一种"木包铜铁芯"的火炮，此炮管芯材料是铸铁，圆箍和尾球为铜质，再用木料包裹炮身，表面涂漆。这种轻巧的木炮便于跋山涉水，同时并未影响射程和威力，试射时连发 100 弹，百发百中，得到了康熙皇帝的高度评价并立即投入大批量生产。

神威将军炮制成于康熙二十年（公元1681年），由旧炮所化之铜制造，用来装备八旗军。1977年在齐齐哈尔出土的神威将军炮长248厘米，外口径27.5厘米，内径11厘米，底径34.5厘米，重1000公斤。两侧有圆耳轴，尾后有球冠，炮上置有准星、照门。出土时炮膛内尚存1颗实心铁球，直径9厘米，重2.7公斤。这批神威大将军炮共240门，制成后清军将多门神威将军炮运至黑龙江地区，放置于齐齐哈尔12门，黑龙江12门，墨尔根8门，这些炮曾在收复雅克萨之战中使用。

清朝火器的工艺在康熙时期达到了顶峰，先进的火器使清朝军队在战场上如虎添翼，取得了多次战争的胜利。

雍正、乾隆时代的火器制造在设计和性能上进入了停滞时期，只是在原有基础上增加了数量和炮位更换规模。与此同时，本就领先于清朝火炮的西方火器仍然在突飞猛进地发展着。清朝所装备的火器在和平时期和小规模战争中虽然还可以派上用场，但到了动乱的嘉庆、道光时期，落后的火器终于让清人在战争中付出了血的代价。

第四节　衰败改良

一、落后西方

11世纪，当各种火药兵器在中国的战场上轰鸣燃烧的时候，西方尚不知道有关火药的知识。后来通过阿拉伯人，火药和火药兵器才传入欧洲。明代中期以后，由于中国封建经济长期陷于发展迟缓状态，加之明政府的禁海锁国政策，中国发展金属管型射击兵器的势头停滞不前；而西方的火枪、火炮制造技术却得到较快发展。火药兵器传入欧洲以后，资本主义新型生产关系兴起，促进了枪炮类武器的改进与生产。作为火铳发明者的中国人，不得不从国外舶来品中汲取养分，去仿制西方比中国原创火铳更为先进的新式枪炮。1840 年，第一次鸦片战争爆发，清军只能用旧时的火器和刀矛弓矢抵御外来侵略，在敌人的坚船利炮下一败涂地，致使国家沦落至半殖民地的悲惨境地。鸦片战争后，清政府先是引入了西洋先进的枪炮，继而兴办洋务，引进西方先进技术，设厂制造，淘汰了旧式的火器和冷兵器，从而结束了中国兵器史上火器与冷兵器并用的时代。

二、火器改良

明代火铳虽然比元代有所改进，但朝廷对火器的制造和使用都有严格的控制，因此限制了火器的创新，在发火装置和方式上并没有新的突破。明中期以后，佛郎机炮传入中国，其性能之优、威力之大令明朝官员大开眼界，他们意识到了火铳的落后，开始学习和仿制西方火器。

这些仿制的火器就包括剑枪。剑枪属于单管枪，平射可达 200 步。为了提高射速，明朝还研制出了多管枪和多发枪。顾名思义，多管枪由多个枪管组成，枪管数量 2~36 管不等，使用时将每个枪管中的枪子轮流射出再行装弹；而多发枪，如十发枪只由一个管组成，两头各有 5 节，每节皆装有火药和弹丸，中间用厚纸隔开，作战时先把每节中的弹丸由一头依次射出，用完一头再换用另一头。

1. 传统火器创新

铳炮类。明代的大型火炮很多，它们是明初神机营所用盏口炮一类小型神机炮的直系子弟。与前辈不同的是，这些大型火炮装备了炮车，便于在各种地形中移动，提高了机动性，而体积的增大也大大增强了火炮的威力。

使用车载火炮在战术上可以达到"动如雷，不动如山"的状态。把火炮和骑兵步兵依距离做多种层次上的配置，协同作战，可以有效地摧毁敌军有生力量和各种战具。

火箭类。初级火箭飞行速度快，力量很大，射程达 500 步，可射穿敌军盔甲。初级火箭利用箭头杀伤敌人，因此明代的很多火箭的箭头上都涂有剧毒。

多发火箭的代表是"一窝蜂"，顾名思义，此种火箭发射时密度较高，好像一窝蜜蜂出巢。发射这种火箭之前应先将其置于一个口大底小、内有32格的桶中，然后将32支箭的引线集成一束一齐点燃，众箭同时发出，具有极大的杀伤效果。不过其中最先进的还是二级火箭，有人甚至把它视为现代火箭的前身。

燃烧爆炸类。喷筒类武器在明代被广泛使用，明军士兵善于用飞天喷筒、毒龙神火等武器喷射的毒烟、毒物和火焰熏灼敌人。其中的飞空沙筒十分有特点，它是一种结合了喷筒和二级火箭技术的武器，具有往返功能。飞空沙筒长七尺，薄竹管身，有3个火药筒，两个在火筒前段提供动力，供飞去的喷口向后，飞回的喷口向前，在供飞去的药筒前面还有一个药筒，前端有倒须枪，其中装有火药和细毒沙，3个药筒的引线按燃放顺序依次连接。燃放时供飞出的药筒先被点着，飞至敌船后前端倒须枪钩住船帆，装有毒药和火药的药筒喷射火焰和毒沙，之后供返回的药筒引线被点燃，药筒返回。

明代中期以后，高效强大的西洋火器的出现，使传统火器的制造受到了极大影响和冲击。一些传统火器借鉴了西洋火器的优点，提高了性能；另一些火器因为自身的落后而惨遭淘汰。传统火器在历史舞台上的光芒逐渐暗淡，而佛郎机、火绳枪和鸟铳枪身上的冷光正以一种强势的姿态占据明朝人的视野。

2. 佛郎机

嘉靖元年（公元1522年），葡萄牙军队向广东珠江口外派出5艘武装舰船，企图强行占据广东一岛屿。遭到当地守军拒绝以后，葡舰开炮轰击守军，最终在驶入广东新会西草湾时，被当地守军击败，明守军缴获其两艘舰船和船上20余门火炮。当地政府将俘获的这些火炮献给了中央政府，也按其国名将这些火炮称为"佛郎机"，同时还上书朝廷，建议当局对这些佛郎机进行仿制，用以改善明军武器装备。明世宗批准了这一奏议。嘉靖二年（公元1523年），明朝地方官员何儒（曾担任过广东白沙巡检，与葡萄牙军有多次接触，熟知佛郎机性能）奉诏带领经验丰富的广东工匠前往南京，在当时设备精良的火器制造处操江衙门开始仿制佛郎机。嘉靖三年（公元1524年），第一批32门佛郎机大样仿制成功。《明会典·火器》中详细记载了这批佛郎机的情况，它们通体由黄铜铸造，每件重约150公斤，母铳长2.85尺，另配4个子铳，可以分别装填火药，轮流发射。这是中国仿制的第一批佛郎机，由于无实物保存，其具体形制不详，但从尺寸上来看，并不像后来制造的长身管的佛郎机，而更像是一种又短又粗的火炮。自此以后，明朝又陆续仿制了数量更大、形制更多的各式佛郎机，装备北方及沿海军队，增强了明军边守部队的战斗力。

军器局和兵杖局是明朝仿制佛郎机的主要机构，他们在组织工匠仿制过程中，一方面保留和吸收佛郎机的优点，另一方面还做了许多革新和改进，使它更适于明军在各种条件下实战的需要。《明会典》和戚继光所著的《纪效新书》《练兵实纪》等书中都记载有明朝仿制佛郎机的情况。据《明会典》记载，仿制佛郎机有大样、中样、小样三种，大者成为各种火炮，小者成为单兵用枪。前面提到嘉靖三年（公元1524年）生产的第一批重约150公斤的佛郎机，就属于大样佛郎机。小样佛郎机的制品较多，出土的实物也不少，与文献记载大致相吻合。

3. 燧发枪

17世纪初，法国率先使用燧发枪，之后，其他国家也先后使用。明末火器研制者毕懋康于崇祯八年（公元1635年）刊印的《军器图说》中，首次介绍了燧发枪，当时称作自生火铳。这种枪是将火绳枪的点火方式由火绳点火改进为燧石发火。它是在发火装置上安置一块燧石，发射时，由射手扣动扳机，安装于扳机上的龙头下击，同燧石摩擦生火，火星落入药室中，使火药燃烧，产生气体推力，将弹丸射出。燧发枪的优点有二：其一是不怕风雨；其二是不需事先点火，只要在使用时连续扣动扳机，摩擦燧石，便可连续发射。燧发枪的研制并不算晚，但由于没有受到足够的重视，所以直到康熙年间才被用作皇帝打猎的御用枪，清军官兵仍然使用火绳枪。

连珠火铳。连珠火铳是明末清初发明家戴梓所发明的一种连发式火器，被人称为"世界上第一种机关枪"，类似于近代的手动式步枪，弹头火药和弹匣一体化，射速应可比拟现代的手动式枪械。纪昀在《阅微草堂笔记》中这样描写："形若琵琶，凡火药铅丸，皆贮于铳脊，以机轮开闭。其机有二，相衔如牝牡，扳一机则火药铅丸自落筒中，第二机随之并动，石激火出而铳发矣，计二十八发，火药铅丸乃尽，始需重贮。"但是戴梓并没有将连珠火铳献给军营，而是"藏器于家"。据说他是被一个梦吓怕了。有一天晚上睡觉的时候，戴梓做了一个奇怪的梦，梦中人斥责他：上天有好生之德，你如果将此器献上使其"流布人间"，你的子孙后代将没有活人。

　　过去人们一直都认为连珠火铳属于机枪，称戴梓是机枪的发明人。通过查阅百科全书，我们发现机枪的定义是"自动武器"，即靠发射时形成的火药气体的能量自行退壳装弹和连发射击，也就是说，只要扣住扳机不放，就可连续射击，直至弹仓的弹药全部耗尽为止。我们在研究了枪械发展史后，认为"连珠火铳是机枪"这个结论是不符合逻辑的。机枪属于一种比较复杂的机械系统，是枪械发展到一定水平后的产物，是以一定的科学技术发展水平为基础的。机枪要想达到扣动一次扳机就达到连续发射的目的，最起码应该是在具备相关的技术前提之下，而这些技术却是在19世纪后才陆续出现的，比戴梓制造连珠火铳的时代晚100多年。况且机枪本身要具有一套自动装弹、击发、退壳、再装弹的机件，这些机件需要经过比较精密的加工，这无疑对金属加工技术提出很高的要求，这在戴梓的时代也是难以实现的。因此，我们认为将连珠火铳定为机枪是不符合枪械发展规律的。

　　那么连珠火铳到底是一支什么样的枪？若光凭《阅微草堂笔记》的记载，难以得到满意的答案。近来在北京故宫博物院发现一支清代康熙初年由昂里亚国进献的火枪，构造与《阅微草堂笔记》的记载十分相似，此枪在结构上有如下特点：（1）在枪托上开有弹仓和发射药仓。弹仓从枪托尾部直通机轮处，内壁光滑，长32厘米，直径1.65厘米，以弹丸直径同于口径（1.6厘米）计算，弹仓正好装填20发弹丸。（2）在弹仓下方有一长方形发射药仓，长6.4厘米，宽1.6厘米，上有盖可启闭，发射药仓亦有一孔通机轮处。

通过对比，我们认为连珠火铳在构造上和昂里亚国枪应是一样的。昂里亚国枪是在康熙初年进献给皇帝的。据记载，康熙十九年（公元 1680 年），康熙帝召见戴梓，重其才，授其翰林院侍讲官职，"直南书房"，因此戴梓有机会见到此枪。又载，康熙帝曾命戴梓仿制过外国使臣进献的"蟠肠鸟枪"和"冲天炮"，因此可以推测，戴梓的连珠火铳极可能是仿照昂里亚国枪制成的。

康熙御用自来火二号枪。枪管铁质，前起脊，后四棱，带准星、望山。枪口金镀金兽面纹，筒侧面近枪机处，鸭嘴形镀金素火机衔火石，旁施镀金镂花带齿钢轮，机轮飞转与火石迅速摩擦生火，它是燧发枪的一种，即转轮式燧发枪。筒下端内附木搠杖一根。枪床为鸡翅木，床下加木叉，叉尖饰以角。发火装置为火绳、燧发两用。枪体一侧嵌饰螺钿梅花形，以三道皮箍加固。

自来火二号枪为康熙御制枪，特点是造型奇特和富于装饰性。"自来火"比火绳枪先进得多，具有更为复杂的制造工艺，它集火石和打火工具于一体，故燧发枪要比火绳枪先进得多。火石需常换，否则击而无火，若在大风之中，火星乱扑，一放不燃，就要误事。明代毕懋康著《军器图说》把这种枪称作"自生火铳"，清典制则称为"自来火枪"。清帝酷爱习武狩猎，火枪的使用始自康熙朝，此枪即为康熙御制枪。其因历史、工艺及科技价值显著，被故宫博物院定为一级文物珍品。

撞击式燧发枪。撞击式燧发枪是燧发枪的一种，由居住在伊比利亚半岛上的西班牙人发明。他们取掉了那个源于钟表的带发条钢轮，将一块燧石固定在击锤的钳口上，在传火孔边有一击砧，射击时，扣引扳机，在弹簧的作用下，将燧石快速击打在火门边上，利用冒出的火星引燃火药。这种击发机构称为撞击式燧发机，装有撞击式燧发机构的枪械称为撞击式燧发枪。

撞击式燧发枪大大简化了射击过程，提高了射击时的发火率和精准度，使用更为方便，而且成本低，利于大量生产。16 世纪 80 年代，许多国家的军队都装备了这种撞击式燧发枪。毕懋康记载的撞击式燧发枪，扣扳机龙头下压，因弹簧的作用与火石摩擦发火。这样，不但克服了风雨对射击造成的影响，而且不需用手按龙头，使瞄准较为准确，利用撞击时发出的火星点燃火药，较火绳枪更安全、可靠。

北京博物馆内存有实物，经过测量，枪长为1185毫米，管长880毫米，口径17毫米。枪机的龙头上夹钳一块磁石，燧石前竖有火镰，火镰同时具有火门盖的作用。发射时，先扳起龙头，使压簧被制动锁控制，与扳机相属。扣动扳机后，龙头下旋，燧石与火镰猛烈撞击，溅出火星，把火药点着，将弹丸射出。

4. 红夷炮

红夷炮，满族忌讳"夷"字便将之称为红衣大炮。所谓"红夷"者，红毛荷兰与葡萄牙也。因此很多人认为红夷大炮是进口荷兰的，其实当时明朝将所有从西方进口的前装滑膛加农炮都称为红夷大炮，明朝官员往往在这些巨炮上盖以红布，所以讹为"红衣"。

由于明军内部腐败，士气低落，虽装备有佛郎机、鸟铳等后金军所没有的先进的西式火器，但多数火器属于粗制滥造，屡用屡炸，且当时军中士兵施放技术不够娴熟，而后金军却精于骑射，擅长野战，故明军往往败在他们风驰电掣的冲击面前。在这种情况下，西方来华的耶稣会士屡屡进言宣扬西洋大炮的厉害，希望以之为"奇技"，获得进身之阶，使明王朝为其传教大开方便之门。

红夷炮经中国人仿制后，种类多达近百种，如1643年清军所造的"神威大将军炮"、1676年康熙朝所造的"神威无敌大将军炮"等。相对于中国的传统火器，从红夷炮铸造所遵循的"模数"、施放时的"炮表"化、辅助设施的配备、炮弹种类的多样化、射程可远可近、爆炸强度高可看出，其威力的确很惊人。但它也存在很大的局限性，比如不适于野战，更不用说守城了，炮弹装填发射速度慢，且炮体笨重，无法灵活地移动，故在野战时，只能在开战之前定点轰击，当战场情势发生逆转，则往往无法机动反应。前装火炮的特点是射速慢，但威力大，轰城墙没有问题，对付骑兵却不现实。

现存的明末红夷炮在各地多有所见，其中山海关、中国国家博物馆、山西省博物馆等处收藏的红夷炮，至今保存完好，成为珍贵的文物。山海关城墙上陈列的一门铁制红夷炮，炮身铭文尚可辨别的字迹有"大明崇祯十六年仲春吉旦铸造神威大将军一位重五百斤……"。可见此炮制于明王朝灭亡的前一年。经过实测，炮身全长 2780 毫米，口径 100 毫米，炮口至耳轴中线长 1430 毫米，炮口到火门长 2270 毫米，炮耳长 130 毫米，炮耳直径 110 毫米，可能是当年安于山海关城墙上的重型守城炮。

此外，中国国家博物馆藏有明崇祯十二年（公元 1639 年）制造的一门红夷炮，重 2700 公斤，其上刻有"钦命总督军门洪承畴钦命总督高起潜……"字样。河北省石家庄市发现一门红夷炮，其上刻有"崇祯戊寅岁仲夏吉日捐助制造红夷大炮总督军务卢象升……"字样。山西省博物馆也收藏了由卢象升等文武官员捐资制造的两门红夷炮，炮身的铭文与上一门相同。这说明这三门火炮都是卢象升等文武官员在明崇祯戊寅年（公元 1638 年）制造的。据《明史·卢象升传》记载，崇祯十一年（公元 1638 年），清军分三路南下，卢象升分兵迎战。但因兵部尚书杨嗣昌、总监中官高起潜主和，故意按兵不动，十二月，卢象升被迫孤军奋战，在巨鹿（今属河北）蒿水桥之战中，炮尽矢竭，献身沙场。这些火炮是卢象升当年抗清的见证。

神威无敌大将军炮是大型攻城炮，制于清康熙十五年（公元 1676 年），共有 52 门。《清朝文献通考》记载了它们的尺寸。1975 年 5 月，齐齐哈尔建华机械厂工人在该厂发现一门清军在雅克萨之战中使用过的"神威无敌大将军炮"。炮身除口沿外，前细后粗，底盖如覆盂，上有球形尾珠，近炮底处有一个方形火门，炮身中部两侧各横出一个炮耳，炮口与底部正上方分别有准星和照门，炮身有 5 道箍，半腰留有一条合缝线，似为铸炮痕迹。炮身保存完好，未见炮车。炮膛底部尚遗留一枚铁铸球形实弹。经测量，炮长 248 厘米，口径 11 厘米，炮口外径 27.5 厘米，炮底径 34.5 厘米，重 100 公斤，与《清朝文献通考》中所载的小型神威无敌大

将军炮的尺寸相近，炮弹直径 9 厘米，重 5.4 公斤。炮身用满汉文字刻有
"神威无敌大将军大清康熙十五年三月二日造"等字样，与文献记载完全
相同。此炮在清康熙二十四年（公元 1685 年）和二十五年（公元 1686 年）
收复雅克萨之战中发挥了重要作用。

威远将军炮是清朝制造的一种红夷炮，制于清康熙五十七年（公元
1718 年）。山海关城楼上陈列有两门，炮身长分别为 101 厘米和 100 厘米，
口径分别为 4 厘米和 5 厘米，口径外侧有唇沿，炮管前细后粗，底盖如覆
盂，盖上有球珠，后部两侧各有炮耳横出，炮身下部有大插销，便于将炮
安在架上。炮身刻有满汉文"大清康熙五十七年景山内御制威远将军总管
景山炮鸟枪监造赵昌监造官员外郎张绳祖笔帖式西尔格工部员外郎实相笔
帖式康格匠役李文德"。故宫博物院内也藏有一门大小和刻字与之基本相
同的威远将军炮。炮身所刻匠役李文德之名，在清康熙二十九年至五十七
年间（公元 1690—1718 年）所造的火炮中屡有出现，足见他是当年火炮的
主要制造者，其功在总监、总管之上。

雍正至道光年间，清朝所制大中型火炮基本上仍是红夷炮系列的火
炮。第一次鸦片战争期间，虎门要塞的大炮空有 4000 公斤的重量，而射
程却远不及英舰舰炮。第二次鸦片战争后，江阴要塞更是装备了万斤铁炮
"耀威大将军"。这些炮看起来威武，射程依然不及英舰的阿姆斯特朗
炮，加之多年武备废弛，导致与英军对抗时吃亏不小。

19 世纪中叶正值西方武器更新换代的时期，火炮技术大大改进：工业
革命使得武器制造业能够使用动力机床对钢制火炮进行精加工，火炮射击
的理论与战术在拿破仑的实践中得到新的发展；同时因化学的进步，雷汞
开始运用于军事，诞生了雷管式击发步枪（火帽枪），炮弹的威力与射速
成倍增长。反观清朝，仍然使用泥范铸炮，导致炮身存在大量砂眼，频频
炸膛，内膛的加工也不够精细，准心照门不复存在。当时清军士兵的军事
理论知识和操炮技术远比不上英军。200 年前的红夷大炮的风光已经不在，
无法抵御西方列强的入侵。

当时有朝臣曾奏报："夫厦门、定海、镇海三处守御事宜，皆聚全省

之精华，殚年余之心力，方能成就，实非易事，而该逆乃直如破竹。盖其炮火器械，无不猛烈精巧，为中国所必不能及。"明确指出中英之间武器和战术的差距，但因"畅论英夷船坚炮利，纪律禁严，断非我师所能抵御"，有损"天朝兵威"而被当时和后世指责成"投降派言论"。但他们的疾呼还是引起了忧国忧民的有识之士的共鸣。

综述本章，中国兵器的发展，从远古到五代是冷兵器为主，北宋以后则冷热兵器并用。到了南宋，出现了我国最早的原始火炮——巨竹制造的"突火枪"和装子窠的炮弹。到了元代，开始有了更加坚固耐用的金属管型火器——铜火铳。元末，这种火器曾大量应用于军事。明洪武初年，已有铁制火炮问世，韧性更强，威力也远大于铜火炮，标志着我国火器技术进入了一个新阶段。中国自制火炮发展的黄金期是明万历年间。

明中期以前中国的火器技术尽管辉煌一时，但与西方同时期火器的发展相比已经落后。14世纪以来，欧洲正值资本主义萌芽时期，新兴的社会力量以此为契机，纷纷仿制中国火器，并在此基础上进行创新，经过了一个多世纪的积累，枪炮制造技术赶上并超过了中国。16世纪初，葡萄牙、西班牙殖民者制造的佛郎机流入中国，该炮在火力、射程、命中率和结构各个方面，均超过了明朝的神机枪炮，明廷迫于军事上的需要，积极吸收、推广和改进此项技术，使之成为明嘉靖至万历年间最犀利的火器。不过，此类火器缺陷明显，虽系后装式火炮，但所装火药量较小，口径也小，炮身与炮口比例不合理，因而射程较近，杀伤破坏力有限。此外，明正德年间传入的佛郎机与火绳枪都是明军在战场上缴获的战利品，它们的制造与使用之法并未系统地传来，中国得其炮后，即依式制作，因不谙此法，效果较差。

总的来说，万历以前，明代兵器生产部门还可以对西洋火器进行仿制，对传统火器进行创新；万历以后，兵器的生产陷入了徘徊不前的状态，火器品种也没有很大的变化。万历末期，随着西方先进火器之一红夷炮的输入，明代的火器技术才进入了一个新阶段。

厦门抗英保卫战之败，让洋务派强烈意识到"落后必要挨打"，须"师夷长技以制夷"。鉴于此，以李鸿章为首的洋务派数次派团到德、法、英等国家，考察了38家兵工厂，得出"克虏伯炮之力实能致远，惟而少差，可知水战之尤难命中者，更宜以克虏伯为止"的结论。1871—1902年，清朝从德国购买了6793门各种类型、各种口径的现代后膛（带膛线）海岸炮——克虏伯大炮。胡里山炮台两尊28生（280毫米）和两门15生（150毫米）的副炮也在其中。

19世纪中期至20世纪初，清军已基本上完成了近代枪炮对中国古代鸟枪土炮的更换，这一更换虽然具有一定的局限性，但是，应该看到，它在中国近代军事史上仍然是一件了不起的大事。从这以后，落后的中国古代枪炮被排挤出军队的标准装备行列，退出了战争舞台，成为历史博物馆的陈列品。中国进入了先进的近代武器装备行列。

参考文献

[1] 许慎：《说文解字》，中华书局，2013.

[2] 刘熙：《释名》，中华书局，2016.

[3] 罗贯中：《三国演义》，人民文学出版社，2010.

[4] 徐正英，常佩雨注：《周礼》，中华书局，2014.

[5] 陈桐生注：《国语》，中华书局，2013.

[6] 董楚平注：《楚辞》，上海古籍出版社，2012.

[7] 李林甫：《唐六典》，中华书局，2014.

[8] 李延寿：《南史》，国家图书馆出版社，2014.

[9] 欧阳修：《新唐书》，国家图书馆出版社，2014.

[10] 曾公亮：《武经总要》，湖南科学技术出版社，2017.

[11] 脱脱，《宋史》，中华书局，1985.

[12] 孙武：《孙子兵法》，上海古籍出版社，2009.

[13] 张觉注：《荀子》，上海古籍出版社，2012.

[14] 方韬译注：《山海经》，中华书局，2011.

[15] 韩非：《韩非子》，中华书局，2015.

[16] 黄彰健：《明实录》，中华书局，2016.

[17] 班固：《汉书》，中华书局，2007.

[18] 司马迁：《史记》，岳麓书社，2012.

[19] 陈寿：《三国志》，中华书局，2011.

[20] 周纬：《中国兵器史稿》，中国友谊出版社，2015.

[21] 刘弘，李克能：《楚国舟师略考》，江汉考古，1993.

[22] 张铁牛，高晓星：《中国古代海军史》，解放军出版社，2006.

[23] 张艳，刘瀚：《中国古代四种著名海船浅析》，设计，2015.

[24] 刘杰：《中国古代舟船（二）》，交通与运输，2009.

[25] 郑明，桂志仁：《中华帆——中国传统舟船帆篷的起源与发展》，中国文化遗产，2013.

[26] 李立雄：《郑和七次下"西洋"航海路线图》，历史教学，1981.

[27] 钟少异：《中国古代军事工程技术史（上古至五代）》，山西教育出版社，2008.

[28] 刘旭：《中国古代火药火器史》，大象出版社，2004.

[29] 王兆春：《中国古代军事工程技术史：宋元明清》，山西教育出版社，2007.

[30] 杨毅、杨泓：《制度、名物与史事沿革系列：兵器史话》，社会科学文献出版社，2011.

后　记

中国古代兵器的发展源生于中华民族独特的社会历史背景，体现了华夏各民族所具有的伟大创造精神，同时受到各个时代的社会、经济、军事、科技、文化等因素影响，尤其以种类繁多、制作先进和杀伤力强大而见长，在世界兵器史中占有重要而特殊的地位。

《中国古代兵器史话》一书涵盖了从石制兵器到近代火器的全部种类和全部发展历程，不仅介绍古代战争中使用的各类兵器，包括通常所说的长兵短刀、弓弩射远、防卫护具、轻重火器等，也涉及战车、舟师乃至城池等直接应用于军事战争的大型工程器械。本书注重以中国古代历史发展为背景，结合古代工程技术、历朝兵制、社会民族变迁等，展示兵器产生、演变的过程，涉及了各个历史时期的步兵、骑兵、车战以及水战等军队建制和战争形式，探索兵器在不同战争环境中的使用和变迁，以一个侧面记录兵器参与社会文明发展的进程。从某种意义上来讲，兵器科技的发展推动并造就了战争的发展，不断破坏或者重塑社会发展进程，结合古代军事工程技术和社会历史背景对兵器史进行探讨是十分有益的。

本书编撰工作由多人团队开展，作为中国古代兵器文化研究的系列丛书之一，由于孟晨统筹及编审。由于编写团队成员本身学科及学识的局限性，编写中难免有不少疏漏和谬误之处，有些设想没有完全达到，还望各位专家读者予以海涵，给予指导。

全书框架结构及编写体例由雷晓青制定，各章节撰写人分别为：雷晓青负责《绪论》、第一章《兵器综述》和第四章《弓弩射远》，赵煜负责第二章《帝国更迭》、第六章《战车辚辚》和第八章《骑兵突驰》，张继超负责第三章《长兵短刀》，薛龙负责第五章《卫体防护》和第三章中的异形兵器部分，王昊负责第七章《城池攻防》，王宏斌负责第九章《舟师纵横》，杨艳负责第十章《火器轰隆》。

本书的参考文献分为两类，一类是古籍，一类是今人著述。中国古代兵器及其文化研究博大精深，本书编写过程中参考和引用了大量前人的丰硕成果，也借鉴了不少当下研究者的思想和主张，都在参考文献中一一列出，在此表示深深的谢意。

本书编写过程中得到了相关人员的大力帮助，西安曲江出版传媒股份有限公司的编辑崔楠女士给予了专业而认真的协助，刘磊副教授惠赠其拍摄的各地博物馆兵器照片，王瑞、王佳慧、陈怡含参与了前期资料的收集，在此一并表示诚挚的谢意。

雷晓青

2018 年 10 月